O Dilema da Inovação

O Dilema da Inovação

Quando as Novas Tecnologias Levam Empresas ao Fracasso

CLAYTON M. CHRISTENSEN

ALTA BOOKS
GRUPO EDITORIAL
Rio de Janeiro, 2023

Dados de Catalogação na Publicação

CHRISTENSEN, Clayton M.
O Dilema da Inovação: Quando as Novas Tecnologias Levam Empresas ao Fracasso/Clayton M. Christensen
2012 – São Paulo – M.Books do Brasil Editora Ltda.
1. Administração 2. Marketing 3. Estratégia de Negócios
ISBN: 978-85-508-2433-8

Do original: The Innovator's Dilemma. When New Techonologies Cause Great Firms to Fail.

Editor
MILTON MIRA DE ASSUMPÇÃO FILHO

Revisão e Atualização Técnica
José Eduardo Ricciardi Favaretto

Tradução
Laura Prates Veiga

Produção Editorial
Lucimara Leal

Coordenação Gráfica
Silas Camargo

Editoração e Capa
Crontec

Editora **afiliada à:**

ALTA BOOKS
GRUPO EDITORIAL

Rua Viúva Cláudio, 291 – Bairro Industrial do Jacaré
CEP: 20.970-031 – Rio de Janeiro (RJ)
Tels.: (21) 3278-8069 / 3278-8419
www.altabooks.com.br – altabooks@altabooks.com.br
Ouvidoria: ouvidoria@altabooks.com.br

abdr ASSOCIAÇÃO BRASILEIRA DE DIREITOS REPROGRÁFICOS

ASSOCIADO CBL Câmara Brasileira do Livro

Sumário

Agradecimentos

Apesar de este livro ser de um único autor, as ideias nele expostas foram elaboradas com a contribuição e o aprimoramento de muitos colegas extraordinariamente criteriosos e abnegados.

O trabalho começou quando os professores Kim Clark, Joseph Bower, Jay Light e John McArthur dispuseram-se a correr o risco de acolher e patrocinar o método de um homem de meia-idade durante sua pesquisa de doutorado na Harvard Business School, em 1989.

Além desses mentores, os professores Richard Rosenbloom, Howard Stevenson, Dorothy Leonard, Richard Walton, Bob Hayes, Steve Wheelwright e Kent Bowen assessoraram-me na pesquisa de doutorado. Graças a essa assessoria, mantive o meu pensamento aguçado e meus critérios por evidências elevados, além de inserir meu aprendizado nos fluxos do sólido conhecimento preexistente ao objeto de minha pesquisa. Nenhum destes professores precisavam dispender tanto de suas vidas ocupadas me auxiliando como eles fizeram. Serei eternamente grato a eles pelo que me ensinaram sobre a essência e o processo do conhecimento.

Estou igualmente em dívida com os executivos e os funcionários de empresas do setor de fabricação de *disk drives,* que tornaram disponíveis memórias e registros para que eu pudesse entender a motivação de sua conduta no curso específico que eles tomaram. James Porter, editor do *Disk/Trend Report*, em particular, abriu seu extraordinário arquivo de dados, permitindo-me medir –

com um nível de precisão e confiabilidade somente encontrado em pouquíssimos segmentos – o que havia ocorrido no setor de disk drive.

O modelo da evolução e revolução do setor, que esses homens e mulheres me ajudaram a construir, formou a espinha dorsal teórica deste livro. Eu espero que eles o percebam como ferramenta proveitosa para dar sentido aos seus passados e como guia útil para algumas de suas decisões no futuro.

Durante minha permanência na Harvard Business School, outros colegas ajudaram-me a aprimorar as ideias expostas no livro. Os professores Rebecca Henderson e James Utterback, do MIT, Robert Burgelman, de Stanford, e David Garvin, Gary Pisano e Marco Iansiti, da Harvard Business School, foram particularmente de grande ajuda. Os pesquisadores associados Rebecca Voorheis, Greg Rogers, Bret Baird, Jeremy Dann, Tara Donovan e Michael Overdorf; os editores Marjorie Williams, Steve Prokesch e Bárbara Feinberg; e as assistentes Cheryl Druckenmiller, Meredith Anderson e Marguerite Dole, também contribuíram com grande aporte de trabalho, por meio de dados, percepções e sugestões.

Agradeço aos alunos com quem debati e aprimorei as ideias expressas mais adiante. Quase sempre eu deixava as aulas refletindo sobre o que aprendia com nossas interações. Todo ano eles deixam a escola com seus diplomas e se dispersam pelo mundo, sem perceber o quanto ensinaram a seus professores. Eu os amo e espero que eles possam reconhecer neste livro os frutos de seus argumentos intrigantes, perguntas, comentários e julgamentos.

Meu mais profundo agradecimento à minha família – minha esposa Christine e nossos filhos Matthew, Ann, Michael, Spencer e Catherine –, que, com fé resoluta e apoio, me encorajaram a perseguir o sonho da minha vida: ser professor.

A pesquisa sobre tecnologias de ruptura foi de fato uma experiência conturbada para eles em termos de minha disponibilidade de tempo e ausência de casa; e eu sou eternamente grato pelo amor e suporte deles todos. Christine, em particular, é a pessoa mais inteligente e paciente que eu conheço. Muitas das ideias que exponho no livro foram para casa a noite ao longo dos últimos cinco anos ainda inacabadas e retornaram para Harvard na manhã seguinte, esclarecidas, formatadas e editadas, devido às minhas conversas com ela. Ela é uma grande companheira, apoiadora e amiga. E este livro é dedicado a ela e as nossas crianças.

Clayton M. Christensen
Harvard Business School – Boston, Massachusetts – abril de 1997

Novo Prefácio

É uma honra saber que, no décimo quinto aniversário da primeira publicação de O *Dilema da Inovação*, sua relevância para a economia global seja tamanha que levou à preparação de uma nova edição no Brasil. Pensei em dedicar alguns minutos antes de você mergulhar neste livro, para refletir sobre o que aprendi desde que o escrevi, em 1995-1996, esperando que sua leitura seja ainda mais proveitosa.

Em primeiro lugar, está claro que o mecanismo da inovação de ruptura – em que os inovadores transformam complexos, produtos e serviços caros, em outros acessíveis e simples, não é o mesmo mecanismo pelo qual novas empresas são criadas e velhas são arruinadas. Este mecanismo também direciona o crescimento e a estagnação de nações. A ruptura é o mecanismo que levou o Japão a desordenar os setores de produção americanos nas décadas de 1970 e 1980. Explica por que a economia do Japão ficou estagnada quando desordenada pelas economias da Coreia, Taiwan e Cingapura. E explica por que e como as economias da China e da Índia estão crescendo atualmente tão rapidamente. Espero que isto possa esclarecer de que modo o Brasil pode ajudar sua economia a continuar progredindo.

Em segundo lugar, as prescrições neste livro funcionam realmente. Muitas empresas importantes que historicamente teriam sido aniquiladas por uma empresa estreante de ruptura, agora sabem como identificar concorrentes de ruptura e cooptá-las. Elas fazem isso criando uma unidade de negócio autônoma própria ou adquirindo uma concorrente de ruptura; mantendo-a como uma unidade de negócios separada; e dando a ela abertura para atacar e aniquilar o *core business*. Elas esperam demais para aprender que a ruptura não é uma ameaça. Se agirem assim que a identificarem, com base na teoria, esta será uma enorme oportunidade de crescimento.

E, em terceiro lugar, por favor, tenha cautela. É verdade que todas as inovações de ruptura, em média, têm uma probabilidade muito maior de criar um negócio bem-sucedido do que qualquer outra estratégia. O instinto daqueles que leem este livro é aplicar rapidamente a palavra ruptura" a qualquer ideia que tenham – e então acreditando que ela será um sucesso. Portanto, não faça isso por favor. Lembre-se, ao invés, que existe um tipo muito específico de inovação ao qual o termo "ruptura" pode ser aplicado – e 15 anos após explicar o fenômeno, agora posso oferecer uma definição melhor que eu pude quando escrevi esse livro. "Uma inovação de ruptura é aquela que transforma um produto que historicamente era tão caro e complexo que só uma pequena parte da população podia ter e usar, em algo que é tão acessível e simples que uma parcela bem maior da população agora pode ter e usar. Em geral, isso cria um novo mercado. Ocasionalmente, o produto de ruptura pode se enraizar na base de um mercado existente. Mas, em ambos os casos, a economia do produto e de mercado é tão pouco atraente que os líderes no setor são levados a se afastar da ruptura, em vez de combatê-la."

Eu espero que isso esclareça melhor o que vem a ser *ruptura*. Espero que se você é um empreendedor, um executivo de uma empresa estabelecida, um acadêmico ou um oficial do governo, este livro seja útil para inovar e criar novas oportunidades de crescimento!

Nota do Editor

O livro *The Innovator's Dilemma,* do autor Clayton M. Christensen, foi publicado pela Harvard Business School Press em 1997.

Mesmo não sendo um tema pujante naquele momento, o livro se destacou justamente por ter sido um dos primeiros que abordava a inovação de maneira abrangente e com foco nos negócios.

O livro recebeu duas premiações importantes: *The Best Business Book of 1997* e o prêmio *The Best Business "How-To" Book of 1997,* ambos outorgados pelo The Financial Times/Booz-Allen & Hamilton Global Business Book Award. A partir daí, tanto o livro como o autor tornaram-se referências obrigatórias no tema da inovação.

Em 2001, a Harvard Business School Press publicou uma edição atualizada. No Brasil, o livro foi lançado também em 2001 pela então Makron Books, com título *O Dilema da Inovação,* e tornou-se referência obrigatória para profissionais, empresários e estudantes de cursos de MBAs e pós-graduação. Com o passar do tempo, tornou-se um *back list.*

Neste ínterim, Clayton Christensen, junto com outros consagrados profissionais, fundou a Innosight, empresa especializada em inovação.

Neste ano, cumprindo uma missão de resgatar livros consagrados e que tiveram uma contribuição importante na formação da cultura e do conhecimento, a M.Books do Brasil Editora decidiu então relançar o livro agora em 2012, atendendo também os interesses e os anseios dos leitores.

O livro que está sendo publicado é exatamente o mesmo texto de 2001, com algumas atualizações e customizações feitas pela M.Books, aqui no Brasil.

O leitor que ler o livro pela primeira vez, a princípio, poderá identificar exemplos, afirmações e recomendações que podem parecer desatualizados. Esse é o ônus de lançar um livro escrito em 2001. No entanto, o conteúdo, a essência, a fundamentação, os ensinamentos são mantidos. Esses são os grandes méritos e as virtudes do livro.

Foi eleito pelo *The Economist*, em julho de 2011, o sexto melhor livro de Negócios dos últimos 50 anos.

Clayton M. Christensen é seguramente hoje uma das mais importantes personalidades em todo o mundo, quando o assunto é inovação.

Introdução

Este é um livro sobre o fracasso de empresas líderes de seus setores ao confrontarem determinados tipos de mercado e mudança tecnológica. Não trata simplesmente do fracasso de qualquer empresa, mas daquele que atinge boas empresas – do tipo que muitos gestores admiram e tentam imitar, conhecidas por suas habilidades em inovar e executar. Empresas dão passos em falso por muitas razões, entre elas, burocracia, arrogância, executivos exaustos, planejamento inadequado, visão de investimentos de curto prazo, recursos e habilidades inadequadas e, também, uma dose de má sorte. Este livro, porém, não fala de empresas com essas fraquezas, e sim de outras, bem administradas, antenadas, competitivas, que ouvem astuciosamente seus clientes, investem agressivamente em novas tecnologias e, ainda assim, perdem o domínio do mercado.

Fracassos aparentemente inexplicáveis ocorrem em setores que progridem com rapidez e nos que caminham mais lentamente; nos que têm por base tecnologias eletrônicas e nos que se alicerçam em tecnologias químicas e mecânicas; nos setores de manufatura e serviços. A Sears, Roebuck and Co.[*1], por exemplo, foi considerada por décadas por sua gestão de varejo como uma das mais perspicazes do mundo. Em seu apogeu, a Sears contabilizou mais de 2% de todas as vendas a varejo nos Estados Unidos. Ela abriu o caminho para diversas inovações importantes, que fizeram o sucesso dos varejistas mais admirados da atualidade: por exemplo, administração da cadeia de abastecimento, marcas próprias, catálogos comerciais e vendas com cartões de crédito. A admiração pela qual a administração da Sears estava baseada aparece neste fragmento de uma matéria de 1964 da revista *Fortune:* "Como a Sears fez isto? De certo modo, o aspecto que mais chama atenção de sua história é que não havia nenhum esquema. A Sears não abriu nenhum bolsão de fraudes nem lançou foguetes. Em vez disso, conduziu-se como se todos em sua organização simplesmente fizessem a coisa certa, facilmente e naturalmente. E o efeito cumulativo deles foi criar uma organização extraordinariamente poderosa".[1]

Hoje, entretanto, ninguém fala sobre a Sears daquela maneira. Por alguma razão, ela perdeu completamente o advento do desconto nas vendas a varejo e nos home centers. Em meio ao rápido crescimento atual dos catálogos de venda, a Sears foi expulsa do negócio. Na verdade, questionou-se a viabilidade real de suas operações de varejo. Um comentarista observou: "O Grupo Comercial Sears perdeu U$ 1,3 bilhão (em 1992), mesmo antes do gasto com reestruturação na ordem de U$ 1,7 bilhão. A arrogância da Sears tornou-a cega para as mudanças básicas que estavam ocorrendo no mercado americano".[2] Um outro escritor lamentou:

> A Sears tem sido um desapontamento para os investidores que assistiram a suas ações irem a pique lugubremente diante de promessas não cumpridas de uma recuperação. A antiga abordagem de comercialização da Sears – ampla formação de meio-termo em preços médios de mercadorias e serviços – não é mais competitiva. Sem dúvida, os desapontamentos constantes, as previsões repetitivas de uma volta que nunca parecia acontecer, reduziram a credibilidade da administração da Sears nas comunidades financeira e comercial.[3]

Tudo indica que a Sears recebeu seus aplausos na época certa – em meados dos anos 60 – quando desconsiderava o surgimento dos segmentos de varejo de desconto e home centers, os formatos de baixos custos para a comercialização de bens de consumo duráveis de marcas próprias, que, afinal, tirou a Sears de seu privilégio central. Elogiada como uma das empresas mais bem administradas no mundo, a Sears, no mesmo período, deixou que Visa e MasterCard se apoderassem injustamente da enorme liderança que ela havia estabelecido no uso de cartões de crédito no varejo.

Em alguns setores, a falha no padrão de liderança repetiu-se mais de uma vez. Considere o setor de computação. A IBM dominou o mercado de computadores de grande porte, mas omitiu-se durante anos ao surgimento dos minicomputadores, tecnologicamente muito mais simples do que os computadores de grande porte. Nenhum outro fabricante de computadores de grande porte, aliás, tornou-se expressivo no negócio de minicomputadores. A Digital Equipment Corporation criou o mercado de minicomputadores e associou-se a uma série de outras empresas administradas agressivamente: Data General, Prime, Wang, Hewlett-Packard e Nixdorf. Cada uma dessas empresas, por sua vez, perdeu o mercado de computadores pessoais. Ele foi deixado para a Apple Computer, junto com a Commodore, a Tandy e a divisão de PC autônoma da IBM, as quais criaram o mercado de computadores pessoais. A Apple, em particular, foi exclusivamente inovadora em estabelecer o padrão de computadores de uso fácil. Porém a Apple e a IBM ficaram cinco anos atrás das empresas líderes no lançamento de computadores portáteis no mercado. Igualmente, as firmas que construíram o mercado das estações de trabalho de engenharia – Apollo, Sun e Silicon Graphics – eram todas iniciantes nesse setor.

Como no varejo, muitos dos principais fabricantes de computadores eram até então considerados empresas muito bem administradas no mundo. Jornalistas e estudantes de administração os apontavam como exemplos a serem seguidos por todos. Considere esta avaliação da Digital Equipment, feita em 1986: "Contratar a Digital Equipment Corp. atualmente é como permanecer diante de um trem em movimento. Os U$ 7,6 bilhões foram coletados com rapidez pelo fabricante de computador, enquanto a maioria dos rivais esteve parada em um colapso no setor de computadores."[4] O autor prosseguiu advertindo a IBM de que estava indo pelo mesmo caminho. Na verdade, a Digital era uma das empresas proeminentes mais notáveis no estudo McKinsey que precedeu o livro *In Search of Excellence*.[5] Alguns anos mais tarde, os autores definiram a DEC um pouco diferentemente:

> A Digital Equipment Corporation é uma empresa que necessita de uma triagem. As vendas estão minguando na sua linha principal de minicomputadores. Um plano de reestruturação de dois anos atrás fracassou miseravelmente. Sistemas de previsão de vendas e planejamento de produção falharam. Cortes nos custos não chegaram perto de restabelecer a lucratividade... Mas o infortúnio real pode ter sido a perda de oportunidades da DEC. Ela desperdiçou dois anos tentando medidas incompletas antes de responder à pequena margem dos computadores pessoais e estações de trabalho que transformaram o setor da computação.[6]

No caso da Digital, como no da Sears, as decisões que de fato conduziram ao seu declínio foram tomadas na época em que eram fortemente consideradas como empresas administradas com perspicácia. No mesmo período em que ignoravam a chegada dos computadores pessoais, que as cerceariam poucos anos depois, eram aplaudidas como paradigmas de excelência em administração.

A Sears e a Digital enquadram-se entre as empresas dignas de nota. A Xerox manteve a liderança durante longo tempo no mercado para fotocopiadoras em papel comum, utilizadas em grandes centros com altos volumes em cópias. Perdeu a oportunidade, porém, de grande crescimento e lucro no mercado para pequenas copiadoras de mesa, no qual ela se tornou apenas um concorrente menor. Embora as pequenas fábricas de aço tenham agora atingido 40% do mercado de aço norte-americano, incluindo quase todos os mercados da região, para vergalhão, barras e aço estrutural, nenhuma companhia de aço integrada – americana, asiática ou europeia – tinha construído, por volta de 1995, uma fábrica que utilizasse tecnologia das miniusinas. Dos trinta fabricantes de escavadoras com pás de potência acionadas a cabo, apenas quatro sobreviveram à transição de 25 anos da indústria para a tecnologia de escavação hidráulica.

Como podemos notar, é extensa a lista de empresas líderes que fracassaram ante as mudanças de rupturas em tecnologia e estrutura de mercado. À primeira vista, parece não haver um padrão nas mudanças que as surpreenderam. Em alguns casos, as novas tecnologias expandiram-se direta e rapidamente; em outros, a transição levou décadas. Em alguns, as novas tecnologias eram complexas e caras de desenvolver. Em outros, as tecnologias implacáveis eram simples extensões daquilo que as empresas líderes já haviam feito melhor do que ninguém. Comum a todos os contextos, entretanto, é o fato de que as decisões que conduziram ao fracasso foram tomadas quando as empresas em questão lideravam amplamente e eram classificadas entre as melhores do mundo.

Existem duas formas de resolver esse paradoxo. Uma seria concluir que empresas como Digital, IBM, Apple, Sears, Xerox e Bucyrus Erie *nunca* foram bem administradas. Bem-sucedidas, talvez, por causa da boa sorte e épocas fortuitas, em vez de boa administração. É possível que tenham enfrentado tempos difíceis porque suas grandes fortunas se esgotaram.

Talvez. *U*ma explicação alternativa, contudo, é que essas empresas fracassadas eram tão bem dirigidas quanto se poderia esperar de uma empresa administrada por mortais, mas que existe algo sobre como as decisões são tomadas em organizações bem-sucedidas que planta as sementes do eventual fracasso.

A pesquisa relatada neste livro sustenta esse último ponto de vista. Ela demonstra que, nos casos de empresas bem administradas como aquelas citadas acima, *boa* administração era a razão mais poderosa pela qual elas foram malsucedidas em permanecer no topo dos respectivos segmentos. Precisamente *porque* essas empresas ouviram seus clientes, investiram agressivamente em novas tecnologias – que forneceriam a seus consumidores mais e melhores produtos de todos os tipos que eles quisessem – e porque estudaram cuidadosamente as tendências do mercado, alocando sistematicamente capital para investimento em inovações que prometiam os melhores retornos, elas perderam suas posições de liderança.

Em nível mais profundo, o que se deduz é que muitos dos princípios de boa administração com grande aceitação nos dias de hoje são, na verdade, adequados apenas circunstancialmente. Há ocasiões em que o correto é *não* ouvir os clientes, investir em desenvolvimento de produtos de desempenho inferior, que prometem *menores* margens, e perseguir agressivamente mercados menores em lugar dos substanciais.

Este livro propõe uma série de regras, da pesquisa cuidadosamente projetada à análise dos sucessos em inovações e falhas no setor de *disk drive* e em outros setores, para que os administradores possam julgar quando seguir os princípios de boa administração com grande aceitação e quando princípios alternativos são apropriados.

A essas regras eu chamo de *princípios da inovação de ruptura.* Elas demonstram que, quando boas companhias fracassam, isto frequentemente ocorre porque seus administradores ignoraram esses princípios ou escolheram combatê-los. Os gestores poderão ser extraordinariamente eficientes em administrar até mesmo as inovações mais difíceis se eles trabalharem para entender e aproveitar os princípios da inovação baseada em ruptura. Como em muitos dos esforços desafiadores da vida, existe um grande valor em atracar-se com "o jeito que o mundo trabalha", e em administrar os esforços de inovação nas formas que acomodam tais forças.

O Dilema da Inovação tem a intenção de ajudar uma ampla classe de gestores, consultores e acadêmicos em fábricas e empresas de serviços – de alta ou baixa tecnologia – em evolução lenta ou em ambientes de mudanças rápidas. Fixado o alvo, a *tecnologia,* conforme o termo é utilizado neste livro, significa o conjunto de processos pelos quais uma organização transforma mão de obra, capital, materiais e informação em produtos e serviços de grande valor. Todas as empresas têm tecnologias. Um varejista como a Sears emprega uma tecnologia específica para adquirir, apresentar, vender e entregar produtos a seus clientes; por sua vez, o atacadista que vende com desconto, como a PriceCostco, emprega uma tecnologia diferente. Esse conceito de tecnologia, portanto, estende-se além da engenharia e da produção, para abranger toda a extensão de marketing, investimento e processos de administração. *Inovação* refere-se à mudança em uma dessas tecnologias.

O DILEMA

Para estabelecer a profundidade teórica das ideias, a extensão de seus benefícios e sua aplicabilidade no futuro como no passado, este livro foi dividido em duas partes. A Parte 1, Capítulos 1 a 4, desenvolve uma estrutura que explica por que decisões seguras tomadas por grandes administradores podem levar as empresas ao fracasso. Nesses capítulos, retrata-se verdadeiramente o dilema de um inovador: as decisões de administração lógica e competente – cruciais para o sucesso de suas empresas – são também as razões pelas quais estas perdem suas posições de liderança. A Parte 2, Capítulos 5 a 10, empenha-se em resolver o dilema. Baseando-se em nosso entendimento de por que e sob quais circunstâncias novas tecnologias levam grandes empresas a falhar, ela prescreve soluções administrativas para o dilema – como os executivos podem, simultaneamente, fazer o que é certo para a saúde de seus negócios estabelecidos no curto prazo, enquanto concentram recursos adequados em tecnologias de ruptura que, afinal, podem conduzi-las à decadência.

Construindo uma Estrutura de Falha

Começo o livro escavando profundamente antes de estender a discussão para desenhar as conclusões gerais. Os Capítulos 1 e 2 recontam com alguns detalhes a história do setor de *disk drives*, em que a saga de "boas-empresas-chocando-se-com-duras-épocas" tem sido representada repetidas vezes. Esse setor está em situação ideal para o estudo do fracasso, graças à riqueza de dados existentes sobre ele e porque, nas palavras de Dean Kim B. Clark, da Harvard Business School, é uma "história rápida". Em poucos anos apenas, segmentos de mercado, companhias e tecnologias surgiram, amadureceram e declinaram. Nas seis vezes em que novas tecnologias estruturais emergiram nesse campo, somente em duas a empresa estabelecida no setor manteve o comando na geração subsequente. Esse padrão repetitivo de fracasso no setor de *disk drives* permitiu, primeiro, que eu desenvolvesse uma estrutura preliminar para explicar por que as melhores e maiores empresas nas primeiras gerações desse setor fracassaram; e, segundo, que eu a testasse sobre ciclos subsequentes na história do setor para ver se, resistente o suficiente, ele continuaria a explicar os fracassos entre os líderes mais recentes do setor.

Os Capítulos 3 e 4 aprofundam o entendimento de por que as empresas líderes pisaram em falso repetidamente no setor de *disk drive* e, simultaneamente, testam a extensão do benefício da estrutura, examinando os fracassos das empresas em setores com características bem diferentes. Por essa razão, o Capítulo 3, explorando a indústria da escavação mecânica, descobre que os mesmos fatores que precipitaram o fracasso dos líde res na fabricação de *disk drive* também favoreceram a destruição de líderes na fabricação de escavadoras mecânicas, um setor que se move bem diferentemente em ritmo e intensidade tecnológica. O Capítulo 4 completa a estrutura e a utiliza para demonstrar por que empresas de aço, integradas no mundo todo, provaram ser incapazes de abrandar os ataques dos fabricantes de aço produzido, em pequena escala, a partir de refugos.

POR QUE A BOA ADMINISTRAÇÃO PODE CONDUZIR AO FRACASSO

A estrutura de falha é construída a partir de três descobertas deste estudo. A primeira é que existe uma distinção estrategicamente importante entre o que chamo de tecnologias *incrementais* e aquelas *de rupturas*. São conceitos muito diferentes da distinção com incremento *versus* radical, que tem caracterizado muitos estudos do problema.

A segunda é que o progresso tecnológico pode andar, e frequentemente anda, mais depressa do que os fabricantes necessitam. Isso significa que a relevância e a competitividade de abordagens tecnológicas diferentes podem mudar com respeito a diferentes mercados ao longo do tempo. Finalmente, a terceira descoberta é que os clientes e as estruturas financeiras de empresas bem-sucedidas disfarçam pesadamente as classificações de investimentos que lhe parecem atrativas, com relação a determinados tipos de empresas estreantes.

Tecnologias Incrementais versus *Tecnologias de Ruptura*

A maioria das tecnologias dá suporte à melhoria do desempenho de produtos. Chamo a isso de *tecnologia incremental;* algumas podem ser descontínuas ou caracteristicamente radicais, enquanto outras são de natureza incremental. Tecnologias incrementais têm em comum o efeito de melhorar o desempenho de produtos estabelecidos, junto com as dimensões do desempenho que aqueles clientes habituais têm valorizado historicamente nos maiores mercados. A maioria dos avanços tecnológicos em determinados setores é caracteristicamente incremental. Uma descoberta importante revelada neste livro é que, raramente, até mesmo as mais complexas tecnologias incrementais provocaram o fracasso de empresas líderes.

Ocasionalmente, contudo, as *tecnologias de ruptura* emergem: inovações que resultam em *pior* desempenho de produtos, ao menos a curto prazo. Ironicamente, em cada um dos exemplos estudados neste livro, foi essa tecnologia que levou empresas líderes ao fracasso.

As tecnologias de ruptura trazem a um mercado uma proposição de valor muito diferente daquela disponível até então. Em geral, essas tecnologias têm desempenho inferior aos produtos estabelecidos em mercados predominantes. Mas contêm outras características com algumas vantagens adicionais (e geralmente novas) de valor para o cliente. Produtos baseados nessas tecnologias são geralmente mais baratos, mais simples, menores e frequentemente mais convenientes de usar. Há muitos outros exemplos além dos computadores pessoais e dos descontos no varejo citados anteriormente. Pequenas motocicletas *off-road,* introduzidas na América do Norte e na Europa pela Honda, Kawasaki e Yamaha foram tecnologias de ruptura relacionadas à potência e às motos *over-the road* em série produzidas pela Harley-Davidson e BMW. Transístores foram tecnologias de ruptura em relação às válvulas. Organizações de planos de saúde foram tecnologias de ruptura, quando comparadas às das seguradoras de saúde convencionais. No futuro próximo, "dispositivos variados com conexão a Internet" *(internet appliances)*[*2], podem tornar-se tecnologias de ruptura aos fornecedores de hardware e software de computadores pessoais.

Trajetórias da Necessidade do Mercado versus *Melhoria da Tecnologia*

O segundo elemento da estrutura de falha – a observação de que as tecnologias podem progredir mais rápido do que a demanda do mercado –, ilustrado na Figura I.1, significa que, em seus esforços para fornecer melhores produtos do que seus competidores e obter maiores preços e margens de lucro, os fornecedores frequentemente "passam do limite" de seu mercado, isto é, eles oferecem mais do que os clientes necessitam ou, no final das contas, estariam dispostos a pagar. E mais, essencialmente, significa que tecnologias de ruptura, que podem ter baixo desempenho atual em relação ao que os usuários neste mercado necessitam, no futuro oferecerão desempenho plenamente competitivo no mesmo mercado.

Muitos dos que um dia precisaram de computadores de grande porte para suas necessidades de processamento de dados, por exemplo, não mais compram ou precisam destes computadores. O desempenho dos computadores de grande porte superou a demanda de seus clientes originais, que hoje encontram quase tudo o que necessitam fazer em equipamentos de mesa ligados aos servidores de arquivo. Em outras palavras, as necessidades de muitos usuários de computadores têm aumentado mais lentamente do que a taxa de melhorias proporcionadas pelos projetistas de computadores. Igualmente, compradores que em 1965 faziam suas compras em lojas de departamentos, para ter a segurança da qualidade e seleção de seus produtos, agora estão satisfeitos em lojas especializadas como a Target e grandes supermercados como o Walmart.

Figura I.1 O impacto da mudança da tecnologia incremental e de ruptura.

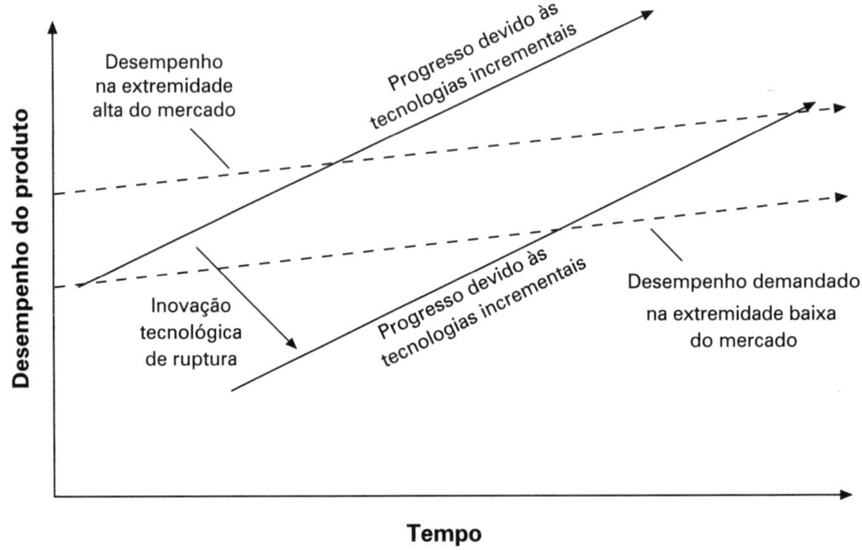

Tecnologias de Rupturas versus *Investimentos Racionais*

O último elemento da estrutura de falha – a conclusão por parte das empresas estabelecidas de que investir agressivamente em tecnologias de ruptura não é uma decisão financeira racional – tem três bases. Primeira, os produtos das tecnologias de ruptura são mais simples e mais baratos; eles prometem geralmente menores margens de lucro, e não o contrário. Segunda, as tecnologias de ruptura normalmente são comercializadas primeiro em mercados emergentes ou insignificantes. E terceira, os consumidores mais lucrativos de empresas líderes não querem, e na verdade não podem, inicialmente, usar produtos oferecidos por tecnologias de ruptura. De modo geral, uma tecnologia de ruptura é inicialmente adotada por consumidores de menor lucratividade no mercado. Portanto, a maioria das empresas com uma disciplina prática de ouvir seus melhores clientes e identificar novos produtos, que prometem maior lucratividade e crescimento, raramente é capaz de estabelecer condições para o investimento em tecnologias de ruptura, até que seja muito tarde para isso.

TESTANDO A ESTRUTURA DE FALHA

Este livro define o problema de tecnologias de ruptura e descreve como elas podem ser administradas, tomando o cuidado de estabelecer o que os pesquisadores chamam de validade *interna* e *externa* de suas proposições. Os Capítulos 1 e 2 desenvolvem a estrutura de falha no contexto do setor de *disk drive*, e as páginas iniciais dos Capítulos 4 a 8 retomam àquele setor para estabelecer um entendimento mais profundo e progressivo de por que as tecnologias de ruptura são um fenômeno tão opressivo para que bons administradores as enfrentem com sucesso. A razão de se pintar um quadro tão completo de um único setor é estabelecer a validade interna da estrutura de falha. Se uma estrutura ou modelo não puderem explicar com segurança o que aconteceu dentro de um único setor, eles não podem ser aplicados convictamente a outras situações.

O Capítulo 3 e as sessões posteriores dos Capítulos 4 a 9 estão estruturados para explorar a validade externa da estrutura de falha – as condições em que se poderia esperar que a estrutura produzisse percepções úteis. O Capítulo 3 utiliza a estrutura para examinar por que os líderes na fabricação de escavadoras a cabo foram expulsos do mercado de movimentação de terras por fabricantes de máquinas hidráulicas, e o Capítulo 4 discute por que os fabricantes integrados de aço do mundo se atrapalharam diante da tecnologia da miniusina. O Capítulo 5 utiliza o modelo para examinar o sucesso de varejistas que vendem com descontos, em relação à cadeia convencional e às lojas de departamentos, e provar o impacto das tecnologias de ruptura nos setores de controle de motor e de impressoras. O Capítulo 6 examina o setor emergente de assistente pessoal digital e recapitula como o setor de controle de motor elétrico foi colocado de pé pela tecnologia de ruptura. O Capítulo 7 relata como os estreantes, utilizando tecnologias de ruptura em motocicletas e circuitos lógicos, destituíram líderes da indústria; o Capítulo 8 demonstra como e porque os fabricantes de computadores caíram vitimas da ruptura e o Capítulo 9 reflete o mesmo fenômeno nos negócios de software de contabilidade e de insulina. O Capítulo 10 aplica a estrutura a um estudo de caso dos veículos elétricos, resumindo as lições aprendidas de outros estudos de setores, mostrando como eles podem ser utilizados para determinar a oportunidade e a ameaça dos veículos elétricos e descrever como eles puderam ser aplicados para tornar um veículo elétrico comercialmente bem-sucedido. O Capítulo 11 resume as descobertas do livro.

Em síntese, esses capítulos apresentam uma estrutura teoricamente poderosa, amplamente válida e administrativamente prática para o entendimento das tecnologias de ruptura e de como elas precipitaram a queda de algumas empresas líderes de seus setores mais bem administradas da história.

COMO APROVEITAR OS PRINCÍPIOS DA INOVAÇÃO DE RUPTURA

Meus colegas que leram meus artigos acadêmicos reportando as descobertas relatadas nos Capítulos 1 a 4 impressionaram-se por seu fatalismo previsível. Se, diante da mudança tecnológica de ruptura, as práticas da boa administração conduziram ao fracasso empresas bem-sucedidas, conclui-se que todas as respostas usuais para os problemas das empresas – planejar melhor, trabalhar mais, orientar-se mais para o cliente e tomar uma perspectiva de longo prazo – *agravaram* o problema. Execução segura, agilidade no mercado, administração da qualidade total e processos de reengenharia são igualmente ineficazes. Desnecessário dizer que esta é uma notícia inquietante para os que ensinam aos futuros gestores!

Os Capítulos 5 a 10, entretanto, sugerem que, embora a solução para tecnologias de ruptura não possa ser encontrada em um conjunto de ferramentas-padrão da boa administração, existem, de fato, formas sensíveis de lidar efetivamente com esse desafio. Cada companhia, em cada setor, trabalha sob determinadas forças – leis de natureza organizacional – que agem poderosamente para definir o que a empresa pode e não pode fazer. Diante de tecnologias de ruptura, os gerentes enfraquecem suas empresas quando essas forças os superam.

Por analogia, os antigos que tentaram voar segurando asas emplumadas em seus braços e agitando-as com toda a sua força, como se saltassem de lugares altos, invariavelmente fracassaram. Apesar de seus sonhos e trabalho árduo, eles estavam lutando contra algumas forças muito poderosas da natureza. Ninguém poderia ser forte o bastante para vencer essa luta. Voar tornou-se possível somente após o homem passar a entender as leis naturais relevantes e os princípios que definiram como o mundo funcionava: a lei da gravidade, o princípio de Bernoulli e os conceitos de levantar, arrastar e de resistência. Ao projetar sistemas de voo que reconheceram ou aproveitaram o poder dessas leis e princípios, em vez de lutar contra eles, o homem foi finalmente capaz de voar a alturas e distâncias anteriormente inimagináveis.

O objetivo dos Capítulos 5 a 10 é propor a existência de cinco leis ou princípios de tecnologia de ruptura. Analogamente ao voo tripulado, essas leis são tão poderosas que os administradores, que as ignorarem ou lutarem contra elas, enfraquecerão o "piloto" de suas companhias sob uma tempestade de tecnologia de ruptura. Esses capítulos demonstram, contudo, que se os gerentes puderem entender e aproveitar essas forças, em vez de lutar contra elas, de fato serão bem-sucedidos de forma espetacular diante da mudança tecnológica de ruptura. Espero particularmente que os gerentes leiam esses capítulos para obter *entendimento*, em vez de simples respostas. Estou muito confiante que os bons gerentes, para quem este livro foi escrito, serão muito capazes de encontrar respostas por conta própria que melhor adaptam-se as suas circunstâncias. Mas eles devem primeiro entender o que causou aquelas circunstâncias e quais forças afetarão a viabilidade de suas soluções. Os parágrafos seguintes resumem esses princípios e o que os gerentes podem fazer para aproveitá-los ou adaptá-los.

Princípio #1: As Companhias Dependem de Clientes e Investidores para Obter Recursos

A história do setor de disk drive demonstra que as empresas estabelecidas permaneceram no topo, onda após onda de tecnologias incrementais (tecnologias de que seus clientes necessitavam), enquanto, consequentemente, tropeçavam sobre aquelas mais simples, de ruptura. Essa evidência sustenta a *teoria da dependência de recursos.*[7] O Capítulo 5 resume esta teoria, a qual estabelece que, enquanto os gerentes podem *pensar* que controlam o fluxo de recursos em suas empresas, no final das contas, são realmente os clientes e os investidores que ditam como o dinheiro será gasto, porque as empresas com padrões de investimento que não satisfazem seus clientes e investidores não sobrevivem. De fato, as empresas com desempenho máximo são as melhores nisso, ou seja, elas têm sistemas bem desenvolvidos para abortar as ideias que não agradam seus clientes. Como resultado, essas empresas acham muito difícil investir recursos adequados em tecnologias de ruptura – oportunidades de margens de lucro menores, que seus clientes não querem, até que eles passem a quere-las. E aí será muito tarde.

O Capítulo 5 sugere uma forma de os gerentes aplicarem ou aproveitarem essa lei em seus esforços para enfrentar a tecnologia de ruptura. Com poucas exceções, os únicos momentos em que empresas tradicionais adotaram com sucesso uma posição adequada em uma tecnologia de ruptura foram aqueles nos quais os seus gerentes criaram uma organização autônoma, arcando com os gastos para a construção de um negócio novo e independente em função dessa tecnologia. Essas organizações, livres da influência dos clientes da empresa tradicional, se estabelecem no meio de um grupo de clientes diferentes – aqueles que *querem* os produtos da tecnologia de ruptura. Em outras palavras, as empresas podem ter sucesso em tecnologias de ruptura quando seus gerentes alinham suas organizações *com* as forças da dependência de recursos, em lugar de ignorá-las ou lutar contra elas.

Para os gerentes, a implicação desse princípio é que, ao se depararem com a ameaça de uma tecnologia de ruptura, as pessoas e os processos na organização tradicional não podem ter a expectativa de alocar livremente os recursos críticos, financeiros e humanos, necessários para atingir uma forte posição no mercado pequeno e emergente. É muito difícil para uma companhia, na qual a estrutura do custo é talhada para competir em mercados com produtos de alto valor (*high-end*), ser lucrativa também em mercados de produtos de baixo valor (*low-end*). Criar uma organização independente, com uma estrutura de custo afiada para atingir lucratividade com margens menores, característica da maioria das tecnologias de ruptura, é a única forma viável para que empresas estabelecidas aproveitem esse princípio.

Princípio #2: Mercados Pequenos Não Solucionam a Necessidade de Crescimento de Grandes Empresas

Tecnologias de ruptura normalmente possibilitam o surgimento de novos mercados. Existe forte evidência de que as empresas que entram mais cedo nesses mercados emergentes têm as vantagens significativas do primeiro proponente sobre os últimos estreantes. E ainda, como essas empresas prosperam e crescem mais, torna-se progressivamente mais difícil para elas entrarem até mesmo em mercados pequenos e mais novos destinados a se tornarem os maiores do futuro.

Para manter sua participação nos preços e criar oportunidades internas para que os funcionários ampliem o alcance de suas responsabilidades, as empresas prósperas precisam continuar a crescer. Mas, enquanto uma empresa de US$ 40 milhões necessita atingir apenas US$ 8 milhões em receitas para crescer 20% no ano seguinte, uma empresa de US$ 4 bilhões necessita atingir US$ 800 milhões em novas vendas. Nenhum novo mercado tem esse tamanho. Como consequência, quanto maior e mais bem-sucedida uma organização se torna, mais fraco é o argumento de que mercados emergentes podem permanecer meios úteis para o seu crescimento.

Muitas grandes companhias adotaram a estratégia de esperar até que os novos mercados estejam "grandes o suficiente para se tornarem interessantes". A evidência apresentada no Capítulo 6, porém, mostra por que, com frequência, isso não é uma estratégia de sucesso.

As grandes empresas estabelecidas, com posições fortes e prósperas nos novos mercados possibilitadas pelas tecnologias de ruptura, têm conseguido o feito dando a responsabilidade de negociar a tecnologia de ruptura para uma organização cuja dimensão combine com o tamanho do mercado-alvo. Pequenas organizações podem mais facilmente reagir às oportunidades para o crescimento em pequenos mercados. A evidência é forte onde os processos de alocação de recursos formal e informal tornam muito difícil, para as grandes organizações, concentrar energia adequada e talento em mercados menores, mesmo que a lógica sugira que eles poderão ser grandes algum dia.

Princípio #3: Mercados Que Não Existem Não Podem Ser Analisados

Pesquisa de mercado confiável e planejamento adequado seguido pela execução fiel ao plano são indicações da boa administração. Quando aplicadas à inovação tecnológica incremental, são práticas inestimáveis; de fato, elas são as razões fundamentais pelas quais as empresas estabelecidas conduziram individualmente cada estágio da inovação incremental na história do setor de *disk drive*. Essas abordagens discutidas são praticáveis em tecnologia incremental porque o tamanho e as taxas de crescimento dos mercados são geralmente conhecidos, trajetórias de progressos tecnológicos têm sido criadas e as necessidades dos principais clientes têm sido normalmente bem articuladas. Em razão de grande parte das inovações serem incrementadas de acordo com seu papel, a maioria dos executivos tem aprendido a administrar a inovação em um contexto favorável, em que as análises e o planejamento são exequíveis.

No trato com tecnologias de ruptura dirigidas a novos mercados, entretanto, os pesquisadores de mercado e planejadores de negócios têm obtido registros desanimadores. Na verdade, com base nas evidências dos setores de *disk drive*, motocicletas e microprocessadores, observadas no Capítulo 7, nossa única certeza, quando lemos as previsões dos especialistas sobre o tamanho que os mercados emergentes alcançarão, é de que eles estão equivocados.

Em muitos exemplos, a liderança em inovações incrementais – sobre qual informação é conhecida e para quais planos pode ser aplicada – não é competitivamente importante. Em certos casos, os seguidores da tecnologia atuam tão bem a respeito quanto os líderes dela. Nas inovações de ruptura, em que se conhece o mínimo a respeito do mercado, existem fortes vantagens para os primeiros proponentes. Esse é o dilema da inovação.

Empresas cujos processos de investimento demandam a quantificação dos tamanhos de mercado e dos retornos financeiros, antes que possam entrar em um mercado, ficam paralisadas ou cometem sérios erros ao se depararem com tecnologias de rupturas. Elas demandam dados de mercado, quando não existe nenhum, e julgam com base em projeções financeiras, quando nem as receitas nem os custos podem, na verdade, ser conhecidos. Utilizar técnicas de planejamento e marketing desenvolvidas para administrar tecnologias incrementais no contexto muito diferente das tecnologias de ruptura é um exercício de voo turbulento.

O Capítulo 7 discute uma abordagem diferente para a estratégia e o planejamento e identifica a lei segundo a qual os mercados certos e a estratégia correta para explorá-los não podem ser conhecidos antecipadamente. No que chama de planejamento baseado na descoberta, a abordagem sugere que os gerentes pressuponham que as previsões estejam erradas, mais do que corretas, e que a estratégia que eles decidiram implantar pode igualmente estar equivocada. Investir e administrar sob tais premissas conduz os administradores a desenvolver planos para aprender quais necessidades devem ser conhecidas, uma forma muito mais efetiva de enfrentar as tecnologias de ruptura com sucesso.

Princípio #4: As Capacidades de uma Organização Definem Suas Incapacidades

Quando os administradores atacam um problema de inovação, eles trabalham instintivamente para atribuir tarefa a pessoas capazes. Entretanto, uma vez que *eles encontram* as pessoas certas, a maioria dos administradores assume então que a organização na qual trabalham também será capaz de ser bem-sucedida na tarefa. E isto é perigoso – porque as organizações têm suas próprias capacidades independentemente das pessoas que trabalham dentro delas. As capacidades de uma organização concentram-se em dois fatores. O primeiro está em seus processos – os métodos pelos quais as pessoas aprendem a transformar os insumos de mão de obra, energia, materiais, informação, dinheiro e tecnologia em produção de alto valor. O segundo está nos valores da organização, que são os critérios que os gerentes e funcionários na organização utilizam quando tomam decisões sobre as prioridades. Como as pessoas são totalmente flexíveis, elas podem ser treinadas para ter êxito em coisas totalmente diferentes. Um funcionário da IBM, por exemplo, pode mudar totalmente e de forma imediata a maneira como ele trabalha, no sentido de trabalhar para ter sucesso em uma empresa iniciante de pequeno porte. Mas os processos e valores não são flexíveis. Um processo que é eficiente no gerenciamento do projeto de um minicomputador, por exemplo, poderia ser ineficiente no gerenciamento do projeto de um computador pessoal de mesa.

Igualmente, valores que fazem com que funcionários priorizem os projetos para o desenvolvimento de produtos com altas margens não podem simultaneamente assegurar prioridade aos produtos com baixa margem. Os muitos processos e valores que constituem as capacidades de uma organização em um contexto as *incapacita* em outro contexto.

O Capítulo 8 apresentará uma estrutura que pode ajudar um gerente a entender precisamente onde se concentram as capacidades e incapacidades em sua organização. Valendo-se dos estudos feitos nos setores de *disk drive* e computadores, ele oferece as ferramentas que os gerentes podem utilizar para criar novas capacidades, quando os processos e valores da atual organização revelarem a incapacidade de serem bem-sucedidos no tratamento de um novo problema.

Princípio #5: O Fornecimento de Tecnologia Pode Não Ser Igual à Demanda do Mercado

Apesar de inicialmente poderem ser utilizadas apenas em pequenos mercados, distantes dos mercados principais, tecnologias de ruptura produzem rupturas porque, subsequentemente, podem tornar-se de desempenho plenamente competitivo dentro de mercados principais, contra produtos já estabelecidos. Conforme representado na Figura I.1, isso ocorre porque o ritmo do progresso tecnológico em produtos frequentemente excede a taxa de melhoria do desempenho que os clientes habituais procuram ou podem absorver. Como consequência, os produtos cujas características e funcionalidade estiverem muito próximas das necessidades do mercado atual seguirão frequentemente uma trajetória de melhoria que os fará superar as necessidades de mercados habituais no futuro. E os produtos que tenham atualmente sérios problemas de baixo desempenho, em relação às expectativas dos clientes em mercados estabelecidos, podem manifestar, no futuro, desempenho competitivo.

O Capítulo 9 demonstra que, quando isso ocorre em mercados tão diversos quanto o de disk drives, de software de contabilidade e de saúde de diabéticos, as bases da concorrência – os critérios pelos quais os clientes escolhem um produto em vez de outro – mudam. Quando o desempenho de dois ou mais produtos concorrentes se tornar melhor do que aquele que o mercado procura, os clientes podem não mais basear sua escolha em produtos com mais alto desempenho. As bases para a escolha do produto evoluem frequentemente da funcionalidade para a confiabilidade, então para a conveniência e, finalmente, para o preço.

Muitos alunos de administração descreveram de várias formas as fases do ciclo de vida do produto. O Capítulo 9, no entanto, propõe que o fenômeno no qual o desempenho do produto supera a demanda do mercado é o mecanismo básico de conduzir as mudanças nas fases do ciclo de vida do produto.

No empenho de permanecer à frente, desenvolvendo produtos competitivamente superiores, muitas empresas não percebem a velocidade em que estão elevando o mercado, supersatisfazendo as necessidades de seus clientes originais, porque elas competem por desempenhos mais altos e mercados de margens mais altas. Agindo assim, essas empresas criam um vácuo nos pontos de preços inferiores, dentro do qual os competidores que empregam tecnologias de ruptura podem entrar. Apenas aquelas empresas que medem cuidadosamente as tendências de como seus clientes habituais *utilizam* seus produtos podem capturar os pontos em que as bases de competição mudarão nos mercados que elas atendem.

É muito forte a evidência de que até mesmo os melhores gerentes balançaram perigosamente quando seus mercados foram invadidos pelas tecnologias de ruptura. Mais urgentemente, eles querem saber se suas empresas são alvos de um ataque tecnológico de ruptura e como podem defendê-las contra esse ataque antes que seja muito tarde. Outros, interessados em descobrir oportunidades empresariais, perguntam-se como eles podem identificar potencialmente as tecnologias de ruptura, em torno das quais se podem criar novas empresas e mercados.

LIÇÕES PARA DETECTAR OPORTUNIDADES E AMEAÇAS DE RUPTURA

Alguns administradores e pesquisadores familiarizados com essas ideais chegaram neste ponto da estória de forma ansiosa porque a evidência é muito forte de que mesmo os melhores gerentes tropeçaram quando seus mercados foram invadidos por tecnologias de ruptura.

Mais que urgentemente, eles querem saber se seus próprios negócios são alvos de um ataque de tecnologia de ruptura e como eles podem defender seus negócios contra tal ataque, antes que seja tarde demais. Outros, interessados em encontrar oportunidades empreendedoras, maravilhados como elas podem identificar potenciais tecnologias de ruptura pelas quais novas empresas e mercados podem ser construídos.

O Capítulo 10 aborda essas questões de forma não muito convencional. Melhor do que oferecer um *check-list* das questões a propor ou das análises a efetuar, apresento um estudo de caso a propósito de um problema particularmente inquietante, mas bem conhecido em inovação tecnológica: o veículo elétrico. Posicionando-me no papel de protagonista – como o gerente do programa responsável pelo desenvolvimento do veículo elétrico em uma grande empresa fabricante de automóveis e lutando com a ordem da *California Air Resources Board* para começar a vender veículos elétricos naquele estado, questiono se os veículos elétricos são de fato uma tecnologia de ruptura e então sugiro formas de organizar esse programa, crio sua estratégia e o administro, tudo isso para ter sucesso.

No espírito de todos os estudos de casos, a finalidade desse capítulo *não* é antecipar a resposta que acredito ser correta para o desafio do inovador. Mais propriamente, ele sugere uma metodologia e uma forma de pensar a respeito do problema da mudança tecnológica de ruptura; isso deve provar sua utilidade em muitos outros contextos.

O Capítulo 10, portanto, leva-nos profundamente ao dilema da inovação, em que "boas" empresas começam frequentemente sua descida investindo agressivamente nos produtos e serviços que seus clientes mais lucrativos desejam. Nenhuma empresa automotiva está ameaçada atualmente pelos carros elétricos, e nenhuma contempla um salto do atacadista para dentro dessa arena. A indústria automobilística é saudável. Os motores a gasolina nunca foram tão confiáveis. Jamais, antes, alto desempenho e qualidade estiveram disponíveis a preços tão baixos. Na verdade, à exceção do mandado governamental, não há razão alguma para esperar que fabricantes de carros convencionais passem a produzir veículos elétricos.

O carro elétrico, no entanto, *é* uma tecnologia de ruptura e uma forte ameaça no futuro. A tarefa do inovador é assegurar que esta inovação – a tecnologia de ruptura que não faz sentido – seja levada a sério dentro da empresa, sem pôr em risco as necessidades dos atuais clientes, que proporcionam lucro e crescimento. Como é concretamente exposto no Capítulo 10, o problema só pode ser resolvido quando novos mercados forem considerados e cuidadosamente desenvolvidos em torno de novas definições de valor – e quando a responsabilidade para criar o negócio for colocada dentro de uma organização centrada cujo tamanho e interesse estejam exatamente alinhados com as necessidades exclusivas dos clientes do mercado.

Tecnologia Estabelecida	Tecnologia de Ruptura
Filme fotográfico de brometo de prata	Fotografia digital
Telefonia com fio	Telefonia móvel
Redes de telecomunicações com circuitos interligados	Redes de comunicações de dados com comutação de pacotes
Computadores notebook	Aparelhos digitais portáteis
Computadores pessoais de mesa	Playtation II da Sony, aparelhos para Internet
Serviço completo de corretagem de ações	Corretagem de ações on-line
Bolsas de valores de Nova York & NASDAQ	Redes de comunicações eletrônicas
	Leilões holandeses de novas emissões

Subscrição com taxa integral de novas emissões de ações e títulos de dívida	de ações e títulos de dívidas, conduzidos pela Internet
Decisões de crédito com base no julgamento pessoal feito por executivos da financiadora	Decisões de emprestar automatizadas, baseadas em sistemas de classificação de crédito
Lojas de varejo	Varejo on-line
Distribuidores de materiais industriais	Sites baseados na Internet como Chemdex e E-steel
Cartões sociais impressos	Cartões sociais gratuitos, baixados pela Internet
Empresas de serviços de fornecimento de eletricidade	Geração de energia distribuída (turbinas a gás, microturbinas, células a combustível)
Escolas de pós-graduação em administração	Universidades corporativas e programas de treinamento gerencial internos
Instrução baseada em sala de aula e em campus	Educação a distância, possibilitada tipicamente pela Internet
Livros-textos padrões	Livros-textos digitais modulares, montados pelo cliente
Impressora offset	Impressão digital
Aviões bombardeiros e arsenais de guerra manuseados por tripulação	Aeronaves não tripuladas
Sistemas operacionais Windows, da Microsoft e aplicativos software escritos em C++	Protocolos de Internet, e protocolos de software Java
Médicos	
Hospitais gerais	Atendimento a pacientes em clínicas, sem internação, e atendimento domiciliar
Cirurgia aberta	Cirurgia artroscópica e endoscópica
Cirurgia cardíaca de pontes coronárias	Angioplastia
Imagem por ressonância magnética e Tomografia computadorizada	Ultrassonografia – inicialmente máquinas instaladas no chão; recentemente máquinas portáteis

ONDE A RUPTURA ESTÁ OCORRENDO HOJE

Um dos mais gratificantes aspectos de minha vida desde a primeira edição publicada de *O Dilema da Inovação* tem sido o número de pessoas que ligaram, representando setores que eu nunca havia pensado a respeito, sugerindo que as forças semelhantes para aqueles exemplos históricos que eu descrevi nestas páginas são de rupturas também em seus setores.

Cada uma das inovações da coluna da direita do quadro – no formulário de uma nova tecnologia ou um novo modelo de negócio – passa por um processo de ruptura da ordem estabelecida descrita na coluna da esquerda.

As empresas que atualmente lideram seus setores usando as tecnologias da coluna da esquerda sobrevirão a esses ataques? Minha esperança é que o futuro seja diferente do passado. Acredito que o futuro *pode* ser diferente se os administradores reconhecerem essas rupturas e abordá-las de um modo que represente ou aproveite os princípios fundamentais descritos nas páginas que seguem.

NOTAS DO AUTOR

1. MCDONALD, John. "Sears Makes It Look Easy", *Fortune,* maio, 1964, 120-121.
2. MOUKHEIBER, Zina. "Our Competitive Advantage", *Forbes,* 12 de abril, 1993, 59.
3. WEINER, Steve. "It's Not Over Until It's Over", *Forbes,* 28 de maio, 1990, 58.
4. *Business Week,* 24 de março, 1986, 98.
5. PETERS, Thomas J. e WATERMAN, Robert H. *In Search of Excellence,* Nova York: Harper & Row, 1982.
6. *Business Week,* 9 de maio, 1994, 26.
7. PFEFFER, Jeffrey e SALANCIK, Gerald R. *The External Control of Organizations: A Resource Dependence Perspective,* New York: Harper & Row, 1978.

NOTAS DO REVISOR TÉCNICO

*1 A empresa norte americana *Sears, Roebuck and Co.* foi fundada nos Estados Unidos no final do século XIX (1886) por Richard Warren Sears e Alvah Curtis Roebuck. Atualmente é uma subsidiária da *Sears Holdings Corporation* (NASDAQ: SHLD), pertencente ao setor varejista, com mais de 2700 pontos de venda nos EUA e Canadá. Mais informações nos links: <http://www.searsholdings.com/about/sears> e <http://www.searsarchives.com/history/questions/>.

*2 O termo *Internet Appliance* (IA) não tem um entendimento genérico de sua abrangência, conforme seu objetivo ou aplicabilidade. Podemos considerar que dispositivos ou produtos derivados desta abordagem, em geral, conectam-se à Internet, são fáceis de configurar e usar, utilizando de alguma forma um *software* que completa [melhora] suas funcionalidades e, na maioria das vezes, permite o uso de um navegador web (*browser*) nas ações de manutenção de sua configuração interna. Podem ser exemplos destes dispositivos mais evoluídos tecnicamente: modernos roteadores/*switches*, *smart phones*, *tablets* (assistentes pessoais móveis/digitais), GPS com mapas de rotas/cidades, televisor com acesso a Internet, etc.

Parte 1

POR QUE GRANDES EMPRESAS PODEM FRACASSAR

CAPÍTULO 1

Como Grandes Empresas Podem Fracassar? Percepções provenientes do setor de *Hard Disk Drive*

Quando eu comecei minha pesquisa para montar o quebra-cabeça de por que as melhores firmas podem fracassar, um amigo me ofereceu alguns sábios conselhos: "Aqueles que estudam genética evitam estudar os humanos", ele observou, "porque novas gerações vêm somente a cada 30 anos ou mais, levam muito tempo para entender a causa e o efeito de quaisquer mudanças. Em vez disso, eles estudam as moscas das frutas, porque elas são concebidas, nascem, crescem e morrem tudo no espaço de um único dia. Se você quiser entender por que algumas coisas acontecem em negócios, estude o setor de *disk drive*. Suas empresas são as que estão mais próximas das moscas das frutas no mundo dos negócios como jamais se viu antes".

Na verdade, em nenhum lugar na história dos negócios houve um setor como o de *disk drives*, em que as mudanças em tecnologia, estrutura de mercado, alcance global e integração vertical têm sido tão penetrantes, rápidos e inflexíveis. Enquanto esse ritmo e complexidade poderiam ser um pesadelo para os gerentes, meu amigo estava certo sobre ele ser um terreno fértil para pesquisa. Poucos setores oferecem aos pesquisadores igual oportunidade para teorizar sobre as diferentes mudanças que levam determinados tipos de empresas ao êxito ou ao fracasso ou a testar aquelas teorias que o setor repete em seus ciclos de mudança.

Este capítulo resume a história do setor de *disk drive* em toda a sua complexidade. Alguns leitores ficarão interessados pelo próprio motivo da história.[1] Mas o valor do entendimento dela é que, além de sua complexidade, emergem fatores espantosamente simples e consistentes que têm repetidamente determinado o sucesso e o fracasso das melhores empresas desse segmento. Quando as melhores empresas são bem-sucedidas, diz-se simplesmente que elas o conseguiram porque ouviram atentamente seus clientes e investiram agressivamente em tecnologia, produtos e capacidade produtiva para satisfazer as necessidades da próxima geração de seu público-alvo. Paradoxalmente, porém, quando as melhores empresas subsequentemente fracassam, os motivos foram os mesmos – elas ouviram atentamente seus consumidores e investiram agressivamente em tecnologia, produtos e capacidade produtiva para satisfazer as necessidades da próxima geração da clientela. Esse é um dos dilemas da inovação: Seguir cegamente a máxima de que bons gerentes devem manter-se perto de seus clientes pode ser algumas vezes um erro fatal.

A história do setor de *disk drive* proporciona uma estrutura para entender quando "manter-se perto de seus clientes" é um bom conselho – e quando não é. A força dessa estrutura poderia ser explorada apenas pesquisando-se a história do setor detalhadamente. Alguns detalhes são relatados aqui, e em outra parte neste livro, na esperança de que os leitores, imersos no detalhe dos próprios setores, possam reconhecer melhor como padrões similares têm afetado as suas fortunas e as de seus concorrentes.

COMO O *DISK DRIVE* FUNCIONA

O *disk drive* grava e lê a informação que o computador utiliza. Eles compreendem as cabeças de leitura-gravação montadas no final de um braço que oscila sobre a superfície de um disco rotativo – muito parecido com aquela agulha e braço fonográfico estendido sobre um disco; discos em alumínio ou vidro revestidos com material magnético; no mínimo dois motores elétricos – um de rotação, que direciona a rotação dos discos, e um acionador, que move a cabeça para a posição desejada sobre o disco; e uma variedade de circuitos eletrônicos que controlam a operação do drive e sua interface com o computador. Veja na Figura 1.1 a ilustração de um *disk drive* típico.

A cabeça de leitura-gravação é um eletromagneto diminuído, cuja polaridade muda quando a direção do funcionamento da corrente elétrica através dele se altera. Por causa da atração dos pólos magnéticos opostos, quando a polaridade da cabeça se torna positiva, a polaridade da área no disco abaixo da cabeça muda para o negativo, e vice-versa.

Figura 1.1 Componentes primários de um *disk drive* típico.

Pela rápida mudança da direção da corrente, que flui através do eletromagneto da cabeça, porque o disco gira na parte inferior dela, uma sequência de domínios magnéticos orientados positivamente e negativamente é criada em trilhas concêntricas na superfície do disco.

Os *disk drives* podem utilizar os domínios positivo e negativo sobre o disco como um sistema numérico binário – 1 e 0 – para "escrever" a informação nos discos. Os drives leem a informação dos discos em processos essencialmente opostos: alterações nos campos de fluxo magnético sobre a superfície do disco induzem alterações na pequena corrente que flui através da cabeça.

SURGIMENTO DOS PRIMEIROS *DISK DRIVES*

Uma equipe de pesquisadores dos laboratórios da IBM, de San Jose, desenvolveu o primeiro *disk drive* entre 1952 e 1956. Chamado de RAMAC (*Random Access Method for Accounting and Control*), esse drive era do tamanho de um grande refrigerador, incorporava cinquenta discos de 24 polegadas e podia armazenar 5 megabytes (MB) de informação (veja a Figura 1.2). A maioria dos conceitos arquitetônicos fundamentais e a tecnologia de componentes que definiram o projeto do *disk drive* predominante de hoje foram também desenvolvidas pela IBM. Eles incluem seus paco tes de discos rígidos removíveis (introduzidos em 1961); o drive de disco flexível ou *floppy disk drive* (1971); e a arquitetura *Winchester* (1973). Todos tinham poderosa e definitiva influência na maneira como os engenheiros em todo o setor definiam o que os *disk drives* eram e o que eles poderiam fazer.

Figura 1.2 O primeiro *disk drive*, desenvolvido pela IBM

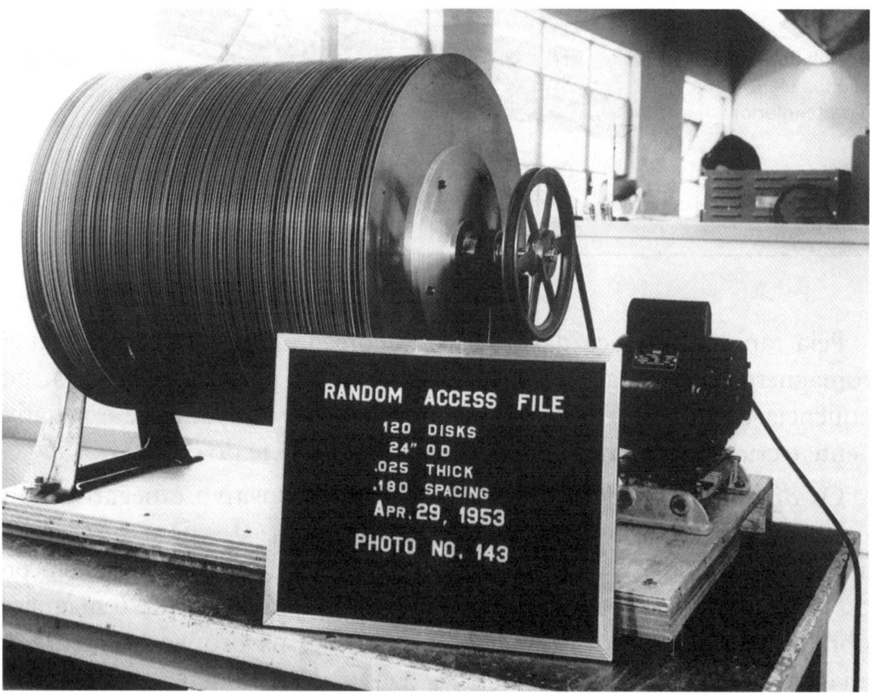

Fonte: Cortesia da *International Business Machines Corporation*

Como a IBM produziu os drives para atender às próprias necessidades, um setor de *disk drive* independente surgiu, atendendo a dois mercados distintos. Algumas empresas desenvolveram o mercado plug-compatível (PCM) nos anos 60, vendendo cópias, mais potentes que os drives da IBM, aos clientes da IBM e a preços menores. Embora a maioria dos concorrentes da IBM em computadores (por exemplo, Control Data, Burroughs e Univac) estivesse integrada verticalmente dentro da fabricação dos próprios *disk drives*, o surgimento nos anos 70 de fabricantes menores de computadores não integrados, como a Nixdorf, Wang e Prime, gerou um mercado de equipamento original (OEM – *Original Equipment Market*) também para os *disk drives*. Por volta de 1976, um valor de cerca de US$ 1 bilhão em *disk drives* foi produzido, do qual a produção cativa contabilizou em 50% e para PCM e OEM, cerca de 25% de cada.

Nos anos seguintes, despontaram histórias extraordinárias de rápido crescimento, turbulência no mercado e melhorias de desempenho guiadas pela tecnologia. O valor dos drives produzidos subiu para aproximadamente US$ 18 bilhões por volta de 1995. Em meados dos anos 80, o mercado PCM tornou-se insignificante, enquanto a produção OEM cresceu para representar cerca de três quartos da produção mundial. Das 17 empresas que faziam parte do setor em 1976 – corporações relativamente grandes e diversificadas como Diablo, Ampex, Memorex, EMM e Control Data – todas, exceto a operação de *disk drive* da IBM, tinham falido ou sido adquiridas por volta de 1995. Durante esse período, 129 novas firmas estrearam no setor, e 109 delas também faliram. Exceto IBM, Fujitsu, Hitachi e NEC, todos os produtores remanescentes, por volta de 1996, haviam estreados no setor como iniciantes após 1976.

Alguns atribuíram a alta taxa de mortalidade, entre as empresas integradas que criaram o setor, ao seu quase insondável ritmo de mudança tecnológica. Na verdade, o compasso da mudança tem sido empolgante. O número de megabits (Mb) de informação, que os engenheiros do setor têm sido capazes de encaixar dentro de uma polegada quadrada da superfície do disco tem crescido em torno de 35% ao ano, em média. De 50 Kb em 1967 para 1.7 Mb em 1973, 12 Mb em 1981 e 1.100 Mb por volta de 1995. O tamanho físico dos *drives* tem sido reduzido em ritmo similar: o menor *drive* disponível de 20 MB retraiu-se de 800 polegadas cúbicas ($in.^3$) em 1978 para 1.4 $in.^3$ por volta de 1993 – uma taxa anual de 35% de redução.

Figura 1.3 Curva da prática de preço do *disk drive*

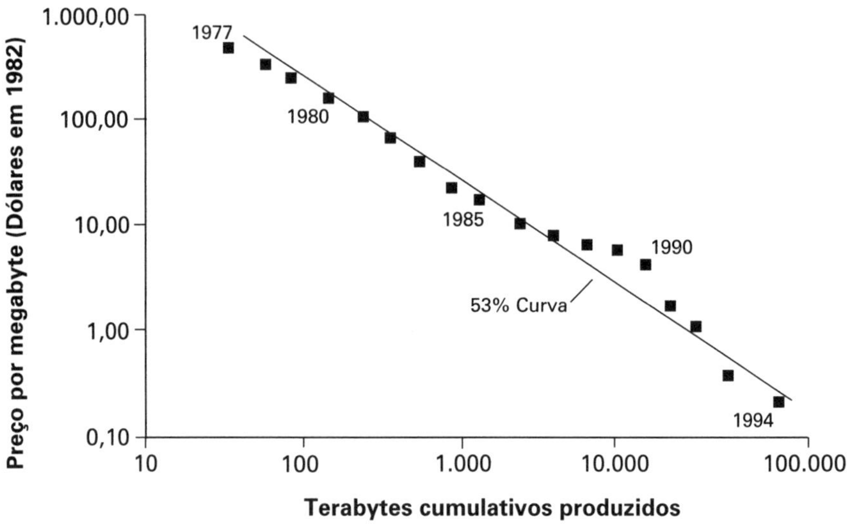

A Figura 1.3 mostra que a inclinação da curva de experiência do setor (que correlaciona o número cumulativo de *terabytes* – mil *gigabytes* – de capacidade de armazenamento em disco entregue na história do setor com o preço em dólares por *megabyte* de memória) era de 53% – significando que, com cada duplicação de *terabytes* cumulativos entregues, o custo por *megabyte* cai para 53% de seu nível anterior. Essa é uma taxa muito mais alta do que os 70% de inclinação observados nos mercados para a maioria de outros produtos microeletrônicos. O preço por *megabyte* declinou para cerca de 5% por *trimestre* por mais de vinte anos.

O IMPACTO DA MUDANÇA TECNOLÓGICA

Minha investigação sobre por que empresas líderes acharam tão difícil permanecer no topo do setor de *disk drive* levou-me a desenvolver a "hipótese da tecnologia de deslizamento de terra": competir com o ataque violento e implacável da mudança tecnológica foi semelhante a tentar escalar uma montanha enfrentando uma quantidade devastadora de terra deslizando. Você tem de subir com todas as coisas e permanecer no topo; e, se tiver que parar alguma vez para respirar, será soterrado.

Para testar essa hipótese, montei e analisei uma base de dados com especificações técnicas e de desempenho de cada modelo de *disk drive*, introduzido por cada empresa no mundo do setor de *disk drive*, para cada um dos anos entre 1975 e 1994.[2] Essa base de dados permitiu-me identificar as empresas que se dedicaram a introduzir cada nova tecnologia; rastrear como as novas tecnologias foram difundidas na indústria ao longo do tempo; ver quais empresas lideraram e quais ficaram para trás; e medir o impacto de cada inovação tecnológica em capacidade, velocidade e outros parâmetros de desempenho do *disk drive*. Pela reconstrução cuidadosa da história de cada mudança tecnológica no setor, puderam ser identificadas as mudanças que impulsionaram os estreantes ao sucesso ou que precipitaram os líderes estabelecidos no fracasso.

O estudo conduziu-me a um ponto de vista sobre mudança tecnológica muito diferente dos trabalhos anteriores de outros estudiosos da matéria. Essencialmente, ele revelou que nem o ritmo nem a dificuldade da mudança tecnológica se encontram na raiz dos fracassos de empresas líderes. A hipótese da "tecnologia de deslizamento de terra" estava errada.

Os fabricantes da maioria dos produtos estabeleceram uma trajetória de melhoria do desempenho ao longo do tempo.[3] A Intel, por exemplo, ampliou a velocidade de seus microprocessadores em aproximadamente 20% ao ano – de seus 8 *megahertz* (MHz) do processador 8088, em 1979, para seus 133 MHz do chip *Pentium* em 1994. Eli Lilly and Company melhoraram a pureza da insulina de 50 mil partes por milhão (ppm) de impureza em 1925 para 10 ppm em 1980, a uma taxa anual de melhoria de 14%. Quando uma trajetória de melhoria de desempenho mensurável se estabeleceu, é difícil prever se uma nova tecnologia tem possibilidade de melhorar o desempenho de novas versões de um produto.

Em outros casos, no entanto, o impacto da mudança tecnológica é um tanto diferente. Por exemplo, um computador notebook é melhor do que um de grande porte? A questão é ambígua porque o computador notebook estabeleceu uma trajetória de desempenho completamente nova e com uma definição que difere substancialmente da forma como o computador de grande porte é medido. Os notebooks, por consequência, são vendidos geralmente para usos muito diferentes.

O estudo da mudança tecnológica, ao longo da história do setor de *disk drive*, revelou dois tipos de mudança tecnológica, cada um com efeitos muito diferentes sobre os líderes do setor. Tecnologias da primeira classificação *incrementaram* a taxa de melhoria no desempenho de produtos (capacidade total e densidade de gravação foram as duas medidas mais comuns) e variaram em dificuldade, do incremental ao radical. As empresas estabelecidas do setor sempre tiveram a liderança no desenvolvimento e na adoção dessas tecnologias. Por contraste, as inovações da segunda classificação *romperam* ou redefiniram as trajetórias de desempenho – e, consistentemente, resultaram no fracasso das empresas líderes do setor.[4]

O restante deste capítulo ilustra a distinção entre tecnologias incrementais e tecnologias de ruptura, descrevendo exemplos proeminentes de cada uma e resumindo o papel desses jogadores no desenvolvimento do setor. A discussão focaliza as diferenças entre a maneira como empresas estabelecidas vieram a liderar ou ficaram atrás no desenvolvimento e na adoção de novas tecnologias, comparado com as empresas estreantes. Para chegar a esses exemplos, cada nova tecnologia no setor foi examinada. Analisando quais empresas lideraram ou ficaram para trás em cada um dos pontos de mudança, defini *empresas estabelecidas* como aquelas que atuavam no setor antes do advento da tecnologia em questão, praticando a tecnologia anterior. E defini *empresas estreantes* como aquelas que eram novas no setor no momento da mudança de tecnologia. Por essa razão, uma determinada empresa seria considerada estreante em um ponto específico na história do setor – por exemplo, no surgimento do *drive* de 8". Ainda assim, esta mesma empresa seria considerada uma empresa estabelecida quando tecnologias que estreassem subsequentes à entrada da empresa fossem estudadas.

MUDANÇAS TECNOLÓGICAS INCREMENTAIS

Na história do setor de *disk drive*, a maioria das mudanças tecnológicas tem mantido ou reforçado trajetórias estabelecidas de melhoria no desempenho do produto. A Figura 1.4, que compara a densidade de gravação média dos *drives* que empregaram gerações sucessivas das tecnologias da cabeça e do disco, mapeia um exemplo disso. A primeira curva assinala a densidade de *drives* que utilizaram tecnologia de disco convencional com partícula ínfima de óxido e tecnologia de cabeça de ferrite; a segunda projeta a densidade média de *drives* que utilizaram cabeças e discos com nova tecnologia de película fina; a terceira marca as melhorias na densidade, atingíveis com a última tecnologia da cabeça magneto-resistivo.[5]

Figura 1.4 O impacto das novas tecnologias de cabeça de leitura-gravação no incremento da trajetória de melhoria na densidade da gravação.

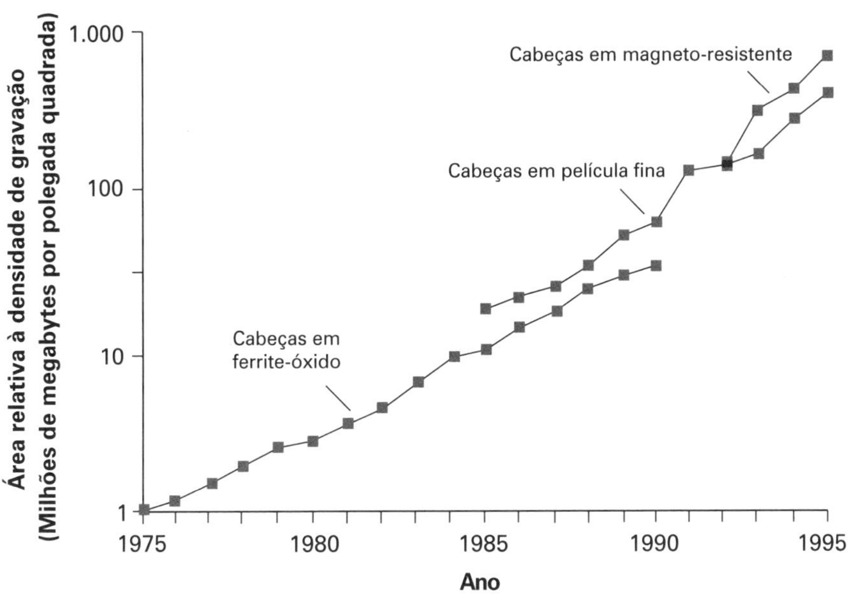

Fonte: Os dados provêm de diversas edições do *Disk/Trend Report.*

A maneira como tecnologias novas como essas surgem, para superar o desempenho de tecnologias mais antigas, se assemelha a um feixe de curvas-S[6] com diversos pontos de intersecção. O movimento ao longo de determinada curva-S*[3] em geral resulta de melhorias incrementais dentro de uma abordagem tecnológica existente, considerando que saltar para a próxima curva tecnológica implica adotar radicalmente uma nova tecnologia. Nos casos medidos na Figura 1.4, os avanços incrementais, tal como polir a cabeça de ferrite, para atingir dimensões mais finas e precisas, e utilizar partículas de óxido mais finamente dispersas na superfície do disco, conduz às melhorias na densidade de 1 para 20 *megabits* por polegada quadrada (Mbpsi) entre 1976 e 1989. Como a teoria da curva-S iria prever, a melhoria na densidade de gravação, passível de ser obtida com tecnologia ferrite-óxido, começou a nivelar-se em direção ao fim do período, sugerindo uma tecnologia completamente desenvolvida. Os efeitos da tecnologia da cabeça e do disco em película fina no setor incrementaram a melhoria do desempenho à sua taxa histórica. Cabeças em película fina somente foram estabelecidas no início dos anos 90, quando estrearam as tecnologias mais avançadas em magneto-resistivo. O impacto desta tecnologia incrementou, ou até mesmo acelerou, a taxa de melhoria do desempenho.

A Figura 1.5 descreve uma mudança tecnológica incremental de caráter muito diferente: uma inovação na estrutura do produto, na qual o *drive Winchester* de 14" é substituído por pacotes de discos removíveis, que foram os projetos predominantes entre 1962 e 1978. Exatamente como na substituição da película fina pelo ferrite-óxido, o impacto da tecnologia *Winchester* incrementou a taxa historicamente estabelecida de melhoria do desempenho. Gráficos similares poderiam ser construídos para a maioria das outras inovações tecnológicas no setor, tal como o sistema servo embutido, códigos de gravação RLL e PRML, motores com RPM mais altas, e interfaces embutidas. Alguns deles foram aperfeiçoamentos diretos da tecnologia; outros foram partidas radicais. Mas todos tiveram um impacto similar no setor: eles ajudaram os fabricantes a incrementar a taxa de melhoria do desempenho histórico que seus clientes esperavam.[7]

Literalmente, em cada caso de mudança tecnológica incremental no setor de *disk drive*, empresas estabelecidas lideraram o desenvolvimento e a comercialização. O aparecimento de novas tecnologias em disco e cabeça ilustra isso.

Nos anos 70, alguns fabricantes perceberam que eles estavam atingindo o limite no número de bits de informação que poderiam empacotar em discos de óxido. Em resposta, os fabricantes de *disk drive* começaram a estudar formas de aplicar as películas superfinas de metal magnético sobre o alumínio para incrementar a taxa histórica de melhorias na densidade de gravação. O uso do revestimento de película fina era então altamente desenvolvido no mercado de circuito integrado, mas sua aplicação em discos magnéticos ainda representava um desafio substancial.

Figura 1.5 O impacto incremental da arquitetura *Winchester* sobre a densidade de gravação dos *disk drives de* 14".

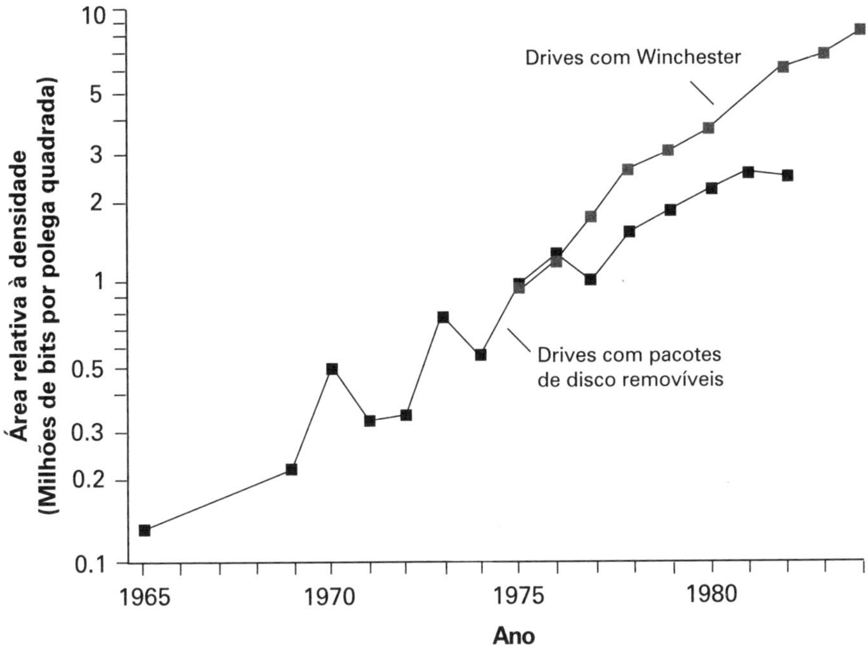

Fonte: Os dados provêm de diversas edições do *Disk/Trend Report*.

Os especialistas estimam que cada pioneiro da tecnologia do disco de película fina – IBM, Control Data, Digital Equipment, Storage Technology e Ampex – levou mais de oito anos e gastou mais de US$ 50 milhões nesse esforço. Entre 1984 e 1986, aproximadamente dois terços dos produtores ativos em 1984 introduziram *drives* com discos de película fina. A esmagadora maioria era de empresas estabelecidas incumbentes. Apenas poucas empresas estreantes tentaram utilizar os discos com película fina em seus produtos iniciais e quase todas faliram pouco depois de estrearem.

O mesmo padrão estava aparente no surgimento das cabeças com película fina. Os fabricantes de cabeça de ferrite visualizaram, logo no início de 1965, o limite de aproximação das melhorias nessa tecnologia; por volta de 1981, muitos acreditaram que os limites de precisão seriam logo alcançados. Pesquisadores voltaram-se para a tecnologia da película fina, produzida com partículas de película fina de metal lançadas sobre a cabeça de gravação, utilizando então a fotolitografia para gravar eletromagnetos muito mais delgados do que se poderia conseguir com a tecnologia de ferrite. Novamente, isso se revelou extraordinariamente difícil. A Burroughs em 1976, a IBM em 1979 e outras empresas estabelecidas foram as primeiras a incorporar com êxito as cabeças com película fina nos *disk drives*. No período entre 1982 e 1986, durante o qual cerca de 60 empresas ingressaram no setor de *hard disk drive*, apenas quatro (todas fracassaram comercialmente) tentaram ter êxito utilizando cabeças com película fina em seus produtos como fonte de vantagem no desempenho. Todas as outras empresas estreantes – mesmo aquelas agressivamente orientadas ao desempenho, como a Maxtor e Conner Peripherals – acharam preferível conhecer o seu caminho utilizando primeiro as cabeças de ferrite convencional, antes de manejar a tecnologia da película fina.

Como era o caso dos discos de película fina, a introdução de cabeças com película fina vinculou o estilo de investimento incremental com o qual somente as empresas estabelecidas poderiam lidar. A IBM e cada um de seus concorrentes gastaram mais de US$ 100 milhões em desenvolvimento de cabeças com película fina. O padrão foi repetido na tecnologia de cabeça magneto-resistente da geração seguinte. As maiores empresas desse setor – IBM, Seagate e Quantum – lideraram a corrida.

As empresas estabelecidas foram as líderes inovadoras não apenas no desenvolvimento de componentes tecnológicos de risco, complexos e caros, tais como cabeças e discos feitos em película fina, mas, literalmente, em *cada uma das outras inovações incrementais na história do setor.* Mesmo em inovações relativamente simples, como a dos códigos de gravação RLL*[4] (que levou o setor a migrar de discos de dupla densidade para tripla densidade), as empresas estabelecidas foram pioneiras bem-sucedidas e as empresas estreantes foram as seguidoras da tecnologia. Isso é verdadeiro também para aquelas inovações estruturais – por exemplo, *drives Winchester* de 14" e 2,5" – cujo impacto foi manter as trajetórias de melhoria definidas. As empresas estabelecidas extinguiram as estreantes.

A Figura 1.6 resume esse padrão de liderança tecnológica das empresas estabelecidas em relação às empresas estreantes, oferecendo produtos baseados em novas tecnologias incrementais durante os anos em que essas tecnologias estavam surgindo. O padrão é formidavelmente consistente. Quer a tecnologia fosse radical ou incremental, cara ou barata,

Figura 1.6 Liderança das empresas estabelecidas em tecnologias incrementais.

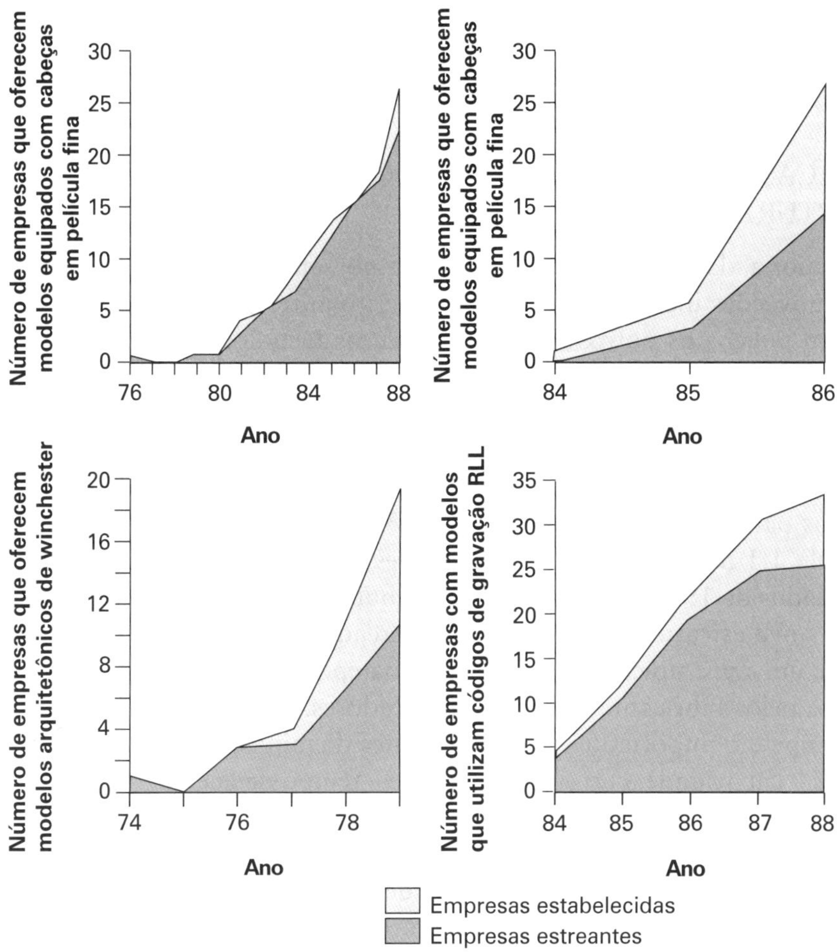

Fonte: Os dados provêm de diversas edições do *Disk/Trend Report.*

de software ou hardware, de componente ou de estrutura, de capacidade aprimorada ou de capacidade destruidora, o padrão era o mesmo. Ao deparar com a mudança tecnológica incremental, que deu aos clientes algo mais e melhor em relação ao que eles queriam, os líderes que praticavam a tecnologia anterior comandaram a indústria no desenvolvimento e adoção da novidade. Está claro que os líderes desse setor não fracassaram porque se tornaram passivos ou arrogantes, por aversão aos riscos ou porque eles não puderam manter o formidável grau da mudança tecnológica. A minha hipótese da "tecnologia de deslizamento de terra" não estava correta.

FRACASSO DIANTE DAS MUDANÇAS TECNOLÓGICAS DE RUPTURA

A maioria das mudanças tecnológicas no setor de *disk drive* consistiu em inovações incrementais do tipo descrito anteriormente. Em contraste, foram poucos os outros tipos de mudanças tecnológicas decorrentes das chamadas tecnologias de ruptura. E foram essas mudanças que derrubaram os líderes do setor.

As mais importantes tecnologias de ruptura foram as inovações estruturais que diminuíram o tamanho dos *drives* – de 14" de diâmetro dos discos para diâmetros de 8", 5,25" e 3,5" e então de 2,5" para 1,8". A Tabela 1.1 ilustra como essas inovações produziram a ruptura. Baseada em dados de 1981, ela compara os atributos de um *drive* típico de 5,25", uma nova estrutura que estivera no mercado por menos de um ano, com os de um *drive* típico de 8", que eram na época o padrão nos *drives* utilizados pelos fabricantes de minicomputadores. Ao lado das dimensões de desempenho importantes para fabricantes de minicomputadores estabelecidos – capacidade, custo por *megabyte* e tempo de acesso – o produto de 8" era enormemente superior. A estrutura do produto 5,25" não atendia às necessidades concebidas pelos fabricantes de minicomputadores naquela época. Por outro lado, o *drive* de 5,25" tinha características semelhantes às do mercado de computadores pessoais do tipo PC, segmento que acabava de surgir no período entre 1980 e 1982. Ele era pequeno e leve, e o preço, em torno de US$ 2.000, poderia ser incorporado economicamente dentro das máquinas de mesa (*desktop PC*).

Geralmente, as inovações de rupturas eram tecnologicamente diretas, consistindo em componentes específicos de uma estrutura de produto frequentemente mais simples do que as abordagens anteriores.[8] Elas ofereciam menos do que queriam os clientes em mercados estabelecidos e então raramente poderiam ser, a princípio, utilizadas neles. Elas ofereciam um diferente pacote de atributos valiosos apenas em mercados emergentes ainda remotos e não tão importantes quanto os principais.

O mapa de sua trajetória na Figura 1.7 demonstra como essas séries de tecnologias simples, mas de ruptura, provaram ser a destruição de algumas das mais agressivas empresas de *disk drive* habilmente administradas.

Tabela 1.1 Uma mudança tecnológica de ruptura: o *disk drive Winchester* de 5,25" (1981).

Atributo	*Drives* de 8" (mercado de minicomputador)	*Drives* de 5,25" (mercado de computador de mesa)
Capacidade (*megabytes*)	60	10
Volume físico (polegadas cúbicas)	566	150
Peso (libras)	21	6
Tempo de acesso (milissegundos)	30	160
Custo por *megabyte*	$50	$200
Custo unitário	$3000	$2000

Fonte: Os dados provêm de diversas edições do *Disk/Trend Report.*

Até meados dos anos 70, os *drives* de 14" com pacotes de discos removíveis contabilizaram praticamente todas as vendas de *disk drive.* A arquitetura *Winchester* de 14" surgia então para incrementar a trajetória da melhoria na densidade da gravação. Quase todos esses *drives* (discos removíveis e *Winchesters*) foram vendidos para os fabricantes de computador de grande porte e as mesmas empresas, que dominaram o mercado em *drives* com pacote de discos, lideraram a transição do setor para a tecnologia *Winchester.*

O mapa da trajetória demonstra que a capacidade do *hard disk* fornecido a preço médio, que configurou caracteristicamente o sistema de computador de grande porte em 1974, era de aproximadamente 130 MB por computador. Isso aumentou em 15% sua taxa anual ao longo dos quinze anos seguintes – uma trajetória que representava a capacidade do disco demandada pelos usuários típicos dos novos computadores de grande porte. Ao mesmo tempo, a capacidade média do *drive* de 14", introduzido para venda a cada ano, aumentou a uma taxa 22% mais rápida, atingindo, além do mercado de grande porte, os grandes mercados científicos e de supercomputadores.[9]

Entre 1978 e 1980, diversas empresas estreantes – Shugart Associates, Micropolis, Priam e Quantum – desenvolveram *drives* de 8" menores, com

Figura 1.7 Trajetória de interseção da capacidade demandada *versus* a capacidade fornecida por *hard disk drives.*

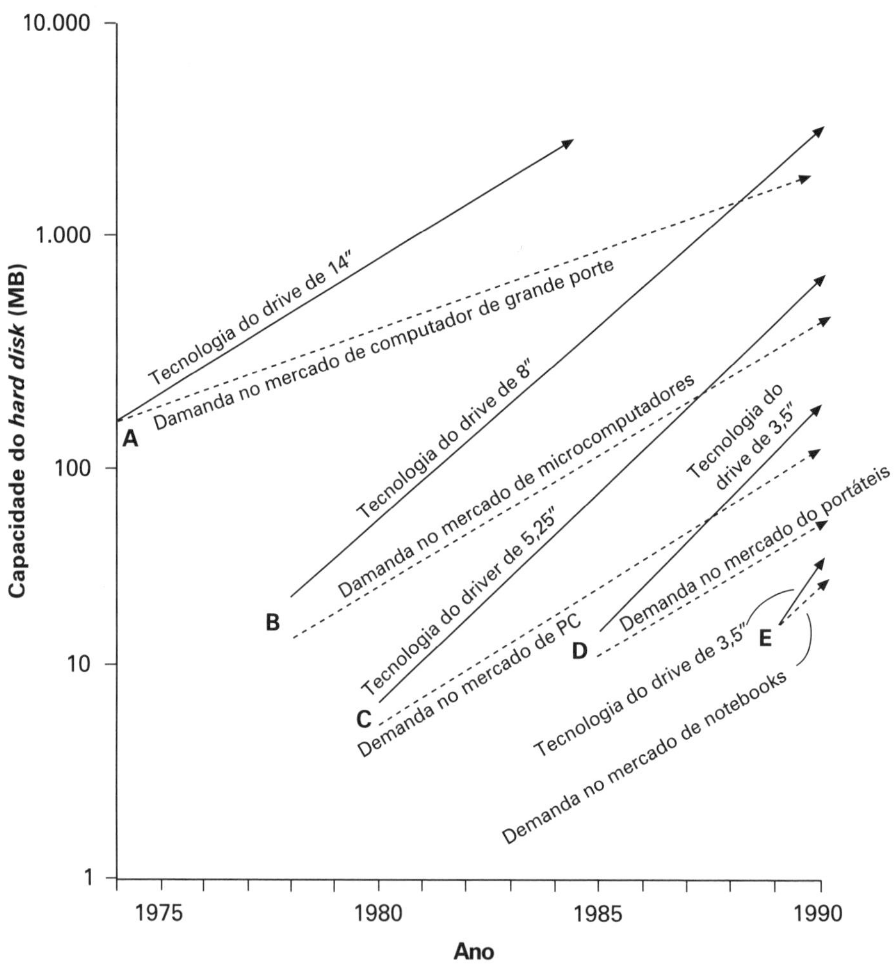

Fonte: Clayton M. Christensen, "The Rigid Disk Drive Industry: A History of Commercial and Technological Turbulence," Business History Review 67, nº 4 (Inverno de 1993): 559. Reimpresso com permissão.

capacidades de 10, 20, 30 e 40 MB. Estes *drives* não interessaram aos fabricantes dos computadores de grande porte, que na mesma época estavam demandando *drives* com capacidades de 300 a 400 MB. Os estreantes de 8", portanto, venderam seus *drives*, produzidos com tecnologias de ruptura, dentro de uma nova aplicação – os minicomputadores.[10] Os clientes – Wang, DEC, Data General, Prime e Hewlett-Packard – não produziam computadores de grande porte, e seus clientes usavam com frequência *softwares* substancialmente diferentes dos utilizados neste tipo de equipamento. Até aqui, essas empresas eram incapazes de oferecer *disk drives* em seus pequenos minicomputadores de mesa, porque os modelos de 14" eram muito grandes e caros. Embora, inicialmente, o custo por *megabyte* de capacidade dos *drives* de 8" fosse maior do que o dos *drives* de 14", os novos clientes estavam dispostos a pagar um ágio por outros atributos que eram importantes para eles – especialmente o tamanho menor. A pequena dimensão tinha pouco valor para usuários de computadores de grande porte.

Uma vez que o uso de *drives* de 8" se estabeleceu em minicomputadores de preço médio, a capacidade do *hard disk* neles inserido cresceu cerca de 25% ao ano: uma trajetória determinada pelos usos que os proprietários de minicomputadores faziam de suas máquinas. Na mesma época, entretanto, os produtores de *drives* de 8" descobriram que, adotando agressivamente as inovações incrementais, eles poderiam aumentar a capacidade de seus produtos a uma proporção de mais de 40% ao ano – praticamente dobrando a taxa de incremento demandada pelo seu mercado de minicomputador "*home*" original. Em consequência, em meados dos anos 80, os produtores de *drive* de 8" eram capazes de fornecer as capacidades requisitadas para computadores de grande porte menos sofisticados (*lower-end*). O volume das unidades havia crescido significativamente, fazendo declinar o custo por megabyte dos *drives* de 8" a níveis inferiores aos dos *drives* de 14", e outras vantagens tornaram-se aparentes: Por exemplo, a mesma porcentagem de vibração mecânica em um *drive* de 8", em oposição a um *drive* de 14", causava menos variação na posição absoluta da cabeça sobre o disco. Em três ou quatro anos, portanto, os *drives* de 8" começaram a invadir o mercado acima deles, substituindo os *drives* de 14" no mercado de computadores de grande porte menos sofisticados (*lower-end*).

Como os produtos de 8" penetraram o mercado do computador de grande porte, os fabricantes estabelecidos de *drives* de 14" começaram a falir. Dois terços deles nunca introduziram um modelo de 8". O terço que introduziu os modelos de 8" conseguiu o feito com cerca de dois anos de atraso em relação aos fabricantes estreantes. Finalmente, todo produtor de *drive* de 14" foi eliminado do setor. [11]

Os fabricantes dos *drives* de 14" não foram derrubados pelos produtores estreantes dos drives de 8" em virtude da tecnologia. Os produtos de 8" geralmente incorporavam componentes-padrão "disponíveis em estoque" (*off-the-shelf*), e quando os fabricantes estabelecidos de *drives* de 14" introduziram por toda parte os modelos de 8", ofereciam produtos muito competitivos em capacidade, densidade de área, tempo de acesso e preço por megabyte. Os modelos de 8" introduzidos pelas empresas estabelecidas, em 1981, tinham desempenho quase idêntico ao da média dos que foram introduzidos, no mesmo ano, pelas empresas estreantes. Em complemento, as taxas de melhoria em atributos-chave (medidas entre 1979 e 1983) eram surpreendentemente similares entre as empresas estabelecidas e as emergentes.[12]

Mantido Cativo por Seus Clientes

Por que os líderes na fabricação de *drives* foram incapazes de lançar *drives* de 8" até que fosse muito tarde? É óbvio que eles eram tecnologicamente capazes de produzir tais *drives*. O fracasso deles resultou da demora em assumir o compromisso estratégico de entrar em um mercado emergente no qual, inicialmente, os *drives* de 8" poderiam ser vendidos. Entrevistas com executivos de marketing e de engenharia, próximos a essas empresas, sugeriram que os tradicionais fabricantes de *drives* de 14" eram mantidos cativos por seus consumidores. Os fabricantes de computadores de grande porte não precisavam de um *drive* de 8". De fato, explicitamente, eles não queriam isso: eles queriam *drives* com capacidade aumentada e a um custo por *megabyte* menor. Os fabricantes de *drives* de 14" estavam ouvindo seus clientes tradicionais e respondendo a eles. E os clientes, de maneira não evidente para uns e outros – fabricantes de *disk drives* ou seus clientes fabricantes de computadores –, estavam puxando-os, ao longo de uma trajetória de 22% em capacidade de crescimento, em uma plataforma de 14" que provaria ser, em última instância, fatal.[13]

A Figura 1.7 mapeia as trajetórias desiguais da melhoria do desempenho, demandada nos segmentos de produtos de computadores que surgiram mais tarde, comparada à capacidade que mudanças na tecnologia dos componentes e refinamentos nos projetos de sistemas tornaram disponível dentro de cada estrutura sucessiva. As linhas sólidas, que emanam dos pontos A, B, C, D e E, medem a capacidade fornecida do *disk drive* com o computador de preço médio em cada categoria, enquanto as linhas tracejadas dos mesmos pontos medem a capacidade média de todos os *disk drives* introduzidos para venda em cada arquitetura, para cada ano. Essas transições são resumidas a seguir.

O Advento do Drive de 5,25"

Em 1980, a Seagate Technology introduziu os *disk drives* de 5,25", cujas capacidades de 5 e 10 MB (*megabytes*) não interessavam aos fabricantes de minicomputadores, que demandavam aos fornecedores *drives* de 40 e 60 MB. A Seagate e outras empresas (por exemplo, Miniscribe, Computer Memories e International Memories), que entraram com *drives* de 5,25" no período entre 1980 e 1983, tiveram de conduzir novas aplicações para seus produtos. Voltaram-se, primeiramente, aos fabricantes de computador pessoal tipo PC. Por volta de 1990, o uso dos *hard disk drives* em computadores pessoais de mesa (*desktops PC*) era uma aplicação óbvia para gravação magnética. Em 1980, contudo, quando o mercado estava apenas surgindo, não era totalmente claro que muitas pessoas pudessem sequer ter acesso ou utilizar um *hard disk drive* no PC. Os primeiros fabricantes de *drives* de 5,25" descobriram essa aplicação (alguém poderia até dizer que eles *possibilitaram* isso) por tentativa e erro, vendendo *drives* para todos que pudessem comprá-los.

Uma vez que o uso dos *hard drives* foi estabelecido em PCs, a capacidade do disco disponibilizada com a máquina de custo médio (isto é, a capacidade demandada pelo usuário de um PC em geral) aumentou em torno de 25% ao ano. Mais uma vez, a tecnologia melhorou em aproximadamente duas vezes a taxa demandada no novo mercado: a capacidade dos novos *drives* de 5,25" aumentou cerca de 50% ao ano, entre 1980 e 1990. Como na substituição do *drive* de 14" pelo de 8", as primeiras empresas a produzir *drives* de 5,25" foram as estreantes; na média, empresas estabelecidas ficaram atrás das estreantes por dois anos. Por volta de 1985, apenas metade das empresas que produziam *drives* de 8" introduziu modelos de 5,25". A outra metade nunca o fez.

O crescimento na utilização de *drives* de 5,25" aconteceu em duas etapas. A primeira configurou nova aplicação para os *hard disk drives* nos computadores pessoais, em que os atributos do produto, como tamanho físico, relativamente insignificantes em aplicações estabelecidas, foram altamente valorizados. A segunda consistiu na substituição de discos de 5,25" por *drives* maiores, em mercados estabelecidos de minicomputadores e de computadores de grande porte, porque a capacidade rapidamente crescente dos *drives* de 5,25" cruzou as trajetórias de crescimento mais lento da capacidade demandada nesses mercados. Das quatro empresas líderes na fabricação de *drives* de 8" – Shugart Associates, Micropolis, Priam e Quantum – apenas a Micropolis sobreviveu para tornar-se um fabricante significativo de drives de 5,25", e isso foi consumado com o esforço administrativo hercúleo, conforme descrito no Capítulo 5.

O *Padrão É Repetido: O Surgimento do Drive de 3,5"*

O drive de 3,5" foi inicialmente desenvolvido em 1984 pela Rodime, uma empresa estreante escocesa. As vendas dessa arquitetura não foram significativas, entretanto, até a Conner Peripherals, subsidiária dos fabricantes de *drives* de 5,25" Seagate e Miniscribe, começou a introduzir o produto em 1987. A Conner tinha desenvolvido uma arquitetura de *drive* pequeno, leve e que era muito mais robusto que seus ancestrais de 5,25". Manuseava eletronicamente funções antes administradas com componentes mecânicos e usava microcódigos para substituir funções antes endereçadas eletronicamente. Quase toda a receita de US$ 113 milhões do primeiro ano da Conner[14] veio da Compaq Computer, que tinha participado da iniciativa da Conner com um investimento de US$ 30 milhões. Os *drives* da Conner foram utilizados principalmente em uma nova aplicação – máquinas portáteis e laptops, em complemento aos modelos compactos de PC de mesa (*small footprint*) –, em que os clientes estavam dispostos a aceitar capacidades inferiores e custos mais altos por *megabyte* para obter equipamentos mais leves, mais robustos e de baixo consumo. Os engenheiros da Seagate não ignoravam a vinda dos *drives* de 3,5". Na verdade, no início de 1985, menos de um ano após a Rodime introduzir os primeiros *drives* de 3,5" e dois anos *antes* de a Conner Peripherals começar a entregar seu produto, o pessoal da Seagate submeteu o funcionamento de protótipos de *drives* de 3,5" à avaliação de seus clientes. A iniciativa para os novos *drives* veio do departamento de engenharia da Seagate. A oposição ao programa veio principalmente do departamento de marketing e da equipe executiva da Seagate; eles argumentaram que o mercado queria *drives* com capacidades maiores a um custo menor por *megabyte* e que os de 3,5" jamais poderiam ser construídos a um custo menor por *megabyte* do que os de 5,25".

O departamento de marketing da Seagate testou os protótipos com os clientes no mercado de computadores do tipo *desktop* a que já atendiam – fabricantes como a IBM e revendedores de valor agregado de sistemas completos de computadores de mesa. Nada surpreendente, a pesquisa revelou pequeno interesse dos clientes em *drives* menores. Eles estavam procurando por capacidades de 40 e 60 *megabytes* para suas máquinas da próxima geração, enquanto a arquitetura de 3,5" poderia fornecer apenas 20 MB – e a um custo mais alto.[15]

Em resposta à indiferença dos clientes, o gerente do programa da Seagate baixou suas vendas estimadas dos 3,5", e os executivos da empresa cancelaram o programa. O raciocínio deles? Os mercados para produtos de 5,25" eram mais amplos, e as vendas geradas pelos esforços dos engenheiros em novos produtos de 5,25" criariam receitas maiores para a empresa do que os novos produtos de 3,5".

Em retrospectiva, parece que os executivos da Seagate interpretaram o mercado – pelo menos o próprio mercado – precisamente. Com suas estruturas de produto e aplicações estabelecidas, tais como o IBM XT e AT, seus clientes não viram nenhum valor na robustez melhorada ou na diminuição de tamanho, peso e de consumo de energia dos produtos de 3,5".

A Seagate finalmente começou introduzindo drives de 3,5" no início de 1988 – o mesmo ano no qual a trajetória do desempenho dos *drives* de 3,5" (mostrada na Figura 1.7) intersectou a trajetória da capacidade demandada nos computadores de mesa. Naquela época, o setor tinha introduzido, cumulativamente, perto de US$ 750 milhões em produtos de 3,5". Interessantemente, de acordo com os observadores do setor, desde 1991 quase nenhum dos produtos de 3,5" da Seagate havia sido vendido para fabricantes de computadores portáteis/laptop/notebook. Em outras palavras, os principais clientes da Seagate ainda eram os fabricantes de computadores de mesa e muitos dos seus drives de 3,5" eram encaminhados com ferragens*[5] para serem montadas em computadores projetados para os drives de 5,25".

O receio da prática de canibalismo nas vendas dos produtos existentes é frequentemente citado como uma das razões pelas quais as empresas estabelecidas demoram na introdução de novas tecnologias. Como ilustra a experiência da Seagate-Conner, entretanto, se novas tecnologias favorecem o surgimento de mercado para novas aplicações, a introdução de nova tecnologia pode não significar inerentemente uma prática de canibalismo. Quando, porém, as empresas estabelecidas esperam até que a nova tecnologia se torne comercialmente amadurecida em suas novas aplicações e lançam versões próprias da tecnologia somente em reação a um ataque em seus mercados domésticos, o medo da prática de canibalismo pode tornar-se uma profecia autorrealizável.

Apesar de termos visto a reação da Seagate ao desenvolvimento da estrutura do drive de 3,5", seu comportamento não foi atípico; por volta de 1988, apenas 35% dos fabricantes de *drive* que haviam se estabelecido fabricando produtos de 5,25" para o mercado de PC tinham introduzido *drives* de 3,5". Similar à transição da estrutura do produto anterior, a barreira para o desenvolvimento de um produto de 3,5" competitivo não parece ter sido baseada na engenharia. Como na transição de 14" para 8" – os *drives* com nova estrutura introduzida pelo responsável –, as empresas estabelecidas durante as transições de 8" para 5,25" e de 5,25" para 3,5" eram completamente competitivas no desempenho com os *drives* que surgiam. Mais propriamente, os fabricantes do drive de 5,25" parecem ter sido iludidos por seus clientes, notavelmente a IBM e seus competidores diretos e revendedores. Eles próprios tanto quanto a Seagate, pareciam desapercebidos dos benefícios potenciais, das possibilidades da computação portátil e de que a nova estrutura do *disk drive* poderia facilitar isso.

Prairietek, Conner e o Drive de 2,5"

Em 1989, um fabricante estreante em Longmont, Colorado, a Prairietek, colocou em desvantagem o setor ao anunciar um *drive* de 2,5", captando quase todos os US$ 30 milhões desse mercado nascente. Mas a Conner Peripherals anunciou produto próprio de 2,5" no início de 1990 e no final daquele ano tinha reivindicado 95% do mercado de *drives* de 2,5". A Prairietek declarou falência no final de 1991. Na mesma época, cada um dos outros fabricantes de *drives* de 3,5" – Quantum, Seagate, Western Digital e Maxtor – havia introduzido os próprios produtos de 2,5".

O que havia mudado? Os executivos, nas empresas líderes, finalmente aprenderam as lições da história? Não realmente. Embora a Figura 1.7 demonstre que o *drive* de 2,5" tinha significativamente menos capacidade do que o de 3,5", os fabricantes de computadores portáteis, dentro dos quais os *drives* menores eram vendidos, valorizaram *outros* atributos: peso, robustez, baixo consumo de energia, tamanho reduzido e assim por diante. Conjuntamente com *essas* dimensões, o *drive* de 2,5" oferecia melhor desempenho sobre o produto de 3,5": ele era uma tecnologia incremental. De fato, os fabricantes de computadores, que compravam o drive de 3,5" da Conner – produtores de *laptop* como Toshiba, Zenith e Sharp –, lideravam a produção de computadores notebook e necessitavam da arquitetura menor do *drive* de 2,5". A Conner e seus competidores no mercado de 3,5", portanto, seguiram seus clientes de forma integrada durante a transição dos *drives* de 2,5".

Em 1992, entretanto, surgiu o *drive* de 1,8", com uma característica de ruptura muito distinta. Embora sua história seja relatada em detalhes mais adiante, é suficiente mencionar aqui que, por volta de 1995, eram as empresas *estreantes* que controlavam 98% do mercado de US$ 130 milhões dos *drives* de 1,8". Além disso, o maior mercado inicial para os produtos de 1,8" não era, de qualquer modo, o da computação, mas o dos instrumentos portáteis para monitoramento do coração!

A Figura 1.8 resume esse padrão na liderança das empresas estreantes em tecnologia de ruptura. Ela mostra, por exemplo, que dois anos após o *drive* de 8" ter sido introduzido, dois terços das empresas que o produziam (quatro de seis) eram estreantes. E, dois anos após o primeiro *drive* de 5,25" ter sido introduzido, 80% das empresas fabricantes desses drives da ruptura também eram estreantes.

Figura 1.8 Liderança das empresas estreantes em tecnologia de ruptura

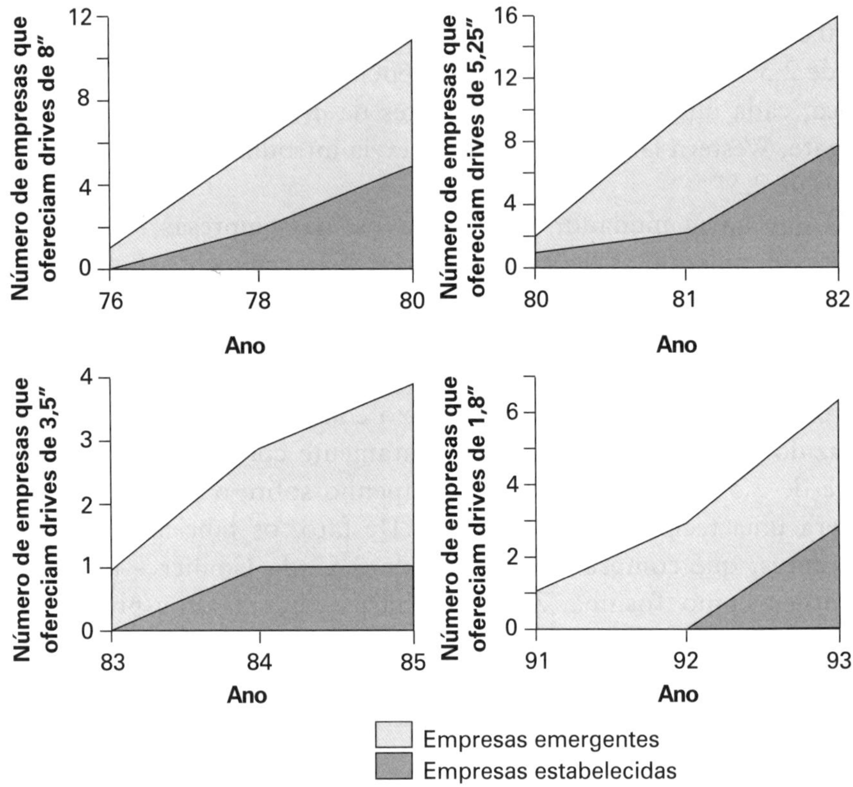

Fonte: Os dados provêm de diversas edições do *Disk/Trend Report.*

RESUMO

Existem diversos padrões na história da inovação no setor de *disk drive.* O primeiro é que as inovações de ruptura eram tecnologicamente simples e, em geral, encaixavam tecnologias conhecidas em uma única arquitetura. Com isso, possibilitavam o uso de seus produtos em aplicações nas quais, até então, o armazenamento e a recuperação de dados magnéticos não eram praticáveis tecnológica ou economicamente.

O segundo padrão é que a finalidade do desenvolvimento tecnológico avançado no setor era sempre *incrementar* as trajetórias estabelecidas de melhoria do desempenho: para atingir uma performance mais elevada e dominar a margem mais alta do lado superior direito no mapa da trajetória. Muitas dessas tecnologias eram radicalmente novas e difíceis, mas não eram de ruptura. Os clientes dos principais fornecedores de *disk drive* os conduziram em direção a essas realizações. As tecnologias incrementais, em consequência, não precipitaram o fracasso.

O terceiro padrão demonstra que, apesar da proeza tecnológica das empresas estabelecidas em liderar as inovações incrementais, da mais simples à mais radical, as empresas que lideram o setor em cada exemplo de desenvolvimento, adotando tecnologias de ruptura, foram as estreantes no setor, e não as empresas líderes de fato.

Este livro começa propondo um quebra-cabeça: por que empresas que poderiam ser avaliadas como organizações agressivas, inovadoras, sensíveis ao cliente puderam ignorar ou atender tardiamente as inovações tecnológicas de enorme importância estratégica? No contexto da análise precedente do setor de *disk drive*, essa questão pode ser acentuada consideravelmente. As empresas estabelecidas eram, de fato, agressivas, inovadoras e sensíveis ao cliente em suas abordagens, para toda classe de inovações incrementais. O problema que as empresas estabelecidas parecem não ser capazes de confrontar com êxito é o da visão e mobilidade *descendentes*, em termos do mapa da trajetória. Encontrar aplicações novas e mercados para produtos novos parece ser uma potencialidade que cada uma dessas empresas exibiu uma vez, ao entrar no mercado, e então aparentemente perdeu. Foi como se as empresas líderes tivessem sido mantidas cativas por seus clientes, permitindo ataques de empresas estreantes para derrubar os líderes responsáveis toda vez que surgia uma tecnologia de ruptura.[16] Por que isso aconteceu, e ainda está acontecendo, é o assunto do próximo capítulo.

APÊNDICE 1.1: UMA OBSERVAÇÃO SOBRE OS DADOS E MÉTODOS UTILIZADOS PARA GERAR A FIGURA 1.7

As trajetórias mapeadas na Figura 1.7 foram calculadas de acordo com o que se segue. Os dados sobre a capacidade dos computadores foram obtidos do *Data Sources*, uma publicação anual que relaciona as especificações técnicas de todos os modelos de computadores disponíveis de cada fabricante. Para os exemplos nos quais os modelos específicos estavam disponíveis com características e configurações diferentes, o fabricante forneceu ao *Data Sources* uma configuração de sistema "típica", com capacidade de memória RAM, especificações de desempenho dos equipamentos periféricos (incluindo os *disk drives*), lista de preços e o ano de introdução. Para os exemplos nos quais determinado modelo de computador era oferecido para venda ao longo de uma sequência de anos, a capacidade do *hard disk* fornecido na configuração característica aumentou tipicamente. O *Data Sources* utilizou as categorias grande porte, pequeno/médio porte, computador pessoal, portátil e laptop e notebook. Desde 1993, os *drives* de 1,8" não eram utilizados em computadores portáteis de mão (*hand-held computers*); não existia, portanto, nenhum dado sobre esse mercado potencial.

Na Figura 1.7, para cada ano e classe de computadores, todos os modelos disponíveis para venda foram classificados por preço e foi identificada a capacidade do *hard disk*, fornecido com o modelo de preço médio. A melhor linha de corte através das séries resultantes foi assinalada como a linha sólida na Figura 1.7, para simplificar a exposição e para explicar a tendência em máquinas típicas. Na realidade, é claro, existe uma larga faixa em torno dessas linhas. O *limite* do desempenho – a capacidade maior oferecida com os computadores mais caros – era substancialmente maior do que os valores típicos demonstrados.

As linhas tracejadas na Figura 1.7 representam a melhor linha de corte através da capacidade média imponderada de todos os *disk drives* introduzidos para venda em cada estrutura determinada para cada ano. Esse dado foi obtido do *Disk/Trend Report*. Novamente, para simplificação da exposição, apenas essa linha média é mostrada. Existe uma grande faixa de capacidades introduzidas para venda em cada ano; assim, o limite ou o *drive* de maior capacidade introduzido em cada ano estava substancialmente acima da média mostrada. Declarada de outra maneira, uma distinção deve ser feita entre a extensão completa de produtos disponíveis para compra e aquelas em sistemas típicos. As faixas superior e inferior em torno do número médio mostrados na Figura 1.7 são geralmente paralelas às linhas mostradas.

Pelo fato de os *drives* de maior capacidade do que os oferecidos com os sistemas de preço médio estarem disponíveis no mercado, as trajetórias das linhas sólidas na Figura 1.7, conforme declarei no texto, representam as capacidades "demandadas" em cada mercado. Em outras palavras, a capacidade por máquina não estava reprimida pela disponibilidade tecnológica. Mais propriamente, ela representa a seleção da capacidade do *hard disk* pelos usuários de computadores, dado o custo prevalecente.

NOTAS DO AUTOR

1. Uma história mais completa do setor do *disk drive* pode ser encontrada em Clayton M. Christensen,"The Rigid Disk drive Industry: A History of Commercial and Technological Turbulence," *Business History Review* (67), Inverno, 1993, 531-588. Essa história focaliza apenas os fabricantes de *hard disk drives* (*drives* de disco rígido) – produtos em que os dados são armazenados em *platters* (discos/pratos) de metal rígido. As empresas fabricantes de *drives* de disco flexível (disquetes removíveis de *mylar* flexível revestido com óxido de ferro em que os dados são armazenados) historicamente eram empresas diferentes daquelas que produziam os *hard disk drives*.
2. Muitos dos dados para esta análise vieram do *Disk/Trend Report,* uma publicação anual de pesquisa de mercado altamente respeitada, acrescidos de especificações de produto mais detalhadas obtidas dos próprios fabricantes de *disk drive*. Estou muito grato aos editores e à equipe do Disk/Trend, Inc., por sua paciência e generosa assistência neste projeto.
3. O conceito das trajetórias do progresso tecnológico foi examinado por Giovanni Dosi em "Technological Paradigms and Technological Trajectories", *Research Policy* (11), 1982, 147-162.
4. As formas cujas descobertas deste estudo diferem daquelas de alguns estudos anteriores à mudança tecnológica são discutidas com mais detalhes no Capítulo 2.
5. A primeira tecnologia para produzir cabeças criou um eletroímã enrolando um fino fio de cobre em torno de um núcleo de óxido de ferro (ferrite); em razão disso, o termo *cabeça de ferrite.* Estabelecer melhorias diferenciadas para essa abordagem envolveu aprender a moer o ferrite a dimensões cada vez mais finas, utilizando melhores técnicas de lapidação e reforçando-a com revestimento de bário. As *cabeças de película fina* eram feitas fotolitograficamente, utilizando tecnologia similar à da fabricação de circuitos integrados em barras de silicone de pequena espessura, para gravar o eletroímã na superfície da cabeça. Isso foi difícil porque envolveu muitas camadas mais finas de material do que eram comuns em fabricação de CI. A terceira tecnologia, adotada primeiramente em meados dos anos 90, era chamada de *cabeça magneto-resistivo.* Era feita também com fotolitografia de película fina, mas utilizou o princípio de que mudanças no campo do fluxo magnético na superfície do disco alteravam a resistividade elétrica do circuito da cabeça de leitura-gravação. Medindo as mudanças na resistividade em vez de as mudanças na direção do fluxo da corrente, as cabeças magnetorresistivo eram muito mais sensíveis e, por essa razão, permitiam a gravação de dados mais densos do que a tecnologia anterior. Na evolução da tecnologia do disco,

os produtos mais antigos eram produzidos com revestimento de partículas de óxido de ferro em formato de agulha – ferrugem literalmente – sobre a superfície plana de um prato de alumínio polido. Por isso, esses discos eram chamados de discos de óxido. Estabelecer melhorias incrementais para essa tecnologia envolveu produzir partículas de óxido de ferro cada vez mais finas e dispersá-las mais uniformemente, com muito pouca lacuna sem revestimento sobre a superfície do prato de alumínio. Isso foi superado pelo uso de uma tecnologia pulverizada, também emprestada do processamento de semicondutor, que revestia o prato de alumínio com uma película fina de metal de poucos *angstroms* de espessura. A espessura dessa camada; sua continuidade, mais do que a natureza da partícula ínfima; e a flexibilidade do processo em depositar materiais magnéticos com coercitividade maior possibilitaram gravações mais densas nos discos de película fina do que era praticável em discos de óxido.

6. Richard J. Foster, *Innovation: The Attacker's Advantage* (Nova York: Summit Books, 1986).
7. Os exemplos de mudança de tecnologia apresentados nas Figuras 1.1 e 1.2 introduzem alguma ambiguidade ao termo não qualificado *descontinuidade,* conforme utilizado por Giovanni Dosi (veja "Technological Paradigms and Technological Trajectories", *Research Policy* [11] 1982), Michael L. Tushman e Philip Anderson (veja "Technological Discontinuities and Organizational Environments", *Administrative Science Quarterly* [31], 1986), e outros. As inovações na tecnologia da cabeça de leitura e gravação e do disco descrito na Figura 1.4 representam descontinuidades *positivas* em uma trajetória tecnológica estabelecida, enquanto a trajetória das tecnologias de ruptura mostradas graficamente na Figura 1.7 representa as descontinuidades *negativas.* Conforme veremos, as empresas estabelecidas pareciam completamente capazes de liderar o setor ao longo das descontinuidades positivas, mas em geral perderam sua liderança no setor quando se depararam com as descontinuidades negativas.
8. Esta tendência aparece consistentemente em uma série de setores. Richard S. Rosenbloom e Clayton M. Christensen (em "Technological Discontinuities, Organizational Capabilities, and Strategic Commitments", *Industrial and Corporate Change* [3], 1994, 655-685) sugerem um conjunto de setores muito mais amplo do que o coberto neste livro, no qual as empresas líderes possam ter sido derrubadas por inovações de ruptura, tecnologicamente diretas.
9. Um resumo de dados e procedimentos utilizados para gerar a Figura 1.7 está incluído no Apêndice 1.1.
10. O mercado de minicomputadores não era novo em 1978, mas era uma nova aplicação para a tecnologia *Winchester* dos *disk drives.*
11. Esta declaração aplica-se apenas aos mercados de *drive* independentes competindo como mercado OEM. Alguns dos fabricantes de computadores integrados verticalmente, como a IBM, sobreviveram por meio dessas gerações com o benefício de um mercado interno cativo. Até mesmo a IBM, entretanto, dedicou-se à sequência de diferentes mercados emergentes de *disk drives* criando organizações autônomas "*start-up*" (iniciantes) para dedicar-se a cada uma delas. Sua organização em San Jose concentrou-se em aplicações de alto valor (*high-end*) – principalmente para computadores de grande porte. Uma divisão à parte em Rochester, MN, concentrou-se em computadores e estações de trabalho de valores intermediários (*mid-range*). A IBM criou uma

organização diferente em Fujisawa, Japão, para produzir drives para o mercado de computadores pessoais de mesa (*desktop PCs*).

12. Este resultado é muito diferente daquele observado por Rebecca M. Henderson (veja *The Failure of Established Firms in the Face of Techonological Change: A Study of the Semiconductor Photolithographic Alignment Industry*, dissertação, Harvard University, 1988), que descobriu que os calibradores, com nova arquitetura produzida por fabricantes estabelecidos, eram inferiores em desempenho àqueles produzidos por empresas estreantes. Uma possível razão para esses resultados diferentes é que as estreantes bem-sucedidas no setor de calibradores fotolitográficos estudados por Henderson trouxeram ao novo produto um corpo de conhecimento tecnológico e experiência bem desenvolvidos e refinados em outros mercados. No caso estudado aqui, nenhuma das estreantes trouxe conhecimentos tão bem desenvolvidos com elas. A maioria, de fato, era *de novo* iniciante, composta por gerentes e engenheiros que tinham vícios das empresas estabelecidas, fabricantes de *drive*.
13. Esta descoberta é similar ao fenômeno, observado por Joseph L. Bower, em que as demandas explícitas dos clientes tinham enorme poder, como uma fonte de ímpeto no processo de alocação de recursos: "Quando a discrepância (o problema a ser resolvido por um investimento proposto) foi definida em termos de custo e qualidade, os projetos definharam. Nos quatro casos, o processo de definição moveu-se em direção à conclusão quando a capacidade de atingir as vendas foi concebida como inadequada. Em resumo, a pressão do mercado reduz ambos, a probabilidade e os custos, de estarem incorretos". Embora Bower se refira especificamente à capacidade do fabricante, o mesmo fenômeno fundamental – o poder das necessidades expressas de clientes conhecidos em ordenar e direcionar os investimentos de uma empresa – afeta a reação à tecnologia de ruptura. Veja Joseph L. Bower, *Managing the Resource Allocation Process* (Homewood, IL: Richard D. Irwin, 1970), 254.
14. Auferindo US$ 113 milhões em receitas, a Conner Peripherals criou um cadastro para registrar mais receitas em seu primeiro ano de operação do que qualquer fabricante na história dos Estados Unidos.
15. Esta descoberta está consistente com o que Robert Burgelman observou. Ele notou que uma das maiores dificuldades dos empreendedores corporativos tinha sido descobrir os corretos *beta test sites* (locais ou ambientes para experimentações), em que produtos poderiam ser interativamente desenvolvidos e refinados com os clientes. Geralmente, o lançamento de uma inovação foi oferecido para o cliente pelo vendedor como integrando normalmente as linhas de produtos predominantes da empresa. Isso ajudou a empresa a desenvolver novos produtos para mercados estabelecidos, mas não para identificar novas aplicações para nova tecnologia. Veja Robert A. Burgelman e Leonard Sayles, *Inside Corporate Innovation* (Nova York: The Free Press, 1986), 76-80.
16. Eu acredito que esta percepção – que empresas que atacam têm uma vantagem nas inovações de ruptura, mas não nas incrementais – esclarece, mas não está em conflito com as asserções de Foster sobre as vantagens dos atacantes. Os exemplos históricos que Foster utiliza para evidenciar sua teoria geralmente parecem ter sido de inovações de ruptura. Veja Richard J. Foster, *Innovation: The Attacker's Advantage* (Nova York: Summit Books, 1986).

NOTAS DO REVISOR TÉCNICO

*3 O modelo de representação das curvas-S citado no exemplo da Figura 1.4 leva em consideração, no eixo da ordenada, o desempenho da densidade da área de gravação dos discos (alcançado pelo comportamento da tecnologia) e, no eixo da abscissa, o esforço de tempo correlacionado – são evidenciados os diferentes momentos que propiciaram a troca da tecnologia da cabeça de leitura-gravação dos *hard disk drives* e, por consequência, a mudança do traçado do gráfico para uma nova curva-S substituta.

*4 *Run Length Limited* (RLL) – A tecnologia dos *hard disks* RLL aproveitava de forma mais eficiente o uso do espaço de armazenamento disponível no disco. Ela tornou-se popular no Brasil nesta época com a comercialização, por exemplo, do *hard disk* de 5,25" do fabricante Seagate, modelo ST238R (importado), que possuía 33 MB de capacidade de armazenamento quando formatado.

*5 Essas ferragens de adaptação, também conhecidas como *mounting kit* ou *drive mount kit*, permitiam que um *hard disk drive* de 3,5" pudesse ser instalado em gabinetes de microcomputadores de mesa (desktops) que só tinham previsão nas furações da chapa para aceitar a instalação de *hard disks* de tamanho físico de 5,25" (maiores).

CAPÍTULO 2

Redes de Valores e o Ímpeto para Inovar

Desde os primeiros estudos dos problemas da inovação, pesquisadores, consultores e gerentes tentaram explicar por que empresas líderes tropeçam frequentemente diante da mudança de tecnologia. A maioria das explicações focaliza as respostas administrativa, organizacional e cultural às mudanças tecnológicas ou focaliza a competência de as empresas estabelecidas lidarem com inovações tecnológicas radicalmente diferentes; ao focalizar a competência, surgem exigências de novas habilidades muito diferentes das tradicionais. Ambas as abordagens, úteis em explicar por que algumas empresas tropeçam diante da mudança tecnológica, são resumidas adiante. A finalidade principal deste capítulo, entretanto, é propor uma terceira teoria – baseada no conceito de uma *rede de valor* – do motivo pelo qual boas empresas podem fracassar. O conceito da rede de valor parece ter um poder muito maior do que as outras duas teorias em explicar o que nós observamos no setor do *disk drive*.

EXPLICAÇÕES ORGANIZACIONAL E ADMINISTRATIVA DO FRACASSO

Uma explicação do porquê boas empresas fracassam aponta como origem do problema os impedimentos organizacionais. Enquanto muitas análises desse tipo param por razões simples como burocracia, complacência ou pela cultura da "aversão ao risco" existem, nessa tradição, alguns estudos notavelmente criteriosos. Henderson e Clark,[1] por exemplo, concluem que as estruturas organizacionais das companhias facilitam tipicamente as inovações em nível de componente, porque na maioria das organizações de desenvolvimento de produto existem subgrupos que correspondem a componentes do produto. Esses sistemas funcionam muito bem durante o tempo em que a estrutura fundamental do produto não exija mudança. Mas, dizem os autores, quando a mudança tecnológica estrutural é exigida, esse tipo de estrutura impede as inovações que pessoas e grupos exigem para se comunicar e trabalhar juntos de novas maneiras.

Essa noção tem um valor muito evidente. É o que ilustra um incidente relatado no Pulitzer Prize da Tracy Kidder – narrativa do vencedor, *The Soul of a New Machine*. Os engenheiros da Data General, ao desenvolver um minicomputador da próxima geração, pretenderam saltar por cima da posição do produto da Digital Equipment Corporation. Graças a um amigo de um dos membros da equipe, eles puderam entrar na fábrica, no meio da noite, para examinar o mais recente computador da Digital, que a empresa tinha acabado de comprar. Quando Tom West, o líder do projeto da Data General, e um antigo ex-funcionário da Digital removeram a cobertura do minicomputador do DEC e examinaram sua estrutura, ele viu "o organograma da Digital no projeto do produto".[2]

Porque uma estrutura da organização e a maneira de seus grupos trabalharem em conjunto podem ter sido estabelecidas para facilitar o projeto desse produto dominante, a direção da causalidade pode finalmente reverter-se: A estrutura da organização e o meio como seus grupos aprendem a trabalhar em conjunto podem então afetar a maneira como a empresa pode ou não projetar novos produtos.

CAPACIDADES E TECNOLOGIA RADICAL COMO EXPLICAÇÃO

Ao avaliar a responsabilidade pelo fracasso de boas empresas, distingue-se algumas vezes entre inovações que exigem capacidades tecnológicas muito diferentes – então chamada mudança radical – e aquelas que se constroem sobre capacidades tecnológicas bem aprendidas na prática, frequentemente chamadas de inovações incrementais.[3] A noção é que a magnitude da mudança tecnológica em relação às capacidades das empresas determinará quais delas triunfarão após uma tecnologia invadir um setor. Os estudiosos que apoiam esse ponto de vista descobrem que as empresas estabelecidas tendem a ser boas na melhoria do que elas vêm realizando bem durante longo tempo e que as empresas estreantes parecem adequadas para explorar radicalmente as novas tecnologias. Isso porque, frequentemente, elas importam a tecnologia de um setor para dentro de outro, onde eles já a desenvolveram e praticaram.

Clark, por exemplo, concluiu que as empresas construíram, hierárquica e experimentalmente[4], as capacidades tecnológicas em um produto, tal como um automóvel. As escolhas históricas de uma organização, sobre quais problemas tecnológicos seriam resolvidos e quais seriam evitados, determinam os tipos de habilidades e conhecimentos que ela acumula. Quando a resolução perfeita de um problema de desempenho de um produto ou processo demanda uma série de conhecimentos muito diferentes dos que uma empresa acumulou, ela pode muito bem pisar em falso. A pesquisa de Tushman, Anderson e seus associados sustenta a hipótese de Clark.[5] Eles descobriram que as empresas fracassaram quando uma mudança tecnológica destruiu o valor das competências anteriormente cultivadas e foram bem-sucedidas no momento em que as novas tecnologias as realçaram.

Os fatores identificados por esses estudiosos afetaram incontestavelmente o destino de empresas que enfrentaram novas tecnologias. O setor de *disk drive*, entretanto, até o momento indica uma série de anomalias que não foram consideradas por nenhum grupo de teorias. Os líderes do setor introduziram primeiro as tecnologias incrementais de *cada* natureza, incluindo inovações de arquiteturas (estruturais) e de componentes, que reproduziram competências anteriores irrelevantes, e realizaram investimentos maciços em habilidades e recursos obsoletos. Essas mesmas empresas, contudo, tropeçaram nas mudanças tecnologicamente diretas, mas de ruptura, como o *drive* de 8".

A história do setor de *disk drive*, na verdade, fornece um significado muito diferente daquilo que constitui uma inovação radical entre as empresas líderes, estabelecidas. Como vimos, a natureza da tecnologia envolvida (componentes *versus* arquitetura e incremental *versus* radical), a magnitude do risco e o horizonte temporal sobre quais riscos precisaram ser enfrentados tinham pequeno relacionamento com os padrões de liderança e partidarismo observados. Mais propriamente, se seus clientes necessitassem de uma inovação, as empresas líderes de alguma maneira passariam em revista seus recursos e meios para desenvolvê-la e adotá-la. De modo inverso, se seus clientes não quisessem ou necessitassem de uma inovação, essas empresas achariam impossível comercializar até mesmo as inovações tecnologicamente simples.

REDES DE VALOR E NOVAS PERSPECTIVAS SOBRE OS CONDUTORES DO FRACASSO

Então, o que responde pelo sucesso e pelo fracasso de empresas estreantes e estabelecidas? A discussão a seguir sintetiza, a partir da história do setor de *disk drive*, uma nova perspectiva sobre a relação entre sucesso ou fracasso e as mudanças em tecnologia e na estrutura de mercado. O conceito da rede de valor – o contexto dentro do qual uma empresa identifica e responde às necessidades dos clientes, resolve problemas, compra insumos, reage aos concorrentes e luta para obter lucro – é central para esta síntese.[6] Dentro de uma rede de valor, a estratégia competitiva de cada empresa, e principalmente suas antigas opções de mercados, determina suas percepções do valor econômico de uma nova tecnologia. Essas percepções, por sua vez, definem as recompensas que diferentes empresas esperam obter pela busca de inovações incrementais e de ruptura.[7] Em empresas estabelecidas, as recompensas esperadas canalizam a distribuição dos recursos para as inovações estabelecidas e não para as inovações de ruptura. Este padrão de distribuição de recursos explica a liderança consistente de empresas estabelecidas nas inovações incrementais e o seu desempenho decepcionante nas inovações de ruptura.

As Redes de Valor Espelham a Arquitetura do Produto

As empresas estão incorporadas em redes de valor porque seus produtos em geral estão inseridos, ou hierarquicamente aninhados, como componentes dentro de outros produtos e eventualmente dentro de sistemas de uso final.[8] Considere um sistema de informação gerencial (SIG) – management information system (MIS) – antigo, da década de 1980, para uma grande organização, como ilustrado na Figura 2.1. A arquitetura do SIG vincula vários componentes – um computador *mainframe*; periféricos como impressoras lineares e fitas e *disk drives; software*; uma sala grande, com ar-condicionado e cabos passando sob um piso elevado; e assim por diante. No próximo nível, o computador *mainframe* é, em si, um sistema planejado, abrangendo componentes como uma unidade de processamento central, pacotes com vários *chips* e placas de circuito, circuitos RAM, terminais, controladoras e *disk drives*. Examinando um pouco mais abaixo, o *disk drive* é um sistema cujos componentes incluem um motor de rotação, um motor de movimentação, eixo, discos, cabeças e controladora. Por sua vez, o disco em si pode ser analisado como um sistema composto de um prato de alumínio, material magnético, adesivos, abrasivos, lubrificantes e revestimentos.

Embora os produtos e os serviços, constituindo assim um sistema de utilização, possam ser todos produzidos dentro de uma única e amplamente integrada corporação, semelhante à AT&T ou IBM, a maioria é comercializável, especialmente em mercados mais desenvolvidos. Isso significa que, enquanto a Figura 2.1 é delineada para descrever a estrutura *física* aninhada do sistema de um produto, está envolvida também a existência de uma *rede aninhada de produtores e mercados* por meio da qual os componentes em cada nível são produzidos e vendidos aos integrantes do nível mais alto seguinte no sistema. As empresas que projetam e montam *disk drives*, por exemplo, tais como Quantum e Maxtor, obtêm cabeças de leitura-gravação de empresas especializadas, compram discos de outras empresas e motores de rotação, acionadores e circuitos integrados de outras ainda.

Figura 2.1 Estrutura de sistema de produto, aninhadas (nested) ou encaixadas

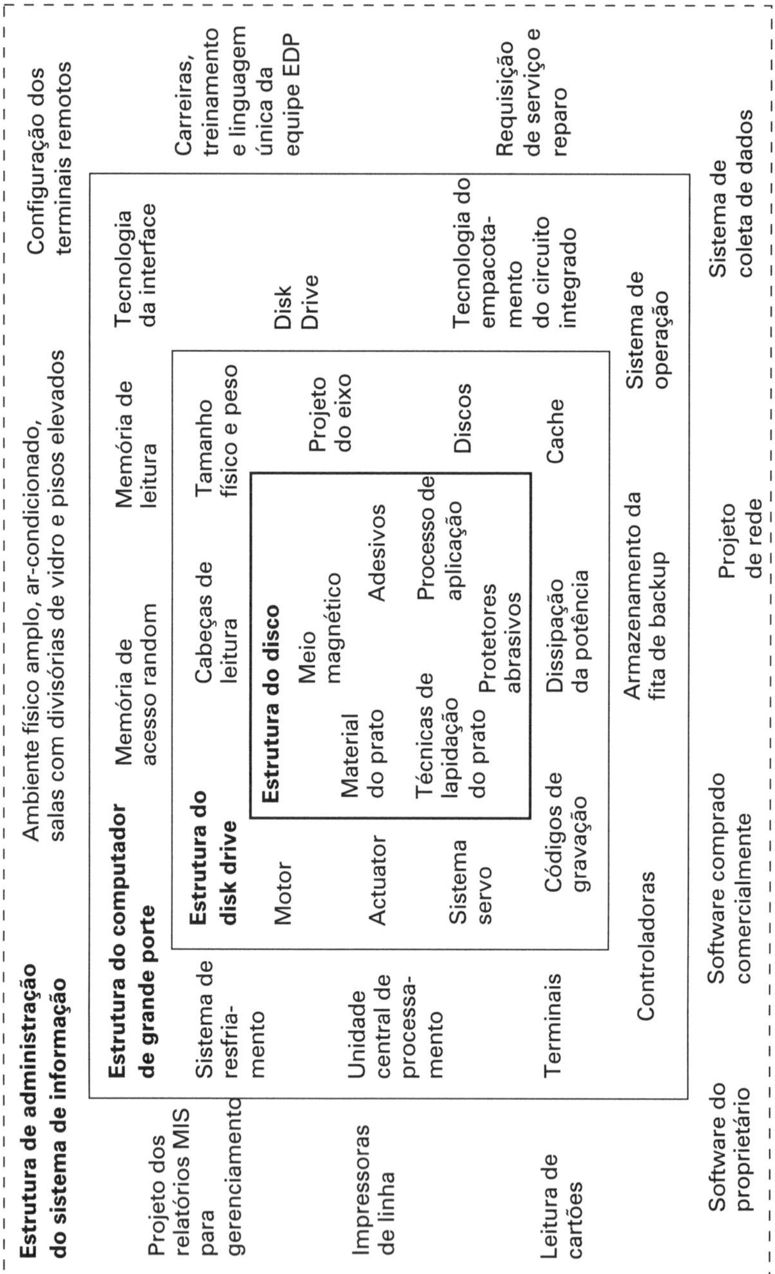

Fonte: Reprodução do *Research Policy* 24, Clayton M. Christensen e Richard S. Rosenbloom, "Explaining the Attacker's Advantage: Technological Paradigms, Organizational Dynamics, and the Value Network", 233-257, 1995, com a permissão de Elsevier Science – NL, Sara Burgerhartstraat 25, 1055 KV Amsterdã, Holanda.

No nível mais alto seguinte, as empresas que projetam e montam computadores podem comprar seus circuitos integrados, terminais, *disk drives*, componentes de CI e fontes de alimentação de várias empresas que os fabricam. Esse sistema comercial aninhado é uma *rede de valor.*

A Figura 2.2 ilustra três redes de valor para aplicações em computação: Lendo de cima para baixo, ela é a rede de valor para um sistema de uso coorporativo MIS, para produtos de computadores pessoais portáteis e para projetos efetuados por meio de computador (CAD). Esboçadas apenas para transmitir o conceito de como as redes estão limitadas e podem divergir umas das outras, as representações não significam as estruturas completas.

Medidas de Valor

A maneira como o valor é medido difere através das redes.[9] Na verdade, a única classificação determinante da importância de vários atributos de desempenho de produtos define, em parte, os limites de uma rede de valor. Os exemplos na Figura 2.2, relacionados à direita da coluna central dos blocos dos componentes, demonstram como cada rede de valor exibe uma classificação determinante muito diferente dos atributos de produtos importantes, inclusive para o mesmo produto. Na mais alta rede de valor, o desempenho do *disk drive* é medido em termos de capacidade, velocidade e confiabilidade, ao passo que, na rede de valor dos computadores portáteis, os atributos de desempenho importantes são robustez, baixo consumo de energia e tamanho pequeno. Consequentemente, as redes de valor paralelas, cada qual construída em torno de uma definição diferente daquilo que torna um produto valioso, podem existir dentro do mesmo setor amplamente definido.

Apesar de muitos componentes em sistemas de uso diferentes poderem carregar as mesmas rotulagens (por exemplo, cada rede na Figura 2.2 inclui cabeças de leitura-gravação, *disk drives*, circuitos RAM, impressoras, *software* e assim por diante), a natureza dos componentes utilizados pode ser completamente diferente. Geralmente, um grupo de empresas concorrentes, cada uma com a própria cadeia de abastecimento[10], está associado a cada bloco no diagrama de rede, e as empresas fornecedoras de produtos e serviços utilizadas em cada rede diferem na maioria das vezes (conforme

Figura 2.2 Exemplos das três redes de valor

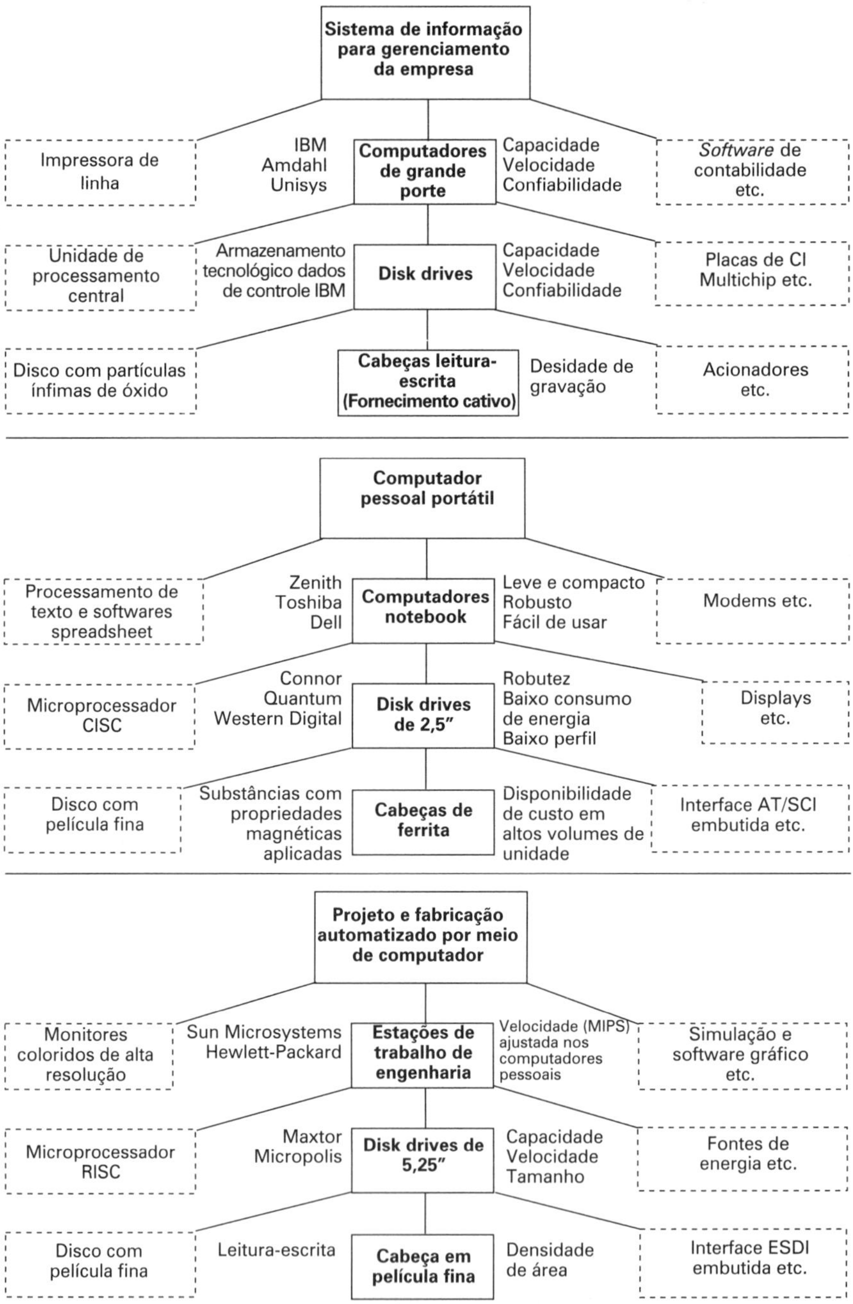

Fonte: Reprodução do *Research Policy* 24, Clayton M. Christensen e Richard S. Rosenbloom, "Explaining the Attacker's Advantage: Technological Paradigms, Organizational Dynamics, and the Value Network", 233-257, 1995, com a permissão de Elsevier Science – NL, Sara Burgerhartstraat 25, 1055 KV Amsterdã, Holanda.

ilustrado na Figura 2.2 pelas empresas relacionadas à esquerda da coluna central dos blocos de componentes).

Enquanto adquirem experiência dentro de uma determinada rede, as empresas tornam-se aptas a desenvolver capacidades, estruturas organizacionais e culturas feitas sob medida para suas exigências diferenciadas de rede de valor. Os volumes produzidos, o declive das rampas para a produção de volume, o ciclo de tempos de desenvolvimento do produto e o consenso organizacional que identifica o cliente e suas necessidades podem diferir substancialmente de uma rede de valor para a próxima.

Fornecidos os dados sobre os preços, atributos e características de desempenho de milhares de modelos de *disk drive* vendidos entre 1976 e 1989, nós podemos utilizar uma técnica chamada *análise de regressão hedônica*[*6] para identificar como os mercados valorizaram atributos individuais e como os valores de atributos mudaram ao longo do tempo. Essencialmente, a análise da regressão hedônica expressa o preço total de um produto como a soma dos chamados preços-sombra (*shadow prices*) individuais (alguns positivos, outros negativos) que o mercado aplica sobre cada uma das características do produto. A Figura 2.3 mostra alguns resultados dessa análise para ilustrar como diferentes redes de valor podem lançar valores muito diversos sobre determinado atributo de desempenho. Os clientes na rede de valor de computador de grande porte, em 1988, estavam dispostos a pagar em média US$ 1,65 para um *megabyte* de incremento de capacidade; mas percorrendo as redes de valor do minicomputador, do computador de mesa (*desktop*) e dos computadores portáteis, o preço-sombra do *megabyte* de incremento de capacidade declina para $1,50, $1,45 e $1,17, respectivamente. De modo inverso, os clientes de computadores portáteis e de mesa estavam dispostos a pagar um alto preço, em 1988, para a redução de uma polegada cúbica no tamanho, enquanto em outras redes os clientes, de qualquer modo, não fixaram valor para aquele atributo.[11]

Figura 2.3 Diferença na valorização de atributos por meio de diferentes redes de valor

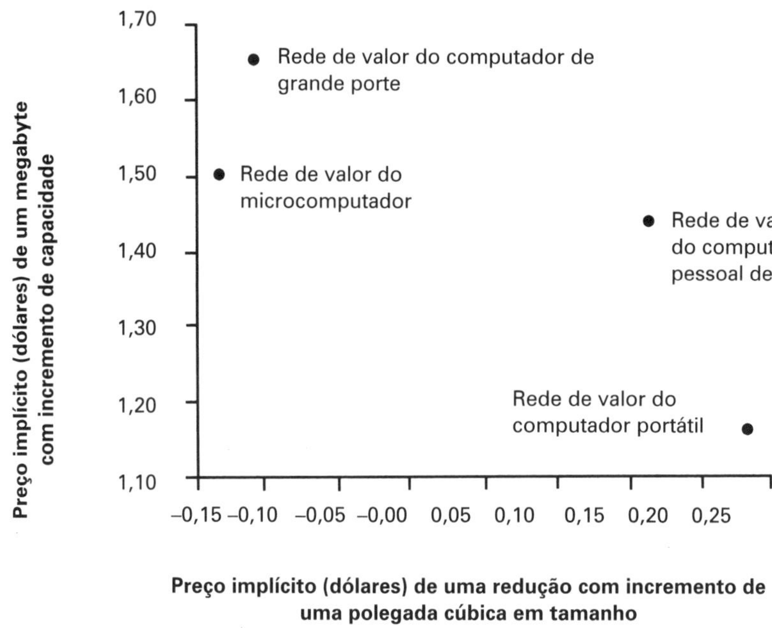

ESTRUTURAS DE CUSTO E REDES DE VALOR

A definição de uma rede de valor vai além dos atributos do produto físico. Por exemplo, competir dentro da rede de computador de grande porte, conforme mostra a Figura 2.2, impõe uma estrutura de custo específica. Os custos de pesquisa, engenharia e desenvolvimento são substanciais. As despesas gerais de fabricação são altas em relação aos custos diretos, por causa do baixo volume unitário e das configurações do produto personalizado. Vender diretamente aos usuários finais envolve custos significativos com força de vendas e a rede de serviço em campo, para sustentar seus complicados mecanismos, representando uma despesa contínua substancial. Todos esses custos devem ser providos no encargo para fornecer os tipos de produtos e serviços que os clientes na rede de valor exigem. Por essas razões, os produtores de computadores de grande porte e os fabricantes de *disk drives* de 14" vendidos a eles necessitavam, historicamente, de margens de lucro brutas entre 50% e 60% para cobrir as despesas gerais com a estrutura de custo inerente à rede de valor na qual eles competiam.

Concorrer na rede de valor do computador portátil, entretanto, acarreta uma estrutura de custo muito diferente. Produtores desse computador gastam pouco em pesquisa de tecnologias de componentes, preferindo usar em suas máquinas componentes tecnologicamente comprovados, adquiridos de distribuidores. A fabricação envolve a montagem de milhões de produtos-padrão em regiões com baixo custo de mão de obra. A maioria das vendas é realizada através de canais de distribuidores nacionais ou de pedidos enviados pelo correio. Como resultado, as empresas nessa rede de valor podem ser rentáveis com margens brutas de 15% a 20%. Por essa razão, no momento em que uma rede de valor recebe uma classificação específica quanto aos atributos de produto valorizados pelos clientes, é também classificada por uma estrutura de custo específica, que o fornecimento dos valores estimados dos produtos e serviços exige.

Cada estrutura de custo da rede de valor é ilustrada na Figura 2.4. Margens brutas caracteristicamente obtidas pelos fabricantes de *disk drives* de 14", cerca de 60%, são similares àquelas exigidas pelos produtores de computador de grande porte: 56%. As margens obtidas pelos fabricantes de *drive* de 8" igualmente eram similares às das empresas de minicomputadores (aproximadamente 40%), e as margens típicas da rede de valor do PC (*desktop*), 25%, também *caracterizaram* tanto os fabricantes de computadores quanto seus fornecedores de *disk drive*.

A estrutura de custo característica de cada rede de valor pode ter um efeito poderoso nos tipos de inovações que as empresas consideram rentáveis. Essencialmente, inovações valorizadas dentro de uma rede de valor da empresa, ou em uma rede em que as margens brutas características são mais altas, serão vistas como rentáveis. As tecnologias cujos atributos as tornam valiosas apenas em redes com margens brutas *mais baixas*, por outro lado, não serão vistas como rentáveis e, provavelmente, não atrairão recursos ou interesses da direção. (O impacto de cada estrutura de custo, característica da rede de valor, será exposto quando abordarmos em detalhes a mobilidade e a fortuna das empresas estabelecidas, no Capítulo 4.)

Figura 2.4 Característica das estruturas de custo de diferentes redes de valor

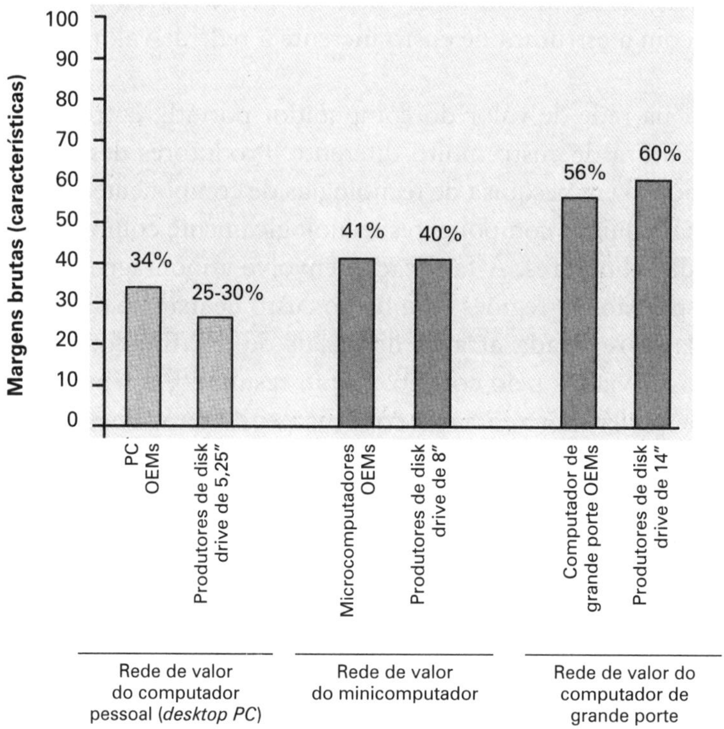

Fonte: Os dados foram extraídos dos relatórios anuais da empresa e de entrevistas pessoais com executivos de diversas empresas representativas em cada rede.

Em resumo, a atratividade de uma oportunidade tecnológica e o grau de dificuldade que um produtor irá encontrar em tirar partido dela são determinados, entre outros fatores, pela posição da empresa na rede de valor relevante. Como veremos, o poder manifesto de empresas estabelecidas em inovação incremental e sua vulnerabilidade em inovação de ruptura – e os poderes e fraquezas inversos das empresas estreantes – são consequências não de diferenças em capacidade tecnológica ou organizacional entre as empresas encarregadas do negócio e as estreantes, mas de suas posições nas diferentes redes de valor do setor.

A CURVA-S DA TECNOLOGIA E REDES DE VALOR

A curva-S da tecnologia constitui a peça central do pensamento sobre a estratégia tecnológica. Ela sugere que a importância da melhoria do desempenho de um produto, em determinado período de tempo ou devido a um esforço de engenharia, é diferente em cada estágio de maturidade da tecnologia. A teoria postula que, nos primeiros estágios de uma tecnologia, a taxa de progresso no desempenho será relativamente lenta. À medida que a tecnologia se torna melhor compreendida, controlada e difundida, a taxa de melhoria tecnológica será acelerada.[12] Mas, em seus estágios desenvolvidos, a tecnologia abordará assimptoticamente um limite natural ou físico, de modo que, para conseguir melhorias, serão exigidos períodos de tempo ou absorção do esforço de engenharia sempre maiores. A Figura 2.5 ilustra o padrão resultante.

Muitos estudiosos afirmaram que a essência da administração da estratégia tecnológica é saber quando o ponto de inflexão na atual curva-S da tecnologia tiver sido ultrapassado e identificar e desenvolver qualquer tecnologia sucessora que a possa suplantar. Diante disso, conforme representado pela curva pontilhada na Figura 2.5, o desafio é ligar com êxito as tecnologias no ponto em que as curvas-S da velha e da nova se intersectam. A inabilidade em antecipar novas tecnologias que ameaçam de baixo e em ligar-se a elas de forma adequada tem sido frequentemente citada como causa de fracasso de empresas estabelecidas e como origem de vantagem para empresas estreantes ou que tomam a ofensiva.[13]

Como os conceitos de curvas-S e das redes de valor se relacionam entre si?[14] A estrutura típica da intersecção das curvas-S, ilustrada na Figura 2.5, é conceituar as mudanças tecnológicas incrementais dentro de uma única rede de valor, em que o eixo vertical projeta medida única de desempenho do produto (ou uma classificação de atributos). Observe-se sua similaridade com a Figura 1.4, que mede o impacto incremental das novas tecnologias da cabeça de gravação sobre a densidade de gravação dos *disk drives*. Melhorias incrementais dentro de cada tecnologia conduziram melhorias ao longo de cada uma das curvas individuais, enquanto o movimento para novas tecnologias de cabeça de gravação envolveu um salto mais radical. Vale lembrar que não havia um *único* exemplo, na história da inovação tecnológica no setor de *disk drive*, de uma empresa estreante que liderasse o setor ou assegurasse uma posição de mercado viável com uma inovação incremental. Em cada caso, as empresas que anteciparam um possível achatamento das curva-S da tecnologia vigente e lideraram a identificação, o desenvolvimento e a implementação da nova tecnologia, que sustentou o ritmo geral do progresso, e lideravam a prática da tecnologia anterior. Essas empresas incorreram frequentemente em riscos financeiros enormes, confiando às novas tecnologias uma década ou mais à frente e extinguindo bases fundamentais de recursos e habilidades. Mas, além desses desafios, os gerentes de empresas estabelecidas do setor navegaram no curso da linha pontilhada mostrada na Figura 2.5 com notável e consistente agilidade.

A inovação de ruptura, entretanto, não pode ser representada graficamente em uma figura similar, porque o eixo vertical para uma inovação de ruptura, por definição, deve medir atributos de desempenho *diferentes* dos que são relevantes em redes de valor estabelecidas. Em virtude de uma tecnologia de ruptura iniciar-se comercialmente em redes de valor emergentes, antes de invadir redes estabelecidas, uma estrutura de curva-S, como na Figura 2.6, é necessária para descrevê-la. As tecnologias de ruptura surgem e progridem por si sós, em trajetórias próprias e únicas em uma rede de valor doméstica. Se e quando elas progredirem a ponto de satisfazer o nível e a natureza do desempenho demandado em outra rede de valor, as tecnologias de ruptura poderão então invadi-la, nocauteando com velocidade surpreendente a tecnologia estabelecida e seus praticantes.

As figuras 2.5 e 2.6 ilustram claramente o dilema da inovação que precipita o fracasso de empresas líderes. Em *disk drives* (e em outros setores tratados mais adiante neste livro), prescrições como investimentos reforçados em P&D; investimento a longo prazo e horizontes planejados; exame cuidadoso da tecnologia, com previsões e mapeamento; bem como consórcio em pesquisa e *joint ventures* são relevantes para os desafios propostos pelas inovações *incrementais,* cujo padrão ideal é descrito na Figura 2.5. Na verdade, a evidência sugere que muitas das melhores empresas estabelecidas têm aplicado esses remédios e que eles podem funcionar quando bem administrados no tratamento de tecnologias incrementais. Nenhuma dessas soluções trata da situação na Figura 2.6, porque ela representa uma ameaça de natureza fundamentalmente diversa.

Figura 2.5 A curva-S convencional da tecnologia

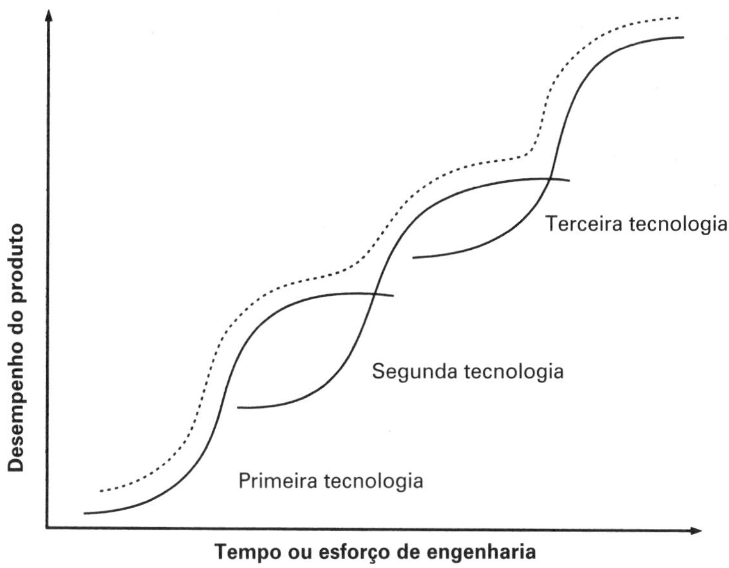

Fonte: Clayton M. Christensen, "Exploring the Limits of the Technology S-Curve. Part I: Component Technologies", *Production and Operations Management* 1, nº 4 (outono de 1992): 340. Reprodução permitida.

Figura 2.6 A curva-S da tecnologia de ruptura

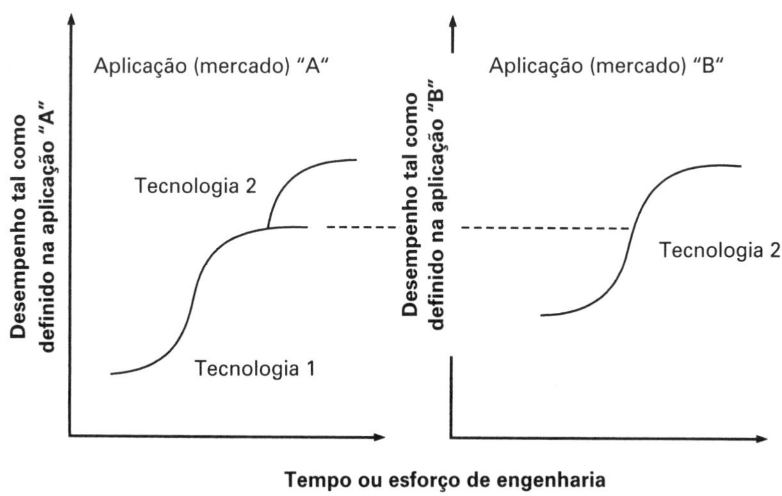

Fonte: Clayton M. Christensen, "Exploring the Limits of the Technology S-Curve. Part I: Component Technologies", *Production and Operations Management* 1, nº 4 (outono de 1992): 361. Reprodução permitida.

TOMADA DE DECISÃO GERENCIAL E MUDANÇA TECNOLÓGICA DE RUPTURA

A concorrência dentro das redes de valor, nas quais as empresas estão inseridas, explica de muitas maneiras como as empresas podem ganhar seu dinheiro. A rede define os problemas dos clientes a serem tratados pelos produtos e serviços da empresa e o quanto pode ser pago para resolvê-los. A concorrência e o cliente demandam na rede de valor e orientam de várias maneiras a estrutura de custo da empresa, o tamanho exigido para permanecer competitiva e a taxa de crescimento necessária. Desse modo, as decisões gerenciais que fazem sentido para empresas de fora de uma rede de valor podem não fazer sentido para todas aquelas que estão dentro dela, e vice-versa.

Vimos, no Capítulo 1, um padrão surpreendentemente consistente de êxito na implementação de inovações incrementais, por parte das empresas estabelecidas, e seu fracasso ao lidar com aquelas de ruptura. O padrão era consistente porque as decisões gerenciais que conduziram àqueles resultados faziam sentido. Bons gerentes realizam o que faz sentido e o que faz sentido é formado principalmente por suas redes de valor.

Esse padrão de tomada de decisões, resumido adiante em seis passos, surgiu de entrevistas com mais de 80 gerentes que representaram papéis-chave nas empresas líderes do setor de *disk drive*, tanto as estabelecidas encarregadas dos negócios quanto as estreantes, nas épocas em que as tecnologias de ruptura surgiram. Nessas entrevistas, tentei reconstruir, tão corretamente quanto possível e a partir de muitos pontos de vista, as forças que influenciaram os processos de tomada de decisões das empresas com relação ao desenvolvimento e comercialização de tecnologias, tanto relevantes quanto irrelevantes às suas redes de valor, nas quais as empresas estavam inseridas naquela época. Comprovei que as empresas estabelecidas, diante das mudanças impostas pelas tecnologias de ruptura, não tiveram problemas em desenvolver o requisito *tecnologia*: Frequentemente, protótipos dos novos *drives* tinham sido desenvolvidos antes de a administração exigir uma decisão. Mais propriamente, os projetos de ruptura ficaram na expectativa de que se alocassem os escassos recursos, entre as propostas para o desenvolvimento de produtos e serviços competitivos (alocando recursos entre as duas redes de valor mostradas à direita e à esquerda na Figura 2.6, por exemplo). Projetos incrementais, dedicados às necessidades dos clientes mais poderosos das empresas (as novas ondas da tecnologia dentro da rede de valor retratada na Figura 2.5), *quase sempre* se apropriaram antecipadamente dos recursos das tecnologias de ruptura, com pequenos mercados e necessidades de clientes precariamente definidas.

Esse padrão característico de decisões é resumido nas páginas seguintes. Em virtude do fato de a experiência ter sido tão arquetípica, o empenho da Seagate Technology, o produtor predominante do setor de *drives* de 5,25", para comercializar com sucesso os *drives* de 3,5", de ruptura, é relatado em detalhes para ilustrar cada um dos passos no padrão.[15]

Passo 1: *As Tecnologias de Ruptura Eram Desenvolvidas Primeiro dentro de Empresas Estabelecidas*

Embora as empresas estreantes liderassem em *comercializar* tecnologias de ruptura, seu desenvolvimento era frequentemente o resultado do trabalho de engenheiros nas empresas estabelecidas, utilizando recursos clandestinos. Raramente iniciados pela alta administração, esses projetos arquitetônicos inovadores quase sempre empregavam componentes fora-de-prateleira. Desse modo, os engenheiros da Seagate Technology, o produtor líder de *drives* de 5,25", eram, em 1985, os segundos no setor a desenvolver protótipos produtivos de modelos de 3,5". Eles criaram cerca de 80 protótipos antes de a alta administração emitir a aprovação formal do projeto. A mesma coisa já havia ocorrido na Control Data e na Memorex, que lideravam a fabricação de drives de 14", onde os engenheiros projetaram internamente *drives* de 8", aproximadamente dois anos antes de o produto aparecer no mercado.

Passo 2: *O Pessoal de Marketing Sonda, Então, as Reações de Seus Principais Clientes*

Os engenheiros submeteram, a seguir, seus protótipos à avaliação do pessoal de marketing, perguntando-lhe se havia mercado para um *drive* menor e menos caro (e com desempenho inferior). A organização comercial, utilizando o procedimento costumeiro para testar a receptividade do mercado aos novos *drives*, mostrou os protótipos para os principais clientes da linha de produto existente, pedindo-lhes uma avaliação.[16] Assim, o marketing da Seagate testou os novos *drives* de 3,5" com a Divisão de PC da IBM e outros produtores de computador pessoal de mesa (*desktop*) das classes XT e AT – ainda que os *drives* tivessem capacidade significativamente menor do que aquela que o mercado de PC habitual demandava.

De modo não surpreendente, entretanto, a IBM não demonstrou nenhum interesse nos *drives* de ruptura da Seagate. Os engenheiros da IBM e o pessoal de marketing estavam procurando por *drives* de 40 e 60 MB, e eles já tinham um *slot* para *drives* de 5,25" projetado dentro de seu computador; eles precisavam de novos *drives* que os levassem a promover a trajetória de desempenho estabelecida. Descobrindo o interesse do pequeno consumidor, os profissionais de marketing da Seagate esboçaram previsões de vendas pessimistas. Além do mais, em razão da maior simplicidade do produto, com desempenho inferior, as margens de lucro eram inferiores às dos produtos com desempenho superior e os analistas financeiros da Seagate, portanto, juntaram-se aos seus colegas do marketing em oposição ao programa de ruptura. Trabalhando de acordo com tal posição, a alta administração arquivou o projeto dos *drives* de 3,5" – no mesmo momento em que eles se estabeleciam firmemente no mercado de *laptop*.

Foi uma decisão complexa, tomada em um contexto de propostas, que concorriam pelos mesmos recursos, para desenvolver novos produtos que o pessoal de marketing considerava importantes na manutenção da competividade da empresa perante os clientes atuais e na obtenção das metas de crescimento agressivo e de lucro. "Nós precisávamos de um novo modelo", lembrou um ex-gerente da Seagate, "que se tornaria o próximo ST412 [um produto de sucesso gerando US$ 300 milhões em vendas anualmente no mercado de *desktop*, que estava próximo do fim de seu ciclo de vida]. Nossas previsões para o *drive* de 3,5" ficavam abaixo de US$ 50 milhões, porque o mercado de *laptop* apenas se esboçava e o produto de 3,5" não estava ajustado completamente."

Os gerentes da Seagate tomaram uma decisão explícita de não adotar a tecnologia de ruptura. Em outros casos, os gerentes aprovaram recursos para que se prosseguisse com o desenvolvimento de produtos que provocariam a ruptura – mas, nas decisões do dia a dia sobre como o tempo e o dinheiro seriam realmente alocados, porém, os engenheiros e o pessoal de marketing, agindo de acordo com o melhor interesse da empresa, consciente ou inconscientemente, deixou minguar os recursos necessários para o lançamento a tempo do projeto de ruptura.

Quando os engenheiros da Control Data, líder na produção do drive de 14", garantiram oficialmente o desenvolvimento dos *drives* iniciais de 8" da CDC, seus clientes procuravam pela média de 300 MB por computador, enquanto os primeiros drives de 8" ofereciam menos de 60 MB. O projeto de 8" tinha menor prioridade e os engenheiros designados para o seu desenvolvimento mantiveram-se concentrados em trabalhar nos problemas com os drives de 14", projetados para os clientes mais importantes. Problemas similares atormentaram os lançamentos atrasados dos produtos de 5,25" da Quantum e da Micropolis.

Passo 3: *Empresas Estabelecidas Aprimoram* o *Ritmo do Desenvolvimento Tecnológico Incremental*

Em reposta às necessidades dos clientes atuais, os gerentes de marketing lançaram-se decididamente em projetos incrementais alternativos, tais como incorporar melhores cabeças ou desenvolver novos códigos de gravação. Com isso, davam aos clientes o que eles queriam e poderiam atingir mercados maiores, gerando as vendas necessárias e os lucros para a manutenção do crescimento. Apesar de, frequentemente, envolver maiores gastos com desenvolvimento, esses investimentos incrementais aparentavam implicar um risco *longínquo* em relação aos investimentos em tecnologia de ruptura. Os clientes existiam e suas necessidades eram conhecidas.

A decisão da Seagate de arquivar o projeto do *drive* de 3,5" de 1985 a 1986, por exemplo, parece totalmente racional. Sua percepção de menor lucratividade (*downmarket*) neste produto (em função do mapa de trajetória do *disk drive*) previa um pequeno mercado total em 1987 para *drives* de 3,5". As margens brutas naquele mercado eram incertas, mas os executivos do setor previram que os custos por *megabyte* para os *drives* de 3,5" seriam muito mais altos do que para os de 5,25". O ponto de vista da Seagate para o mercado de maior lucratividade (*upmarket*) era um pouco diferente. Os volumes em *drives* de 5,25", com capacidades de 60 a 100 MB, eram previstos em US$ 500 milhões por volta de 1987. As empresas que atendiam ao mercado de 60 a 100 MB estavam obtendo margens brutas de ganho entre 35% e 40%, considerando que as margens da Seagate em seus *drives* de altos volumes de 20 MB eram entre 25%

e 30%. Simplesmente não fazia sentido para a Seagate alocar recursos para o *drive* de 3,5" quando as propostas concorrentes para mobilizar o mercado de maior lucratividade (*upmarket*), desenvolvendo sua linha de drives ST251, estavam também sendo ativamente avaliadas.

Após os dirigentes da Seagate arquivarem o projeto de 3,5", a empresa passou a introduzir os novos modelos de 5,25" a uma taxa dramaticamente acelerada. Em 1985, 1986 e 1987, os números de novos modelos introduzidos anualmente, como o percentual do número total de seus modelos no mercado no ano anterior, eram de 57%, 78% e 115%, respectivamente. E durante o mesmo período, a Seagate incorporou tecnologias complexas e sofisticadas de novos componentes, como os discos em película fina, os acionadores *voice-coil*,[17] os códigos RLL e as interfaces SCSI embutidas. Claramente, sua motivação era vencer a guerra competitiva contra outras empresas estabelecidas, as quais estavam realizando melhorias similares, em vez de se preparar para um ataque por parte das estreantes que vinham de baixo.[18]

Passo 4: Novas Empresas Eram Formadas e Mercados para as Tecnologias de Ruptura Eram Encontrados por Tentativa e Erro

Novas empresas – em geral integradas por engenheiros frustrados de empresas estabelecidas – eram formadas para explorar a estrutura (arquitetura) do produto de ruptura. Os fundadores da Conner Peripherals, que liderou a produção de *drives* de 3,5", eram ex-funcionários descontentes da Seagate e Miniscribe, as duas maiores fabricantes de *drives* de 5,25". Os criadores da Micropolis, produtora do *drive* de 8" vieram da Pertec, fabricante de *drive* de 14", e os iniciadores da Shugart e Quantum saíram da Memorex.[19]

As empresas iniciantes (*start-ups*), entretanto, eram tão mal-sucedidas quanto seus ex-empregadores em atrair fabricantes de computadores para a estrutura de ruptura. Consequentemente, elas tiveram que encontrar *novos* clientes. As aplicações que surgiram nesse processo investigante muito incerto foram o minicomputador, o computador pessoal de mesa (*desktop*) e o *laptop*. Em retrospectiva, esses eram os mercados óbvios para os *hard drives*, mas, naquela época, seu tamanho final e importância eram altamente incertos. A Micropolis foi fundada antes do surgimento dos minicomputadores de mesa (*desk side micromputer*) e dos mercados de processadores de texto nos quais seus produtos vieram a ser utilizados. A Seagate começou quando os computadores pessoais eram simplesmente brinquedos para aficionados, dois anos antes de a IBM introduzir o seu PC. E a Conner Peripherals teve início antes de a Compaq conhecer o potencial do mercado de computadores portáteis. Sem uma clara estratégia mercadológica, os fundadores dessas empresas venderam seus produtos, essencialmente, para quem quisesse comprar. Fora do que foi amplamente abordado como tentativa e erro no mercado, sobressaíram, enfim, as aplicações para os seus produtos.

Passo 5: As Estreantes Mobilizaram-se para os Mercados de Melhor Ganho

Uma vez que as empresas iniciantes descobriram uma base operacional em novos mercados, eles perceberam que, se adotassem melhorias incrementais em novas tecnologias de componentes[20], poderiam incrementar a capacidade de seus *drives* a uma taxa maior do que seu novo mercado exigia. Anunciaram, então, trajetórias de melhoria anual de 50%, fixando seu olhar em grandes mercados estabelecidos de computadores imediatamente acima deles na escala do desempenho.

As percepções das empresas estabelecidas em relação aos mercados de menor lucratividade (*downmarket*) e das estreantes em relação ao mercado de maior lucratividade (*upmarket*) eram assimétricas. Contrastando com as margens não atrativas e o tamanho do mercado que as empresas estabelecidas viram ao olhar para o novo – os mercados emergentes para *drives* mais simples –, as empresas estreantes viram os volumes potenciais e as margens no produto de melhor lucratividade, em mercados de maior desempenho acima delas, como altamente atrativos. Os clientes nos mercados estabelecidos, consequentemente, abraçaram as novas arquiteturas que eles haviam rejeitado anteriormente, porque, uma vez satisfeitas suas necessidades para capacidade e velocidade, os tamanhos menores dos *drives* e a simplicidade na arquitetura os tornaram mais baratos, rápidos e confiáveis do que as arquiteturas antigas. A Seagate, que começou no mercado de computador pessoal de mesa, subsequentemente invadiu e acabou por dominar os mercados para *disk drives* de minicomputadores, de estações de trabalho de engenharia e de computadores de grande porte. A Seagate, por sua vez, foi afastada do mercado de computador pessoal de mesa pelos *disk drives* da Conner e Quantum, fabricantes pioneiros dos *drives* de 3,5".

Passo 6: As Empresas Estabelecidas Tardiamente Uniram-se as Outras para Defender Sua Base de Clientes

Quando os modelos menores começaram a invadir os segmentos de mercado estabelecidos, os produtores de *drive* que tinham inicialmente controlado aqueles mercados tiraram seus protótipos dos arquivos (onde eles tinham sido colocados no Passo 3) e os introduziram no mercado para defender a sua própria base de clientes em seu próprio mercado. Na ocasião, é claro, a nova arquitetura tinha irradiado sua característica de ruptura e se tornado completamente competitiva em desempenho com os *drives* maiores nos mercados estabelecidos. Embora alguns fabricantes antigos fossem capazes de defender suas posições no mercado com a introdução tardia da nova arquitetura, muitos descobriram que as empresas estreantes tinham desenvolvido vantagens insuperáveis no custo de fabricação e experiência em projeto e, então, se retiraram do mercado. As empresas, promovendo de baixo o ataque às redes de valor, trouxeram com elas as estruturas de custo planejadas para alcançar lucratividade com margens brutas mais baixas. Os fabricantes atacantes, portanto, eram capazes de determinar o preço de seus produtos de forma lucrativa, enquanto os que estavam na defesa, as empresas estabelecidas, vivenciaram uma guerra acirrada de preços.

Para os fabricantes estabelecidos que obtiveram êxito na introdução das novas arquiteturas, a sobrevivência foi a única recompensa. Ninguém jamais conquistou participação expressiva no novo mercado; os novos *drives* simplesmente desmantelaram as vendas dos produtos mais antigos para os clientes existentes. Finalmente, como em 1991, quase nenhum dos *drives* de 3,5" da Seagate tinha sido vendido para os fabricantes de portáteis e *laptops*: Seus clientes de 3,5" ainda eram os fabricantes de computadores de mesa, e muitos dos *drives* de 3,5" continuaram a ser entregues com ferragens de adaptação, permitindo sua montagem em computadores da classe XT e AT, projetados para acomodar os *drives* de 5,25".

A Control Data, líder em 14", nunca alcançou sequer a participação de 1% no mercado de minicomputadores. Ela introduziu seus *drives* de 8" quase três anos após o pionerismo dos iniciantes, e quase todos os seus *drives* eram vendidos para clientes de computadores de grande porte existentes. Miniscribe, Quantum e Micropolis tiveram a mesma experiência de desmantelamento quando, tardiamente, introduziram os *drives* com tecnologia de ruptura. Estas falharam em conquistar participação significativa no novo mercado e em defender com sucesso uma porção de seus negócios preliminares.

Nem sempre o *slogan* popular "fique perto de seus clientes" parece ser um conselho sadio.[21] Alguém poderia esperar que os clientes induzissem seus fornecedores rumo a inovações incrementais e sem proporcionar liderança – ou mesmo os *enganassem* explicitamente – em estágios de mudança da tecnologia de ruptura.[22]

A MEMÓRIA FLASH E A REDE DE VALOR

O poder profético da estrutura da rede de valor está sendo atualmente testado com o surgimento da *flash memory*[*7]: uma tecnologia de memória semicondutora em estado sólido, que armazena dados em *chips* de memória de silício. A tecnologia *flash* difere da tecnologia da memória de acesso dinâmico aleatório (DRAM), visto que ela retém o dado mesmo na ausência de energia. Memória *flash* é uma tecnologia de ruptura. Os *chips flash* consomem menos de 5% da energia que um *drive disk* de capacidade equivalente consumiria, e, em virtude de não terem partes móveis, eles são muito mais robustos que as memórias em disco. Os *chips flash* têm desvantagens, é claro. Dependendo da quantidade de memória, o custo por *megabyte* de *flash* pode ser de 5 a 50 vezes maior que o das memórias em discos. E os *chips flash* não são tão resistentes para a escrita: eles podem ser reescritos somente algumas centenas de milhares de vezes antes de ficarem inutilizados, contra algumas milhões de vezes dos *disk drives*.

As aplicações iniciais para a memória *flash* estavam nas redes de valor totalmente distantes da computação; elas estavam nos telefones celulares, nos aparelhos para monitoramento do coração, nos modems e nos robôs industriais, nos quais se embutiam *chips flash* acondicionados individualmente. Os *disk drives* eram muito grandes, e muito frágeis, além de consumir muita energia para serem utilizados nesses mercados. Por volta de 1994, essas aplicações para os *chips flash* acondicionados individualmente – "*socket flash*" no jargão do setor – contabilizaram US$ 1,3 bilhão em receitas no setor, tendo crescido do nada em 1987.

No início dos anos 90, os produtores de *flash* fabricaram um novo formato do produto, chamado cartão *flash*: aparelhos do tamanho de cartões de crédito, nos quais múltiplos *chips flash*, ligados e acionados por circuitos controladores, estavam montados. Os *chips* sobre os cartões *flash* eram controlados pelo mesmo circuito de controle, SCSI (*Small Computer Standard Interface*, um acrônimo utilizado primeiramente pela Apple), como era utilizado em *disk drives*, significando que, em tese, um cartão *flash* poderia ser utilizado como um *disk drive* para armazenamento em massa. O mercado do cartão *flash* cresceu de US$ 45 milhões em 1993 para US$ 80 milhões em 1994, e os analistas vislumbravam um mercado de cartões *flash* de US$ 230 milhões por volta de 1996.

Os cartões *flash* invadirão os mercados principais dos produtores de *disk drive* e suplantarão as memórias magnéticas? Se eles o fizerem, o que acontecerá aos produtores de *disk drives*? Eles estarão no topo de seus mercados, agarrando essa nova onda tecnológica? Ou eles serão expulsos?

O Ponto de Vista sobre Capacidades

O conceito de hierarquia tecnológica de Clark (ver nota 4) concentra-se nas habilidades e entendimento tecnológico que uma companhia acumula como resultado do produto e processamento dos problemas tecnológicos que conduziram no passado. Na avaliação da ameaça das memórias *flash* aos produtores de *disk drive*, alguém, que utilizasse a estrutura de Clark ou as descobertas relacionadas a Tushman e Anderson (ver nota 5), focalizaria o âmbito em que a especialidade (*expertise*) dos produtores de *disk drive* se desenvolveu historicamente nos projetos de circuitos integrados e no projeto e controle de aparelhos compostos de múltiplos circuitos integrados. Essas estruturas nos levariam a esperar que os produtores de *drive* tropeçassem erroneamente em suas tentativas para desenvolver produtos *flash* se eles tivessem uma especialidade limitada nesses domínios e seriam bem-sucedidos se sua experiência e especialidade fossem profundas.

Superficialmente, a memória *flash* envolve tecnologia *eletrônica*, radicalmente diferente da competência central dos produtores de *disk drive* (magnética e mecânica). Empresas como Quantum, Seagate e Western Digital, porém, desenvolveram profunda especialidade em projeto personalizado de circuito integrado, por meio da incorporação crescente de circuitos de controle inteligente e memória *cache* em seus *drives*. Em consonância com a prática de grande parte do setor de ASIC *(aplication-specific integrated circuit)*, a fabricação de seus *chips* controladores é terceirizada por empresas independentes, que possuem salas assépticas, com capacidade de processamento de semicondutores.

Cada um dos atuais líderes na fabricação de *disk drive* começou projetando *drives*, adquirindo componentes de fornecedores independentes, montando-os nas próprias fábricas ou por contrato e então vendendo-os. O negócio do cartão *flash* é muito similar. Os fabricantes do cartão *flash* projetam o cartão e adquirem os componentes do *chip flash*; projetam e fabricam um circuito de interface, tal como o SCSI, para controlar a interação do *drive* com o equipamento do computador; fazem a própria montagem ou a contratam de terceiros e, então, comercializam o cartão.

Em outras palavras, a memória *flash* realmente *se baseia sobre* competências importantes desenvolvidas por muitos produtores de *drive*. Sob o ponto de vista das capacidades, portanto, poderíamos esperar que os produtores de *disk drive não* errassem muito trazendo a tecnologia de armazenamento *flash* para o mercado. Mais especificamente, o ponto de vista prediz que empresas com experiência mais profunda em projeto de CI – Quantum, Seagate e Western Digital – trarão produtos *flash* para o mercado muito facilmente. Outras, que historicamente terceirizaram muitos de seus projetos de circuitos eletrônicos, podem deparar-se mais com um conflito.

Na verdade, é o que ocorre atualmente. A Seagate entrou para o mercado de *flash* em 1993, graças à aquisição de 25% em participação no capital mais o excedente da SunDisk Corporation. A Seagate e a SunDisk, em conjunto, projetaram os *chips* e os cartões; os *chips* eram fabricados pela Matsushita, e os cartões eram montados por um fabricante na Coreia, Anam. A Seagate, sozinha, comercializou os cartões. A Quantum entrou com um parceiro diferente, Silicon Storage Technology, para projetar os *chips*, que eles então fabricaram e montaram por contrato.

A Estrutura da Construção Organizacional

A tecnologia *flash* é o que Henderson e Clark chamariam de tecnologia *radical.* Sua arquitetura de produto e o conceito tecnológico fundamental são recentes, se comparados aos *disk drives.* Sob o ponto de vista da estrutura organizacional poderia ser previsto que, a menos que elas criassem grupos independentes para projetar os produtos *flash*, as empresas estabelecidas fracassariam feio. A Seagate e a Quantum confiaram, de fato, em grupos independentes e desenvolveram produtos competitivos.

A Estrutura da Curva-S da Tecnologia

A curva-S da tecnologia é utilizada frequentemente para predizer se é possível que uma tecnologia emergente suplante uma estabelecida. O gatilho operante é inclinar a curva da tecnologia estabelecida. Se a curva passar de seu ponto de inflexão, para que sua segunda derivada seja negativa (a tecnologia está melhorando a uma taxa decrescente), então uma nova tecnologia pode emergir para suplantar a antiga. A Figura 2.7 demonstra que a curva-S para gravação em discos magnéticos ainda não atingiu seu ponto de inflexão, isto é, não apenas a densidade relativa à área está melhorando, como em 1995, estava melhorando a uma taxa *crescente.*

A estrutura da curva-S nos levaria a predizer, portanto, que se empresas de *disk drive*, estabelecidas ou não, são capazes de projetar cartões *flash*, a memória *flash* não apresentará uma ameaça a elas até que a curva-S da memória magnética tenha passado seu ponto de inflexão, e a taxa de melhoria na densidade comece a declinar.

Percepções da Estrutura da Rede de Valor

A estrutura da rede de valor afirma que nenhuma das estruturas precedentes é suficiente para predizer o sucesso. Especificamente, mesmo onde empresas estabelecidas não apresentassem o requisito de habilidades tecnológicas para desenvolver uma nova tecnologia, elas direcionariam os recursos para desenvolvê-la ou adquiri-la, se seus clientes a procurassem.

Além do mais, a rede de valor sugere que as curvas-S da tecnologia são "profetas" úteis apenas com as tecnologias incrementais. As tecnologias de

Figura 2.7 Melhorias na densidade de área de novos *disk drives* (densidades em milhões de bits por polegada quadrada)

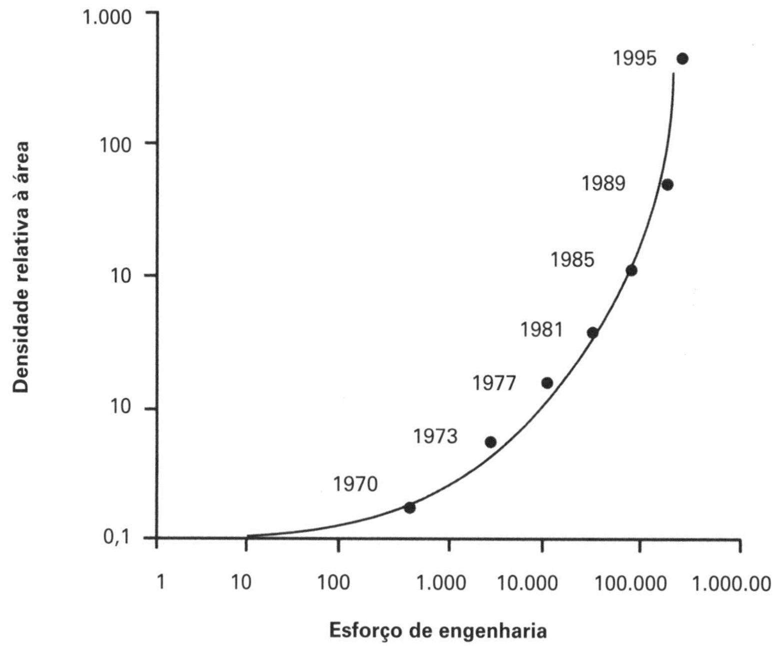

Fonte: Os dados são de vários artigos do *Disk/Trend Report.*

ruptura geralmente melhoram em um ritmo paralelo com as incrementais – suas trajetórias não têm intersecção. A estrutura da curva-S, portanto, faz a *pergunta errada* quando é utilizada para avaliar a tecnologia de ruptura. O que importa é se essa tecnologia está melhorando menos ao longo de uma trajetória que finalmente fará intersecção com aquilo que o *mercado* necessita.

A estrutura da rede de valor afirmaria que, embora empresas como Seagate e Quantum sejam *tecnologicamente* capazes de desenvolver produtos relativos à memória *flash*, seu investimento em recursos e energia gerencial, para construir posições tecnológicas fortes no mercado, dependerá de a memória *flash* ser inicialmente valorizada e desdobrada dentro das redes de valor nas quais as empresas ganham seu dinheiro.

Como em 1996, a memória *flash* pode ser utilizada apenas em redes de valor diferentes daquelas relacionadas aos tradicionais produtores de *disk drive*. Isso está ilustrado na Figura 2.8, que assinala a média de *megabytes* de capacidade dos cartões *flash* introduzidos a cada ano, entre 1992 e 1995, comparada com as capacidades de *drives* de 2,5" e 1,8" e com a capacidade demandada no mercado de computadores *notebook*.

Figura 2.8 Comparação entre a Capacidade de Memória de *Disk Drive* e Cartão *Flash*

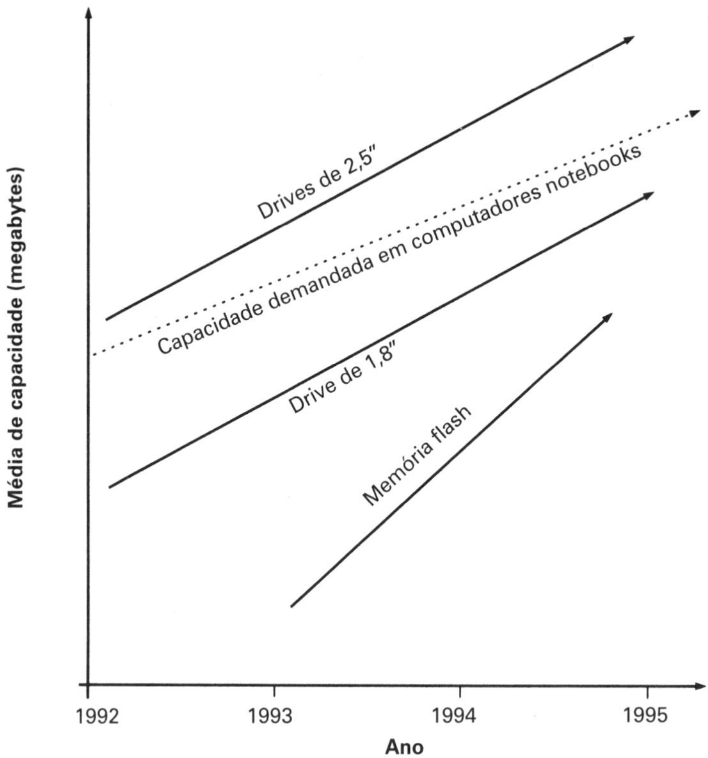

Fonte: Os dados são de vários artigos do *Disk/Trend Report*.

Embora sejam robustos e consumam pouca energia, os cartões *flash* simplesmente ainda não acumulam a capacidade para se tornarem os principais aparelhos armazenadores em massa em computadores *notebooks*.

E o preço da capacidade *flash* exigida para atender o que o mercado de computadores portáteis de baixo valor (*low-end*) demandam (aproximadamente 350 MB em 1995) é muito alto. O custo desta capacidade do *flash* seria algo 50 vezes maior se comparável ao armazenamento em disco.[23] O baixo poder de consumo e a robustez do *flash* certamente não tiveram nenhum valor e não fizeram *jus* a nenhuma recompensa sobre o preço no *desktop*. Em outras palavras, não há, atualmente, nenhum meio de se utilizar a memória *flash* nos mercados nos quais empresas como a Quantum e Seagate fazem sua fortuna.

Consequentemente, em virtude de os cartões *flash* estarem sendo utilizados em mercados completamente diferentes daqueles tradicionalmente ocupados por Quantum e Seagate – computadores *palmtop*, *clipboards* eletrônicos, caixas registradoras, câmeras digitais e assim por diante –, a estrutura da rede de valor iria predizer que empresas similares a Quantum e Seagate *não* são apropriadas para liderar o mercado na memória *flash*. Não que a tecnologia seja muito difícil ou suas estruturas organizacionais impeçam o desenvolvimento efetivo, mas porque seus recursos estão absorvidos no combate e na defesa de porções maiores dos negócios nas principais redes de valor dos *disk drives*, nas quais elas atualmente ganham o seu dinheiro.

De fato, o diretor de marketing de um líder na produção de cartão *flash* observou: "Estamos descobrindo que, como os fabricantes de *hard disk drive* estão se movendo para a faixa de *gigabyte*, eles se tornam incapazes de ser competitivos no custo em relação às capacidades inferiores. Consequentemente, os fabricantes de *disk drive* estão se retirando dos mercados nas faixas de 10 *megabytes* a 40 *megabytes* e criando um vácuo dentro do qual o *flash* pode mover-se.[24]

Na verdade, produtores de *drive* têm se empenhado em estabelecer negócios em cartão *flash*. Em 1995, nem a Quantum nem a Seagate haviam conseguido sequer 1% de participação no mercado de cartão *flash*. Ambas concluíram, finalmente, que a oportunidade em cartões *flash* não era ainda firme o suficiente, e retiraram seus produtos do mercado no mesmo ano. A Seagate, entretanto, manteve sua estaca minoritária no SunDisk (renomeada para SanDisk), uma estratégia que, como veremos, é uma forma de conduzi-la à tecnologia de ruptura.

IMPLICAÇÕES DA ESTRUTURA DA REDE DE VALOR PARA A INOVAÇÃO

As redes de valor definem e delimitam firmemente o que as empresas dentro delas podem ou não fazer. Este capítulo fecha com cinco proposições sobre a natureza da mudança tecnológica e sobre os problemas da batalha que enfrentam as empresas bem-sucedidas em seu ramo de negócio, realçados pela perspectiva da rede de valor.

1. O contexto, ou rede de valor, no qual uma empresa compete, tem profunda influência em sua habilidade para tomar posições e concentrar os recursos necessários e na capacidade para superar os obstáculos tecnológico e organizacional que impedem a inovação. Os limites de uma rede de valor são determinados por uma única definição de desempenho de produto – a característica de ordenação da importância de vários atributos sobre o desempenho, divergindo notadamente daquela empregada em outros sistemas de uso em um setor claramente definido. As redes de valor são também definidas por estruturas de custo específicas e inerentes, que direcionam as necessidades dos clientes dentro da rede.

2. Uma chave determinante da probabilidade de sucesso comercial do esforço inovador é o grau em que ele conduz necessidades bem compreendidas dos agentes conhecidos dentro da rede de valor. As empresas titulares dessas tecnologias provavelmente irão conduzir seus setores em inovações de vários tipos – de arquitetura e de componentes –, que direcionam as necessidades dentro de sua rede de valor, indiferentes ao caráter ou dificuldade tecnológica intrínsecos. São as inovações diretas; seus valores e aplicações são claros. Inversamente, é provável que as empresas titulares retardem o desenvolvimento de tecnologias – mesmo as intrinsecamente simples – que apenas identifiquem necessidades de clientes em redes de valor emergentes. As inovações de ruptura são complexas porque seu valor e aplicação são incertos, de acordo com os critérios utilizados pelas empresas titulares.

3. As decisões das empresas estabelecidas no sentido de ignorar tecnologias que não identifiquem as necessidades de seus clientes tornam-se fatais quando duas trajetórias distintas interagem. A primeira define o desempenho demandado com o passar do tempo, dentro de determinada rede de valor, e a segunda projeta o desempenho que os tecnólogos são capazes de fornecer dentro de determinado paradigma

tecnológico. A trajetória da melhoria do desempenho, que esta tecnologia é capaz de fornecer, pode ter inclinação inconfundivelmente diversa da trajetória de melhoria no desempenho demandada no sistema em uso pelos clientes, que estão no fluxo da corrente dentro da rede de valor. Quando as inclinações diferem, porém, novas tecnologias, inicialmente competitivas apenas no desempenho em redes de valor emergentes ou comercialmente remotas, podem migrar para dentro de outras redes, proporcionando um veículo para que inovadores em novas redes ataquem as redes estabelecidas. Quando isso ocorre, é porque o progresso tecnológico diminuiu a relevância das diferenças na característica de ordenação dos atributos de desempenho ao longo de diferentes redes de valor. Por exemplo, os atributos de tamanho e peso nos *disk drives* eram muito mais importantes na rede de valor do computador de mesa do que nas redes de computador de grande porte e minicomputador. Quando o progresso tecnológico nos *drives* de 5,25" possibilitou que os fabricantes satisfizessem o atributo priorização nas redes de computador de grande porte e minicomputador, valorizando altamente a capacidade total e a alta velocidade *tão bem quanto* na rede de valor do computador de mesa (*desktop*), os limites entre as redes de valor deixaram de ser barreiras para a entrada dos produtores de *drives* de 5,25".

4. As empresas estreantes têm uma vantagem de tomar a ofensiva sobre as empresas estabelecidas nas inovações – geralmente novas arquiteturas de produto envolvendo muito pouca tecnologia nova por si – que rompem ou redefinem o nível, a taxa e a direção do progresso em uma trajetória tecnológica estabelecida. Isso ocorre porque essas tecnologias não geram nenhum valor dentro da rede estabelecida. A única forma de as empresas estabelecidas poderem liderar a comercialização de tais tecnologias é entrar nas redes de valor nas quais elas criam valor. Conforme Richard Tedlow observou em sua história das vendas a varejo na América (nas quais supermercados e varejistas de descontos representam o papel de tecnologias de ruptura), "a barreira mais formidável que as empresas estabelecidas enfrentaram é que elas não queriam fazer isso."[25]

5. Nesses exemplos, embora essa "vantagem ofensiva" esteja *associada* a uma mudança tecnológica de ruptura, sua essência está na facilidade com que as empresas estreantes, em relação às estabelecidas, podem as identificar e assumir compromissos estratégicos para investir e desenvol-

ver aplicações no mercado emergente ou nas redes de valor. No âmago, entretanto, a questão pode ser a relativa flexibilidade de empresas estabelecidas bem-sucedidas *versus* empresas estreantes para mudar *estratégias* e *estruturas de custo,* não tecnologias.

Essas proposições fornecem novas dimensões para analisar a inovação tecnológica. Em complemento às capacidades exigidas inerentes a novas tec nologias e a organização inovadora, as empresas que se deparam com tecnologias de ruptura devem examinar as implicações da inovação para suas redes de valor relevantes. As considerações-chave são: se os atributos de desempenho implícitos na inovação serão valorizados dentro das redes já atendidas pelo inovador; se outras redes devem ser identificadas ou novas redes criadas para valorizar a inovação; e se as trajetórias de mercado e tecnológicas podem eventualmente sofrer intersecção, transportando tecnologias que não identificam as necessidades dos clientes atuais para justamente identificar suas necessidades no futuro.

Essas considerações se aplicam não simplesmente a empresas que lutam com as mais modernas tecnologias, tais como as de ritmo acelerado, complexas e eletronicamente avançadas, tecnologias mecânicas e magnéticas, cobertas neste capítulo. O Capítulo 3 examina-as no contexto de um setor muito diferente: o de máquinas para terraplanagem.

NOTAS DO AUTOR

1. Veja Rebecca M. Henderson e Kim B. Clark, "Architectural Innovation: The Reconfiguration of Existing Systems and the Failure of Established Firms" *Administrative Science Quarterly* (35), 1990, 9-30.
2. Tracy Kidder, *The Soul of a New Machine* (Nova York: Avon Books, Inc., 1981).
3. Poucos estudiosos procuraram medir a proporção do progresso tecnológico atribuível aos avanços radical *versus* incremental. Em estudo empírico de uma série de processos recentes em refinaria de petróleo, por exemplo, John Enos descobriu que metade dos benefícios econômicos da nova tecnologia veio das melhorias de processo introduzidas após uma nova tecnologia ter sido comercialmente estabelecida. Veja J. L. Enos, "Invention and Innovation in the Petroleum Refining Industry," em *The Rate and Direction of Inventive Activity: Economic and Social Factors,* National Bureau of Economic Research Report (Princeton, NJ: Princeton University Press, 1962), 299-321. Meu estudo do setor de *disk drive* mostrou o mesmo resultado. Metade do avanço na densidade relativa à área (*megabits* por polegada quadrada da superfície do disco) pode ser atribuído às novas tecnologias dos componentes e metade às melhorias incrementais

nos componentes existentes e refinamentos no projeto do sistema. Veja Clayton M. Christensen, "Exploring the Limits of the Technology S-Curve", *Production and Operations Management* (1), 1992, 334-366.

4. Veja Kim B. Clark, "The Interaction of Design Hierarchies and Market Concepts in Technological Evolution", *Research Policy* (14), 1985, 235-251. Clark sugere, por exemplo, que as primeiras seleções, feitas pelos engenheiros automotivos da gasolina sobre os motores alimentados a vapor ou eletricamente, definiram a agenda técnica das gerações de engenheiros seguintes, que, consequentemente, não perseguiram os refinamentos em propulsão elétrica ou a vapor. Clark mostrou por fim que as habilidades em projetos e conhecimento tecnológico residentes em empresas atuais resultam das escolhas cumulativas que engenheiros fizeram sobre o que fixar com a aparelhagem *versus* o que deixar independente. Clark pressupõe que as melhorias tecnológicas, ao exigir que as empresas criassem sobre ou estendessem um corpo de conhecimento cumulativo existente, favoreceram as empresas estabelecidas de um setor. De modo inverso, quando as mudanças exigem um corpo de conhecimento completamente diferente, empresas estabelecidas estarão em desvantagem, comparadas a empresas que já tinham acumulado um corpo de conhecimento estruturado de forma hierárquica diferente, mais provavelmente em um outro setor.
5. Veja, por exemplo, Michael L. Tushman e Philip Anderson, "Technological Discontinuities and Organizational Environments", *Administrative Science Quarterly* (31), 1986, 439-465; e Philip Anderson e Michael Tushman, "Technological Discontinuities and Dominant Designs", *Administrative Science Quarterly* (35), 1990, 604-633.
6. O conceito de *rede de valor* fundamentou o conceito de *paradigmas tecnológicos* de Giovanni Dosi. Veja Giovanni Dosi, "Technological Paradigms and Technological Trajectories, *Research Policy* (11), 1982, 147-162. Dosi caracteriza o paradigma tecnológico como "padrão de solução de problemas tecnológicos selecionados, baseado em princípios selecionados derivados de ciências naturais e em tecnologias de materiais selecionados" (152). Novos paradigmas representam a descontinuidade em trajetórias de progresso, conforme definido dentro de paradigmas anteriores. Eles tendem a redefinir o exato significado de progresso, e tecnólogos apontam em direção a novas classes de problemas como os alvos regulares seguintes do desenvolvimento tecnológico. A questão examinada por Dosi – como as novas tecnologias são selecionadas e preservadas – está firmemente relacionada à questão de por que empresas são bem-sucedidas ou fracassam como beneficiárias dessas mudanças.
7. Rede de valor, conforme apresentado aqui, representa pesadamente as ideias que eu desenvolvi em conjunto com o professor Richard S. Rosenbloom e elas estão resumidas em dois artigos de revistas: Clayton M. Christensen e Richard S. Rosenbloom, "Explaining the Attacker's Advantage: The Technological Paradigms, Organizational Dynamics, and the Value Network", *Research Policy* (24), 1995, 233-257; e Richard S. Rosenbloom e Clayton M. Christensen, "Technological Discontinuities, Organizational Capabilities, and Strategic Commitments", *Industrial and Corporate Change* (3), 1994, 655-685. Eu estou em débito profundamente com o professor Rosenbloom por suas contribuições aos desenvolvimentos dessas perspectivas.
8. Veja D. L. Marples, "The Decisions of Engineering Design", *IEEE Transactions on Engineering Management* EM8, 1961,55-71; e C. Alexander, *Notes on the Synthesis of Form* (Cambridge, MA: Harvard University Press, 1964).

9. Sobre este ponto, também, a correspondência entre o conceito de rede de valor e o dos paradigmas tecnológicos de Dosi é forte (ver nota 6). O escopo e os limites de uma rede de valor são definidos pelo paradigma tecnológico predominante e a trajetória tecnológica correspondente empregada em níveis mais altos da rede. Conforme Dosi sugere, o *valor* pode ser definido corno uma função do paradigma tecnológico predominante no sistema de uso fundamental na rede de valor.
10. Michael Porter, *Competitive Advantage* (Nova York: The Free Press, 1985).
11. Um relatório mais completo desta análise pode ser encontrado no Capítulo 7 de Clayton M. Christensen, *The Innovator's Challenge: Understanding the Influence of Market Environment on Processes of Technology Development in the Rigid Disk Drive Industry,* tese, Harvard University Graduate School of Business Administration, 1992.
12. D. Sahal, *Patterns of Technological Innovation* (Londres: Addison Wesley, 1981).
13. O proponente mais amplamente conhecido deste ponto de vista é Richard Foster; veja, por exemplo, sua *Innovation: The Attacker's Advantage* (Nova York: Summit Books, 1986).
14. As percepções resumidas aqui estão mais completamente articuladas em C. M. Chris tensen, "Exploring the Limits of the Technology S-Curve", *Production and Operations Management* (1), 1992, 334-366.
15. Uma consideração de decisões similares tomadas em outras empresas pode ser encontrada em Clayton M. Christensen, *The Innovator's Challenge: Understanding the Influence of Market Environment on Processes of Technology Development in the Rigid Disk Drive Industry,* tese, Harvard University Graduate School of Business Administration, 1992.
16. O procedimento está consistente com a observação de Robert Burgelman. Segundo ele, uma das maiores dificuldades encontradas por empreendedores corporativos é descobrir os "*beta test sites*" corretos, em que os produtos podem ser desenvolvidos e aperfeiçoados interativamente com os clientes. Geralmente, o acesso ao cliente foi proporcionado pelo vendedor que vendeu as linhas de produtos estabelecidos da empresa. Isso ajudou a empresa a desenvolver novos produtos para mercados estabelecidos, mas não identifica novas aplicações para sua nova tecnologia. Veja Robert Burgelman e Leonard Sayles, *Inside Corporate Innovation* (Nova York: The Free Press, 1986), 76-80. A professora Rebecca Henderson apontou-me que essa tendência de levar sempre novas tecnologias aos clientes principais reflete uma competência de *marketing* muito limitada – embora muitos estudiosos tendem a enquadrar a questão como uma das competências tecnológicas, essa incapacidade de encontrar novos mercados para novas tecnologias pode ser a mais grave deficiência de uma empresa à inovação.
17. Os motores *voice coil* eram mais caros do que os *stepper motors* que a Seagate tinha utilizado anteriormente. Enquanto não eram novos para o mercado, eles eram novos para a Seagate.
18. Isso está consistente com as descobertas relatadas por Arnold Cooper e Dan Schendel em "Strategic Responses to Technological Threats", *Business Horizons* (19), fevereiro, 1976, 61-69.
19. Quase todos os fabricantes de *disk drive* da América do Norte podem rastrear as genealogias de seus fundadores na divisão San Jose da IBM, que desenvolveu e produziu seus produtos de gravação magnética. Veja Clayton M. Christensen, "The Rigid Disk

Drive Industry: A History of Commercial and Technological Turbulence", *Business History Review* (67), inverno, 1993, 531-588.

20. Em geral, as tecnologias dos componentes foram desenvolvidas dentro das maiores empresas estabeleci das que dominavam os mercados estabelecidos acima das estreantes. Isso porque os novos componentes geralmente (mas não sempre) tinham impacto incremental nas trajetórias tecnológicas. Essas empresas *high-end* estabelecidas, normalmente estavam engajadas na busca das atividades mais desejadas das inovações incrementais.
21. A pesquisa de Eric von Hippel, frequentemente citada como evidência do valor em ouvir os clientes, indica que estes originam enorme quantidade de ideias sobre novos produtos (veja Eric von Hippel, *The Sources of Innovation* [*Nova* York: Oxford University Press, 1988]). Uma via produtiva para pesquisa futura seria revisitar os dados de von Hippel à luz da estrutura apresentada aqui. A estrutura da rede de valor predizia que as inovações em direção às quais os clientes, no estudo de von Hippel, conduziam seus fornecedores teriam sido inovações incrementais. Nós esperávamos que as inovações de ruptura viessem de outras fontes.
22. Henderson visualizou perigo potencial similar, sendo mal conduzido por seus clientes em seu estudo dos fabricantes de equipamentos fotolitográfícos de calibração. Veja nos documentos de Rebecca M. Henderson, "Keeping Too Close to Your Customers", Massachusetts, Institute of Technology Sloan School of Management, 1993.
23. Muitos observadores do setor notaram que algo em torno de US$ 120 por unidade parece ser o mínimo no custo de produção de *disk drive*, abaixo do qual até mesmo os melhores fabricantes não poderiam descer. Esse é o custo básico de projeto, produção e montagem dos componentes necessários. Os produtores de *drives* mantiveram-se reduzindo custos por *megabyte* e aumentando continuamente o número de *megabytes* disponível no espaço básico de US$ 120. O efeito desse mínimo na competição entre *disk drives* e cartões *flash* pode ser profundo. Significa que, em aplicações de baixa capacidade, como o preço da memória *flash* diminui, o *flash* se tornará competitivo no custo com a memória de disco. A fronteira acima da qual os *drives* de disco magnético têm custos menores por *megabyte* do que o *flash* continuará movendo-se para mercados de maior rentabilidade (*upmarket*), de uma forma perfeitamente análoga ao movimento dos mercados de maior rentabilidade de arquiteturas de *disk drive* maiores. Os especialistas predizíam, na verdade, que, por volta de 1997, um cartão *flash* de 40 MB teria preço comparável ao de um *disk drive* de 40 MB.
24. Lewis H. Young, "Samsung Banks on Tiny Flash Cell", *Electronic Business Buyer* (21), 28 de julho, 1995.
25. Richard Tedlow, *New and Improved: A History af Mass Marketing in America* (Boston: Harvard Business School Press, 1994).

NOTAS DO REVISOR TÉCNICO

*6. Uma modelagem de preços hedônicos é baseada na hipótese de que qualquer produto representa um conjunto de características (atributos) que o compõe. O valor observado para um produto é a soma dos preços implícitos dos atributos contidos no produto – que definem a sua qualidade e, portanto, o seu preço.

*7. Atualmente o mercado de memórias *flash* é altamente fragmentado com diversos tipos de fabricantes e diferentes tipos de cartões com capacidade de armazenamento de até dezenas de *gigabytes*. Elas são comumente usadas em inúmeros aparelhos eletrônicos para armazenar informação digital: câmeras de fotografia e vídeo, telefones celulares, tocadores de MP3, consoles de videogames, *tablets*, etc. São pequenas, regraváveis e fáceis de portar e intercambiar entre os aparelhos.

CAPÍTULO 3

Mudança Tecnológica de Ruptura no Setor de Escavadeira Mecânica

Máquinas escavadeiras e escavadeiras a vapor que as antecederam são peças enormes de bens de capital, vendidas a empreiteiras de escavação. Enquanto poucos observadores consideram esse um setor de rápido movimento e tecnologicamente dinâmico, ele tem pontos em comum com o setor de *disk drive:* ao longo de sua história, empresas líderes adotaram com êxito uma série de inovações incrementais, ambas incremental e radical, em componentes e arquitetura, mas quase todos os fabricantes de escavadeiras mecânicas foram eliminados por uma tecnologia de ruptura – a hidráulica –, que eles ignoraram graças a seus clientes e a sua estrutura econômica. Embora nos *disk drives* as invasões nos mercados estabelecidos ocorressem poucos anos após o surgimento de cada tecnologia de ruptura, o triunfo das escavadeiras hidráulicas levou 20 anos. A invasão de ruptura, contudo, provou ser tão decisiva e difícil de conter tanto nas escavadeiras quanto no setor de *disk drive.*[1]

LIDERANÇA NA MUDANÇA TECNOLÓGICA INCREMENTAL

Da invenção da escavadeira a vapor de William Smith Otis, em 1837, até o início de 1920, a escavadeira mecânica era equipada com motor a vapor. Uma caldeira central enviava vapor por meio de tubos para pequenos motores em cada ponto em que a energia era exigida na máquina. Por meio de um sistema de polias, cilindros giratórios e cabos, esses motores manipulavam as pás escavadeiras para frente, conforme ilustrado na Figura 3.1. Originalmente, as escavadeiras a vapor eram montadas sobre trilhos e utilizadas para escavar a terra em ferrovias e canais de construção. Os fabricantes norte-americanos estavam firmemente agrupados no norte de Ohio e próximo de Milwaukee.

No início dos anos 20, quando havia mais de 32 fabricantes de escavadeiras a vapor estabelecidos nos Estados Unidos, o setor deparou-se com uma revolução tecnológica maior, com motores movidos a gasolina, que substituíram os de acionamento a vapor.[2] A transição para a alimentação a gasolina inseriu-se na categoria que Henderson e Clark rotulam de transição tecnológica radical. O conceito tecnológico fundamental no componente-chave (o motor) mudou de vapor para combustão interna e a arquitetura básica do produto mudou.

Figura 3.1 Escavadeira mecânica acionada a cabo fabricada pela Osgood General

Fonte: Osgood General, foto de Herbert L. Nichols, Jr., *Moving the Earth: The Workbook of Excavation* (Greenwich, CT: North Castle, 1955).

Onde as escavadeiras a vapor utilizavam pressão a vapor para alimentar um conjunto de motores e para estender e retrair os cabos que colocavam as pás em movimento, a escavadeira a gasolina utilizava um único motor e um sistema de engrenagem muito diferente: alavancas, cilindros e freios para enrolar e desenrolar o cabo. Apesar da natureza radical da mudança tecnológica, entretanto, a tecnologia a gasolina teve um impacto *incremental* no setor de escavadeira mecânica. Os motores a gasolina eram poderosos o suficiente para permitir que as empreiteiras movimentassem a terra mais rápido, com maior segurança e a um custo menor do que outras escavadeiras, exceto as maiores escavadeiras a vapor.

Os inovadores que lideraram a tecnologia dos motores a gasolina foram as empresas predominantes do setor, como a Bucyrus, Thew e Marion. Entre os 25 maiores produtores de escavadeiras a vapor, 23 tiveram sucesso ao lidar com a transição para o acionamento a gasolina.[3] Conforme mostra a Figura 3.2, havia poucas empresas estreantes entre os líderes da tecnologia a gasolina nos anos 20, mas as empresas estabelecidas dominaram essa transição.

Figura 3.2 Fabricantes de escavadeiras a cabo movidas a gasolina, 1920-1934

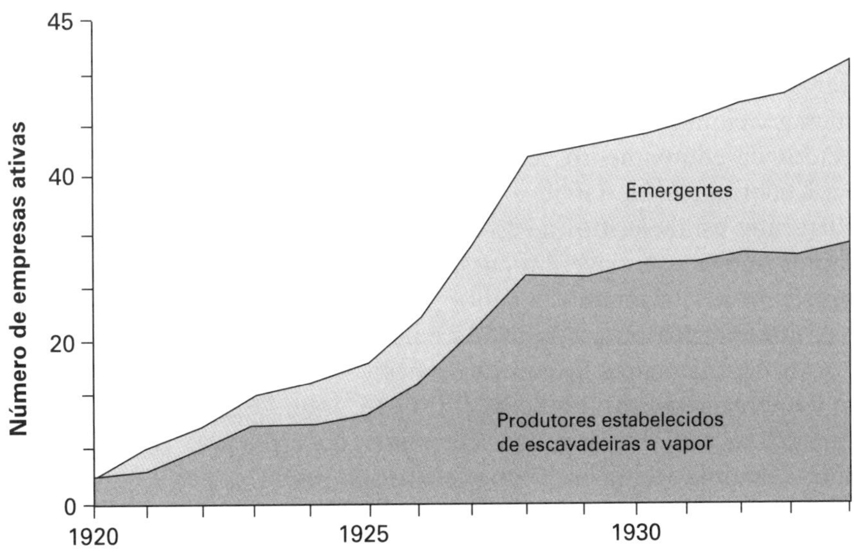

Fonte: Os dados são da *Historical Construction Equipment Association* e da *The Thomas Register*, de vários anos.

Aproximadamente no início de 1928, os fabricantes estabelecidos de escavadeiras movidas a gasolina iniciaram a próxima maior, mas menos radical, transição tecnológica incremental – as escavadeiras movidas a motores diesel e elétricos.

Uma transição posterior, realizada após a Segunda Guerra Mundial, introduziu o projeto de crescimento arqueado, que permitiu alcance mais longo, pás maiores e maior flexibilidade na escavação. As empresas estabelecidas continuaram a abraçar e a ter êxito em cada uma dessas inovações.

As empreiteiras de escavação, sozinhas, realmente abriram caminho para um sem-número de outras inovações incrementais importantes. Primeiro modificaram os próprios equipamentos no campo para melhorar seu desempenho; então, fabricaram escavadeiras incorporando aquelas modificações para vender a um mercado mais amplo.[4]

O IMPACTO DA TECNOLOGIA HIDRÁULICA DE RUPTURA

A próxima principal mudança tecnológica precipitou o fracasso generalizado do setor. Começando logo após a Segunda Guerra Mundial e continuando ao longo dos anos 60, enquanto a fonte de energia predominante mantinha o motor a diesel, um novo mecanismo surgiu para estender e levantar a pá: os sistemas acionados hidraulicamente, que substituíram os sistemas acionados a cabo. Apenas 4 dos 30 ou mais fabricantes estabelecidos de equipamento acionado a cabo em atividade nos anos 50 (Insley, Koehring, Little Giant e Link Belt) transformaram-se com êxito em fabricantes estabelecidos de escavadeira hidráulica por volta dos anos 70. Alguns outros sobreviveram passando a produzir equipamentos como reboques enormes, acionados a cabo, para mineração superficial e dragagem.[5] A maioria dos outros faliu. As empresas que tomaram a dianteira do setor de equipamentos de escavação nesse ponto eram todas estreantes dentro da geração dos hidráulicos: J. I. Case, John Deere, Drott, Ford, J. C. Bamford, Poclain, International Harvester, Caterpillar, O & K, Demag, Leibherr, Komatsu e Hitachi.[6] Por que isso aconteceu?

Desempenho Demandado no Mercado da Escavadeira Mecânica

Máquinas escavadeiras são um dos muitos tipos de equipamento para movimentação de terras. Alguns, como os de terraplanagem, basculantes, rolos compressores e raspadores, essencialmente comprimem, aplainam e levantam a terra. As escavadeiras[7] têm sido utilizadas, para cavar buracos e valas, principalmente em três mercados: o primeiro e o maior, de escavação geral, composto por empreiteiras que fazem buracos para fundações e projetos de engenharia civil, como construção de canais; o segundo, de empresas especializadas em encanamento de água e esgoto, que geralmente cavam valas extensas; e o terceiro, de abertura de poço de mina ou mineração de superfície. Em cada um desses mercados, as empreiteiras inclinaram-se a medir a funcionalidade das escavadeiras mecânicas por seu alcance, ou distância na extensão, e pelas jardas cúbicas de terra levantadas em uma única escavação.[8]

Em 1945, as empreiteiras de canalização de água e esgoto utilizavam máquinas cuja pá tinha a capacidade média de cerca de 1 jarda cúbica (melhor para cavar valas relativamente estreitas); a média geral utilizada pelas empreiteiras de escavações era de 2½ jardas cúbicas por pá, enquanto as empreiteiras de mineração utilizavam pás que retiravam cerca de 5 jardas cúbicas. A capacidade média das pás utilizadas em cada um desses mercados aumentou cerca de 4% ao ano, uma taxa de aumento reprimida por outros fatores no sistema de uso mais amplo. Os problemas logísticos para o transporte de máquinas grandes para dentro e para fora dos canteiros de construção característicos, por exemplo, ajudaram a limitar a taxa de crescimento demandada pelas empreiteiras.

O *Surgimento e a Trajetória de Melhoria das Escavadeiras Hidráulicas*

A primeira escavadeira hidráulica foi desenvolvida por uma companhia britânica, J. C. Bamford, em 1947. Produtos similares surgiram, então, simultaneamente em diversas empresas norte-americanas no final dos anos 40, entre elas, a Henry Company, de Topeka, Kansas, e Sherman Products, Inc., de Royal Oak, Michigan. A abordagem foi rotulada de "Operada Hidraulicamente com Potência Abruptamente Elevada" (*Hydraulically Operated Power Take-Off*), produzindo um acrônimo que se tornou o nome da terceira estreante de escavadeira hidráulica no final dos anos 40, HOPTO.[9]

Suas máquinas, chamadas *retroescavadeiras (backhoes)* porque eram montadas sobre a parte traseira de tratores industriais ou de fazenda, escavavam estendendo a pá e empurrando-a para baixo e para dentro da terra,[10] jogando ou articulando a pá sob uma parte da terra ou solo, e trazendo-a para fora do buraco. Limitada pela potência e resistência dos lacres disponíveis nas bombas hidráulicas, a capacidade dessas máquinas mais antigas era de apenas ¼ de jardas cúbicas, conforme representado na Figura 3.3. Seu alcance era também limitado a aproximadamente seis pés. Considerando que as melhores escavadeiras acionadas a cabo poderiam girar 360 graus completos em sua base, a maioria das retroescavadeiras flexíveis poderia girar apenas 180 graus.

Figura 3.3 Impacto de ruptura da tecnologia hidráulica no mercado de escavadeira mecânica

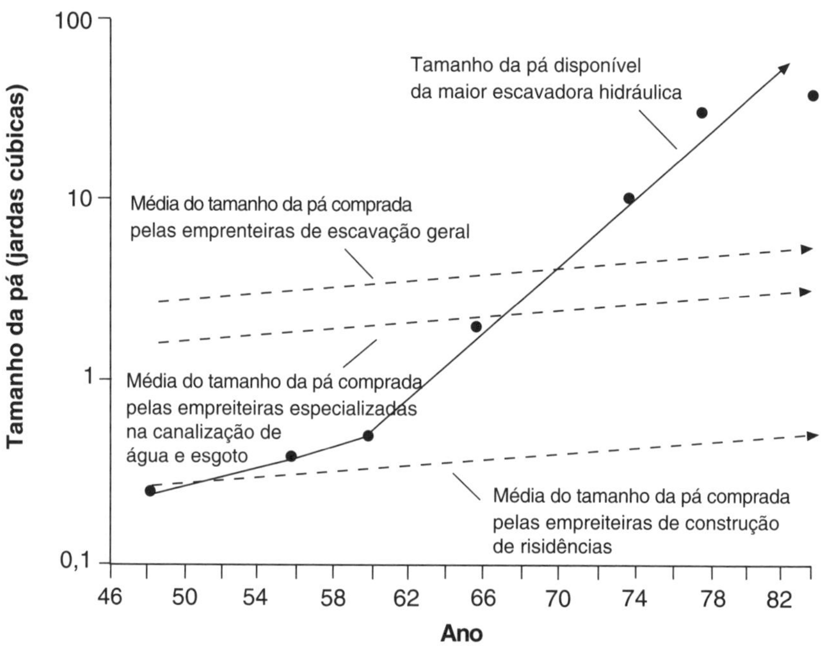

Fonte: Os dados são da *Historical Construction Equipment Association.*

Em virtude de sua capacidade ser tão pequena e seu alcance tão curto, as escavadeiras hidráulicas não eram utilizadas na mineração, na escavação geral ou por empreiteiras responsáveis pela canalização de esgoto, que estavam procurando máquinas com pás que suspendiam de 1 a 4 jardas cúbicas. Consequentemente, as empresas estreantes tiveram que desenvolver uma nova aplicação para seus produtos. Elas começaram a vender suas escavadeiras como implementos para serem fixados na parte traseira dos pequenos tratores industriais e de fazenda, fabricados pela Ford, J. I. Case, John Deere, International Harvester e Massey Ferguson. Pequenas empreiteiras residenciais compraram essas unidades para cavar as valetas estreitas das linhas de água e esgoto na rua, para as fundações das casas em construção.

Esse trabalho muito pequeno nunca justificou o gasto ou o tempo exigido para produzir uma escavadeira-reboque, grande, imprecisa, acionada a cabo; assim as valas eram sempre escavadas a mão. As retroescavadeiras hidráulicas engatadas aos tratores altamente móveis fariam esses trabalhos em menos de uma hora por casa, e elas se tornaram extremamente populares entre as empreiteiras, que criaram grandes subdivisões de áreas durante o crescimento de moradias que se seguiu à Segunda Guerra Mundial e à Guerra da Coreia. Essas antigas retroescavadeiras eram vendidas pelos revendedores de trator e implementos, habituados a negociar com pequenos clientes.

Os primeiros usuários de escavadeiras hidráulicas eram, em uma palavra, *muito* diferentes daqueles clientes habituais dos fabricantes de máquinas escavadeiras a cabo – em tamanho, em necessidades e nos canais de distribuição por meio dos quais eles compravam. Eles constituíram uma nova rede de valor para a escavadeira mecânica. Curiosamente, da mesma forma que no desempenho dos *disk drives* de arquitetura menor, medido com critérios diferentes em relação à do desempenho dos *drives* maiores (peso, robustez e consumo de energia *versus* capacidade e velocidade), o desempenho das primeiras retroescavadeiras era medido diferentemente do desempenho do equipamento acionado a cabo. Caracterizados na mais notória literatura sobre as primitivas retroescavadeiras hidráulicas, os atributos considerados eram a *largura* da escavadeira (as empreiteiras queriam cavar valas estreitas e rasas) e a velocidade e a mobilidade do *trator*. A Figura 3.4, extraída de um antigo catálogo do produto da Sherman Products para a sua retroescavadeira hidráulica "Bobcat", ilustra isso. Sherman chamou seu Bobcat de "cavadeira", mostrou-a operando em quarteirões estreitos e declarou que poderia trafegar sobre o gramado com um mínimo de dano. O Bobcat foi montado sobre um trator Ford. (A Ford, subsequentemente, adquiriu a linha Bobcat da Sherman.)

Figura 3.4 Retroescavadeira hidráulica Fabricada pela Sherman Products

Fonte: Catálogo da Sherman Products, Inc., Royal Oak, Michigan, início dos anos 1950.

Os atributos realçados, é claro, eram simplesmente irrelevantes às empreiteiras, cujo sustento vinha de grandes projetos. Essas diferenças na classificação dos atributos de desempenho definiram os limites das redes de valor do setor.

A linha cheia na Figura 3.3 representa a taxa de melhoria no tamanho da pá, que os engenheiros hidráulicos eram capazes de proporcionar na nova arquitetura da escavadeira. O tamanho máximo da pá tinha atingido ⅜ de jardas cúbicas por volta de 1955, ½ jarda cúbica por volta de 1960 e 2 jardas cúbicas em 1965. Por volta de 1974, as maiores escavadeiras hidráulicas tinham força para levantar 10 jardas cúbicas. A trajetória de melhoria, que foi muito mais rápida do que a taxa de melhoria exigida em quaisquer mercados de escavação, conduziu a tecnologia hidráulica de ruptura além de seu mercado original, diretamente aos mercados de escavação maiores e tradicionais. A utilização das escavadeiras hidráulicas, em geral contratadas no mercado, estava tendo um impulso em 1954, quando uma outra empresa estreante na Alemanha, Demag, introduziu um modelo montado como reboque, que poderia girar em sua base 360 graus completos.

A REAÇÃO DOS FABRICANTES ESTABELECIDOS DE ESCAVADEIRAS AOS HIDRÁULICOS

Exatamente como a Seagate Technology, uma das primeiras empresas a desenvolver o protótipo de *drives* de 3,5", a Bucyrus Erie, que liderava a produção de escavadeiras acionadas a cabo, estava muito consciente do surgimento da tecnologia de escavação hidráulica. Por volta de 1950 (cerca de dois anos após a primeira retroescavadeira ter aparecido), a Bucyrus comprou uma companhia novata de retroescavadeira hidráulica, a Milwaukee Hydraulics Corporation. Bucyrus deparou-se, ao comercializar suas retroescavadeiras hidráulicas, exatamente com o mesmo problema que a Seagate com seus drives de 3,5": o produto não tinha utilidade para seus clientes tradicionais mais poderosos.

A resposta da Bucyrus Erie estava em um novo produto, introduzido em 1951, chamado "Hydrohoe". Em vez de três cilindros hidráulicos, ele utilizava apenas dois, um para fazer o movimento espiral na terra e um para "abrir caminho" ou elevar a escavadeira em direção à cabine; utilizava um mecanismo a cabo para elevar a pá. O Hydrohoe era, assim, um híbrido de duas tecnologias, remanescente dos antigos navios transoceânicos equipados com velas.[11] Não há evidência, entretanto, de que o projeto híbrido do Hydrohoe tenha tido resultados, pelo fato de os engenheiros da Bucyrus permanecerem "grudados" em uma série de paradigmas de engenharia baseada em cabo. Além do mais, o mecanismo para elevação do cabo era a *única* forma viável naquela época, baseado na grandeza da tecnologia hidráulica, para dar ao Hydrohoe a capacidade da pá e para alcançar aquilo que os representantes comerciais da Bucyrus pensavam que precisavam ter para satisfazer as necessidades de seus clientes.

A Figura 3.5 apresenta o resumo de um extrato do antigo catálogo de produto Hydrohoe. Observe as diferenças da abordagem de marketing da Sherman: A Bucyrus rotulou o Hydrohoe de "*dragshovel*", demonstrando-o em campo aberto e afirmando que esta poderia "pegar uma quantidade enorme de carga em cada passagem" – tudo planejado para atrair as empreiteiras da escavação geral.

Figura 3.5 O Hydrohoe Fabricada pela Bucyrus Erie

Fonte: Catálogo da Bucyrus Erie Company, South Milwaukee, Wisconsin, 1951.

Além de comercializar a tecnologia de ruptura na rede de valor na qual os atributos de hidráulica atuais eram apreciados, a Bucyrus tentou adaptar a tecnologia para ajustá-la à própria rede de valor. Apesar dessa tentativa, o Hydrohoe ainda era muito limitado em capacidade e alcance e não obteve boas vendas entre os clientes da Bucyrus. Esta manteve seu Hydrohoe no mercado ao longo de uma década, tentando periodicamente aperfeiçoar seu desempenho para torná-lo aceitável entre seus consumidores, mas, comercialmente, a máquina nunca foi um sucesso. Por fim, a empresa retomou às escavadeiras a cabo de que seus clientes necessitavam.

Bucyrus Erie foi o único produtor de escavadeiras a cabo conhecido que lançou uma escavadeira hidráulica entre 1948 e 1961: Todos os outros fabricantes continuaram atendendo bem e prosperamente seus clientes estabelecidos.[12] De fato, os maiores produtores de escavadeiras acionadas a cabo, Bucyrus Erie e Northwest Engineering, atingiram lucros recordes até 1966 – quando ocorreu a intersecção da tecnologia hidráulica de ruptura com as necessidades de seus clientes no segmento de canalização de água e esgoto. Essa é uma atitude típica de setores diante da tecnologia de ruptura: as empresas líderes na tecnologia estabelecida mantiveram-se financeiramente poderosas até a tecnologia de ruptura estar, de fato, no meio de seu mercado principal.

Entre 1947 e 1965, vinte e três empresas entraram no mercado de escavadeiras mecânicas com produtos hidráulicos. A Figura 3.6, que mede o número total de empresas estreantes ativas e empresas estabelecidas que ofereciam escavadeiras hidráulicas (fora as empresas que tinham saído), demonstra como as estreantes dominaram completamente o mercado de escavadeira hidráulica.

Nos anos 60, alguns dos mais poderosos produtores de escavadeiras a cabo introduziram máquinas hidráulicas. Entretanto, quase todos esses modelos eram híbridos, como o Hydrohoe da Bucyrus Erie, empregando geralmente um cilindro hidráulico para articular ou torcer a pá e utilizando cabos para estender a pá para fora e levantar o pau-de-carga. Quando utilizados dessa forma nos anos 60, os hidráulicos tiveram um impacto incremental nos produtos dos fabricantes estabelecidos, melhorando seu desempenho nas principais redes de valor. Alguns dos métodos que os engenheiros descobriram para utilizar hidráulicos nas escavadeiras a cabo eram verdadeiramente engenhosos. Toda essa energia inovadora, contudo, estava direcionada aos clientes existentes.

As estratégias empregadas pelos fabricantes de escavadeiras durante esse período destacam uma importante escolha que confrontam as empresas encarando a mudança tecnológica de ruptura.

Figura 3.6 Fabricantes de Escavadeiras Hidráulicas, 1948-1965

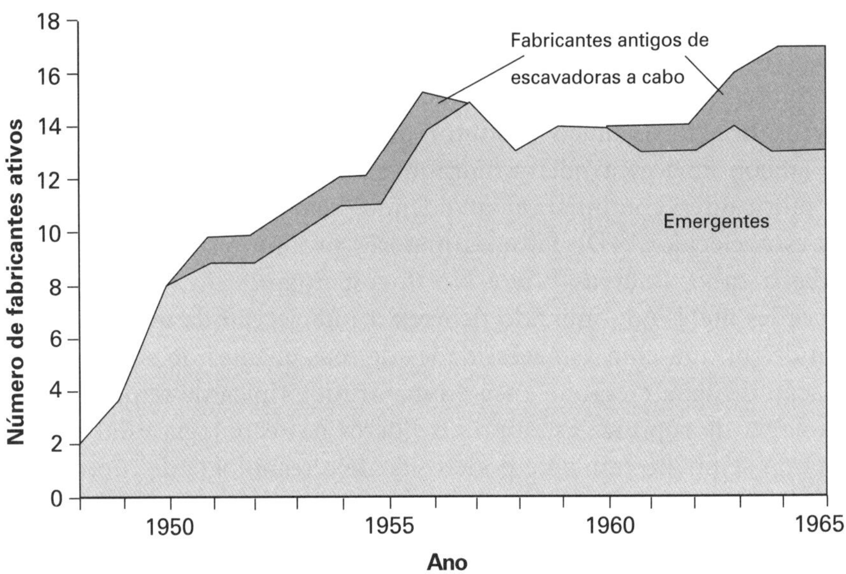

Fonte: Os dados são da Historical Construction Equipament Association.

Em geral, as empresas estreantes de sucesso aceitaram as capacidades da tecnologia hidráulica nos anos 40 e 50 como aplicações para um determinado e cultivado novo mercado, no qual a tecnologia então existente poderia criar valor. E, como regra geral, as empresas estabelecidas viram a situação inversa: Elas se apropriaram das necessidades *do mercado* conforme apresentado e, consequentemente, procuraram adaptar ou melhorar a tecnologia a fim de comercializar a nova tecnologia para os clientes existentes como uma melhoria incremental. As empresas estabelecidas concentravam firmemente seus investimentos inovadores a partir de seus clientes. Os capítulos subsequentes demonstrarão que essa escolha estratégica está presente na maioria dos exemplos de inovação de ruptura. Consistentemente, as empresas estabelecidas tentaram impulsionar a tecnologia para dentro de seus mercados, enquanto as estreantes bem-sucedidas descobriram um novo mercado que valorizava a tecnologia.

Por fim, a tecnologia dos hidráulicos *progrediu* a ponto de corresponder às necessidades das empreiteiras de escavação predominantes. Esse progresso foi alcançado, contudo, pelas empresas estreantes, que haviam descoberto primeiro um mercado para as capacidades iniciais da tecnologia, acumulando projetos e experiência de fabricação naquele mercado, utilizando então aquela plataforma comercial para atacar as redes de valor acima delas. As empresas estabelecidas perderam essa disputa. Apenas quatro empresas de escavadeira a cabo – Insley, Koehring, Little Giant e Link Belt – permaneceram como fornecedoras viáveis para as empreiteiras, ao introduzirem com sucesso, porém com atraso, linhas de escavadeiras hidráulicas para defender seus mercados.[13]

À parte disso, entretanto, as outras líderes na fabricação de grandes máquinas acionadas a cabo, nos mercados predominantes de escavação, nunca introduziram uma escavadeira hidráulica comercialmente bem-sucedida. Embora algumas tenham empregado a hidráulica em grau modesto, como um mecanismo de pá ondulada, faltou-lhes a especialidade no projeto e a posição no custo de fabricação baseado em volume para competir no momento em que a hidráulica invadiu o mercado dominante. Por volta do início dos anos 70, todas essas empresas tinham sido expulsas dos mercados de canalização de água e esgoto e de escavação geral, pelas estreantes. A maioria destas havia refinado, inicialmente, suas capacidades tecnológicas no mercado das pequenas empreiteiras.[14]

O contraste nas estratégias para obter benefícios da mudança caracteriza a abordagem empregada pelas empresas estreantes e pelas estabelecidas em muitos outros setores afetados pelas tecnologias de ruptura – particularmente as de *disk drive*, aço, computadores e carros elétricos.

A ESCOLHA ENTRE HIDRÁULICA E CABO

No mapa da trajetória da Figura 3.3, quando a tecnologia hidráulica se tornou capaz de corresponder às necessidades, quanto ao tamanho das pás, das empreiteiras especializadas em canalização de água e esgoto (e uma trajetória similar poderia ser esboçada para o alcance do braço), as dinâmicas competitivas no setor mudaram e as empreiteiras de escavação dominantes alteraram os critérios pelos quais elas compravam seus equipamentos. Ainda hoje, a arquitetura do equipamento acionado a cabo tem alcance mais longo e levanta maior peso do que as escavadeiras hidráulicas: Suas trajetórias tecnológicas são paralelas. Mas, uma vez que *ambos* os sistemas – o acionado a cabo e o hidráulico – poderiam satisfazer as exigências do mercado tradicional, as empreiteiras de escavação poderiam não mais basear sua escolha de equipamento no alcance mais longo e na pá com maior capacidade. Ambos eram bons o suficiente e o fato de que o cabo era o melhor deixou de ter relevância competitiva.

As empreiteiras descobriram, entretanto, que as máquinas hidráulicas eram muito menos propensas a interrupções do que as escavadeiras acionadas a cabo. Em particular, os que haviam experimentado o estalido ameaçador da vida útil de um cabo, ao suspender uma pá pesada, abraçaram rapidamente a hidráulica, mais confiável, assim que ela foi capaz de realizar o trabalho. Uma vez que ambas as tecnologias eram boas o suficiente nas capacidades básicas exigidas, portanto, a base da escolha do produto no mercado mudou para a confiabilidade. As empreiteiras das redes de água e esgoto começaram a adotar o equipamento hidráulico rapidamente no início dos anos 60 e as empreiteiras da escavação geral o fizeram na mesma década, um pouco mais tarde.

CONSEQUÊNCIAS E IMPLICAÇÕES DA TECNOLOGIA DE RUPTURA HIDRÁULICA

O que saiu errado nas empresas que produziam escavadeiras acionadas a cabo? Claramente, com o benefício da compreensão tardia, elas deveriam ter investido em máquinas hidráulicas e inserido a parte de suas organizações encarregada de produzi-las na rede de valor que necessitavam delas. O dilema em administrar a tecnologia de ruptura no calor da batalha é que nada estava errado dentro dessas empresas. A hidráulica era uma tecnologia de que seus clientes não necessitavam – na verdade, não poderiam utilizar. Cada fabricante de escavadeira acionada a cabo era, no mínimo, um dos vinte fabricantes que faziam de tudo para roubar os clientes uns dos outros: Se eles negligenciassem as necessidades futuras de seus clientes, os negócios existentes teriam sido colocados em risco. Além disso, o desenvolvimento de escavadeiras a cabo maiores, melhores e mais rápidas, para roubar a participação dos competidores existentes, constituía uma oportunidade muito mais óbvia para o crescimento lucrativo do que o risco de investir nas retroescavadeiras hidráulicas, de mercado insignificante, quando ela apareceu nos anos 50. Conforme vimos antes, portanto, essas empresas não fracassaram porque a tecnologia não estava disponível, nem por falta de informação sobre a hidráulica e como utilizá-la; na verdade, a melhor delas utilizou a nova tecnologia, assim que pôde ajudar seus clientes. Elas não fracassaram, tampouco, porque a administração era sossegada ou arrogante. Elas fracassaram porque a hidráulica não fazia sentido – até que fosse tarde demais.

Os padrões do sucesso e do fracasso, que observamos entre as empresas que se depararam com a mudança de tecnologia incremental e de ruptura, são o resultado natural ou sistemático de *boas* decisões administrativas. Esse é, de fato, o motivo pelo qual as tecnologias de ruptura impõem aos inovadores esse dilema. Trabalhar duro, ser mais inteligente, investir mais agressivamente e ouvir com mais perspicácia seus clientes são todas soluções aos problemas apresentadas pelas novas tecnologias incrementais. Mas esses paradigmas de administração segura revelam-se inúteis – e até contraproducentes, em muitos exemplos – ao lidar com a tecnologia de ruptura.

NOTAS DO AUTOR

1. Um resumo de como o mesmo mecanismo pode ter afetado um número maior de setores pode ser encontrado em Richard S. Rosenbloom e Clayton M. Christensen, "Technological Discontinuities, Organizational Capabilities and Strategic Commitments", *Industrial and Corporate Change* (3), 1994, 655-686.
2. Esta informação e os dados utilizados para calcular os gráficos nesta seção foram fornecidos por Dimitre Toth Jr. e Keith Haddock, ambos diretores nacionais do Historical Construction Equipment Association. Os arquivos da associação têm enorme quantidade de informações sobre o setor dos equipamentos de escavação, e Toth e Haddock foram muito gentis em compartilhar seus conhecimentos e informações comigo. Eu estou também em débito com eles por seus comentários úteis sobre os primeiros esboços deste capítulo. Outras fontes úteis de informação são Peter Grimshaw, *Excavatars* (Poole, Inglaterra: Blandford Press, 1985); The Olyslager Organisation, Inc., *Earthmaving Vehicles* (Londres: Frederick Warne & Co., Ltd., 1972); Harold F. Williamson e Kenneth H. Myers, *Designed for Digging: The First* 75 *Years af Bucyrus*

Erie Company (Evanston, IL: Northwestern University Press, 1955); e J. L. Allhands, *Tools of the Earthmover* (Huntsville, TX: Sam Houston College Press, 1951).

3. Curiosamente, a alta taxa de sucesso estava apenas entre as 25 maiores empresas do setor. Apenas uma das sete menores fabricantes de escavadeiras a vapor sobreviveu à mudança tecnológica incremental para a combustão interna a gasolina. Quase nenhuma informação está disponível sobre essas empresas além do que é fornecido por seus catálogos de produto. Suspeito, entretanto, que o fato de empresas de grande e médio portes atravessarem essa transição, enquanto as de pequeno porte eram aniquiladas, indica que os recursos tiveram parte na história, uma conclusão que complementa as perspectivas teóricas resumidas no Capítulo 2. Obviamente, algumas tecnologias incrementais são tão caras de desenvolver e implementar, ou tão dependentes dos direitos de propriedade ou de rara especialidade, que algumas empresas simplesmente não podem administrar com sucesso a transição. Estou em débito com o professor Richard Rosenbloom por compartilhar sua perspectiva sobre essa questão.
4. Um exemplo é o desenvolvimento da primeira escavadeira com caçamba, pela Page, uma empreiteira da área de Chicago. A Page cavou o sistema de canais de Chicago e inventou a escavadeira com caçamba em 1903, para realizar o serviço com maior eficácia. Mais tarde, essas escavadeiras foram utilizadas extensivamente na escavação do Canal do Panamá, ao lado das pás escavadeiras a vapor produzidas pela Bucyrus Erie e Marion. A descoberta de que os clientes eram fontes significativas das inovações incrementais está consistente com as descobertas do professor Eric von Hippel; veja *The Sources af Innavatian* (Nova York: Oxford University Press, 1988).
5. As empresas que sobreviveram à invasão da hidráulica nesta modalidade descobriram um porto seguro em determinado mercado *high-end*. Bucyrus Erie e Marion, por exemplo, tornaram-se produtores importantes de pás de decapagem enormes, utilizadas na mineração de superfície. O modelo 6360, da Marion, era a maior escavadeira a abrir valas para frente jamais construída, capaz de levantar 180 jardas cúbicas em sua pá. (Um anúncio mostrando Paul Bunyan ao lado da 6360 é uma das peças mais surpreendentes da arte de fazer anúncios que eu jamais havia visto.) Harnischfeger é o maior produtor mundial de escavadeiras elétricas para mineração, enquanto a Unit encontrou seu nicho produzindo um enorme pedestal de gruas, utilizadas em equipamentos para plataformas de petróleo. Por um tempo, a Northwest sobreviveu produzindo reboques para dragagem das rotas das embarcações oceânicas. P & H e Lorain produziram enormes guindastes e reboques (todos acionados a cabo).
6. Conforme a escavadeira hidráulica se desenvolveu, essas empresas experimentaram, subsequentemente, vários graus de sucessos. Em 1996, as maiores empresas do mundo, em volume de escavação, Demag e O & K, estavam baseadas na Alemanha.
7. Tecnicamente, as escavadeiras cujas pás escavavam para frente eram *escavadeiras* de força. Esse era o projeto dominante de 1837 ao início de 1900, que persistiu como o maior segmento de mercado durante boa parte do século XX. As escavadeiras que puxam a terra na parte de trás, em direção à cabine, são as *retroescavadeiras*. Quando a escavadeira hidráulica se tornou o projeto dominante durante os anos 70, ambos os tipos vieram a chamar-se máquinas escavadeiras. Até que o acionamento hidráulico exigisse que os paus-de-carga fossem permanentemente anexados à unidade, as

empreiteiras podiam anexar diferentes paus-de-carga ou braços às suas unidades de força, para que a mesma unidade pudesse trabalhar como pá, retroescavadeira ou grua. Similarmente, diferentes pás, algumas vezes chamadas de *dippers,* poderiam ser anexadas para movimentar diferentes tipos de materiais.

8. A verdadeira medida do desempenho em escavação era o número de jardas cúbicas de terra que poderiam ser movidas por minuto. Essa medida, entretanto, dependia tanto da habilidade do operador e do tipo de terra que estava sendo cavada, que as empreiteiras adotaram o tamanho da pá como a métrica mais robusta e passível de verificação.
9. Estes pioneiros britânicos e americanos foram seguidos por diversos fabricantes europeus, cada um deles também um estreante no setor de escavadeiras, incluindo Poclain, da França, e Bruneri Brothers, da Itália.
10. Capacidade de empurrar a pá escavadeira para dentro da terra era a principal vantagem da tecnologia hidráulica. As escavadeiras acionadas a cabo, que puxavam a terra em direção ao operador, tinham de confiar na gravidade para conduzir os dentes da pesada pá para dentro da terra.
11. Os produtores dos antigos transportes oceânicos híbridos – movidos a vapor, mas ainda equipados com velas – utilizavam para seus projetos a mesma lógica dos engenheiros da Bucyrus Erie. A alimentação a vapor ainda não era confiável o suficiente para o mercado transoceânico; então, as fábricas tiveram de recorrer à tecnologia convencional. O advento dos navios movidos a vapor e sua substituição pelos navios equipados com motor de rotação, na navegação transoceânica, são, por si sós, um estudo clássico de tecnologia de ruptura. Quando Robert Fulton navegou no primeiro navio a vapor até o Rio Hudson, em 1819, seu desempenho ficou abaixo do dos veleiros transoceânicos em quase tudo: tinha maior custo por milha para operar; era mais lento e propenso a avarias. Consequentemente, não poderia ser utilizado na rede de valor transoceânica, apenas em uma rede de valor diferente, as vias navegáveis internas, nas quais o desempenho era medido de forma diversa. Em rios e lagos, a capacidade para mover-se contra o vento ou na ausência dele era o atributo mais altamente valorizado pelos capitães dos navios e, no contexto, superava o desempenho do veleiro. Alguns estudiosos (veja, por exemplo, Richard Foster, em *Innovation: The Attacker's Advantage* [Nova York: Summit Books, 1986]) admiraram-se de o quanto eram míopes os produtores dos barcos a vela, que permaneceram com sua tecnologia antiquada até o amargo fim, no início de 1900, ignorando completamente os motores a vapor. Na verdade, nem um único produtor de barco a vela sobreviveu à transição do setor para o motor a vapor. A estrutura da rede de valor oferece uma perspectiva sobre o problema que esses estudiosos parecem ter ignorado, entretanto. Não era um problema de conhecimento sobre os motores a vapor ou de acesso à tecnologia. O pro blema era que os clientes dos fabricantes de barco a vela – os embarcadores transoceânicos não poderiam utilizar navios equipados com motores a vapor até a virada do século. Para desenvolver uma posição na construção de barcos a vapor, os produtores de barcos a vela tiveram que engendrar uma reorientação estratégica maior no mercado de navegação interna, porque ela era a única rede de valor em que os navios a vapor eram valorizados durante todo o século XIX. Consequentemente, foi a relutância ou a inabilidade das empresas em mudar a estratégia, além de sua inabilidade para mudar a tecnologia, que esteve na raiz de seu fracasso diante dos navios equipados com motor a vapor.

12. Uma exceção a isto é um produto não usual, introduzido pela Koehring em 1957: o Skooper combinava cabos e hidráulica para escavar a terra longe de paredes; ele não escavava a terra muito profunda.
13. A Bucyrus Erie também não se ajustou facilmente a estes grupos. Ela introduziu uma escavadeira hidráulica nos anos 1950, mas retirou-a do mercado em seguida. No final dos anos 60, ela adquiriu a linha de retroescavadeiras de carregamento hidráulico "Dynahoe", da Hy-Dynamic Corporation, e vendeu-as como máquinas de utilidade aos seus clientes de escavação geral, mas, novamente, desistiu dessa linha de produto também.
14. Caterpillar foi uma estreante atrasada (mas bem-sucedida) no setor dos equipamentos de escavação com acionamento hidráulico, introduzindo seu primeiro modelo em 1972. As escavadeiras eram uma extensão de sua linha de *dozers*, raspadeiras e graduadores. A Caterpillar nunca participou do mercado das máquinas de escavação quando o acionamento a cabo era o projeto dominante.

CAPÍTULO 4

O que Ascende, Não Pode Cair

Está claro, a partir das histórias do setor de *disk drive* e das máquinas escavadeiras, que as redes de valor não encarceram completamente as empresas dentro de seus limites: Existe uma mobilidade *ascendente* considerável para dentro de outras redes. É na mobilidade restritiva *decrescente*, para dentro de mercados capacitados pelas tecnologias de ruptura, que as redes de valor exercem um poder tão incomum. Neste capítulo, exploraremos essas questões: Por que empresas líderes puderam migrar tão prontamente em direção aos mercados *high-end*, e por que se mover para mercados de menor valor parece ter sido tão difícil? Administradores racionais, como veremos, podem raramente criar um caso convincente para entrar em mercados pequenos, mercados *low-end* insuficientemente definidos, que oferecem somente uma lucratividade menor. De fato, as expectativas para o crescimento e a lucratividade melhorada nas redes de valor do mercado de melhor desempenho frequentemente aparentam ser muito mais atrativas do que a expectativa de permanecer dentro da rede de valor *atual*. Não é incomum ver empresas bem administradas deixando (ou tornando-se não competitivas) seus clientes tradicionais para buscar clientes em pontos de preços mais elevados. Em boas empresas, os recursos e a energia crescem juntos mais rapidamente atrás de propostas para atacar o mercado mais lucrativo com produtos de melhor desempenho, que permitem margens de ganho maiores.

Na verdade, as expectativas para a melhoria do desempenho financeiro movendo-se em direção às redes de valor do mercado de melhor desempenho são tão fortes que se sente uma enorme atração no canto nordeste dos mapas das trajetórias do *disk drive* e da escavadeira. Este capítulo examina o poder dessa "puxada para o nordeste", olhando para a evidência da história do setor de *disk drive*. Ela generaliza então essa estrutura, explorando o mesmo fenômeno na batalha entre os fabricantes das miniusinas e do aço integrado.

A GRANDE MIGRAÇÃO PARA O NORDESTE EM *DISK DRIVES*

A Figura 4.1 representa em detalhes o movimento para o mercado de melhor lucratividade da Seagate Technology, cuja estratégia era típica da maioria dos fabricantes de *disk drive*. Vale lembrar que a Seagate tinha gerado, e então cresceu para dominar, a rede de valor dos computadores de mesa. A posição de seu produto em relação à capacidade demandada em seu mercado é mapeada pelas linhas verticais, que medem da mais baixa para a mais alta capacidade de *drives* numa linha de produto, em cada ano demonstrado. O retângulo preto na linha mede a extensão da capacidade de cada ano, demonstrando a capacidade média anual de *drives* que a Seagate introduziu.

Entre 1983 e 1985, o centro da gravidade da linha de produtos da Seagate estava posicionado justamente na capacidade média demandada no segmento de PC (*desktop*). Foi entre 1987 e 1989 que o formato de ruptura 3,5" invadiu o mercado do PC com desempenho ascendente. A Seagate reagiu ao ataque, combatendo a tecnologia de ruptura de frente, mas reconsiderando o mercado de melhores ganhos. Ela continuou a oferecer modelos nos alcances de capacidades que o mercado de PC de mesa demandava, mas, por volta de 1993, o foco de sua energia tinha mudado claramente para o mercado de computadores de médio alcance, como servidores de arquivo e estações de trabalho de engenharia.

Figura 4.1 Migração de Produtos da Seagate no mercado de melhor desempenho

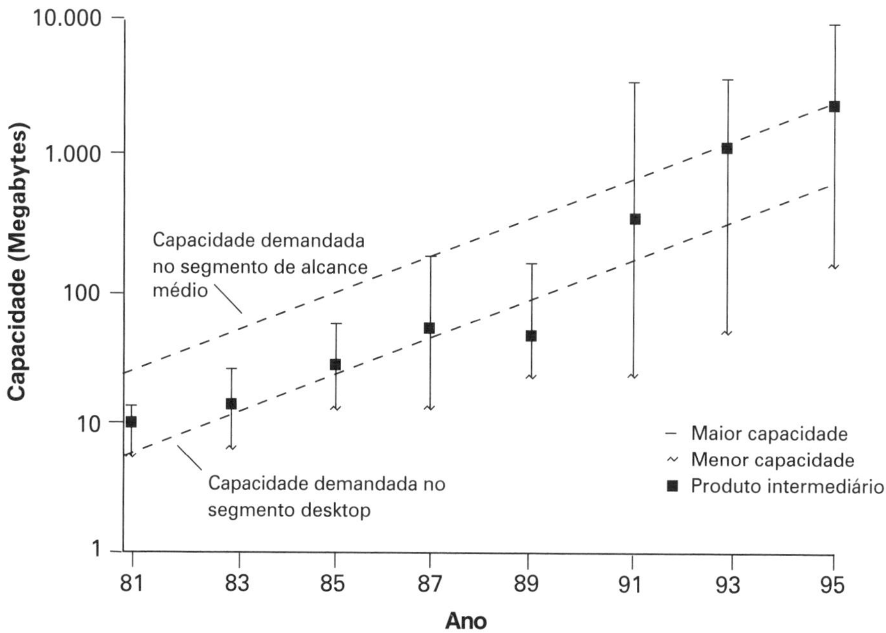

Fonte: Os dados são de vários artigos do *Disk/Trend Report.*

Na verdade, as tecnologias de ruptura tiveram impacto tão devastador porque as empresas que comercializaram primeiro cada geração dos *disk drives* de ruptura escolheram *não* permanecer inseridas dentro de sua rede de valor inicial. Além disso, elas alcançaram os mercados de melhor lucratividade (*upmarket*) tão longe quanto puderam em cada geração de novos produtos, até seus *drives* acumularem capacidade para atrair as redes de valor acima deles. É essa mobilidade ascendente que torna as tecnologias de ruptura tão perigosas para as empresas estabelecidas – e tão atraentes para as estreantes.

REDES DE VALOR E ESTRUTURAS DE CUSTO CARACTERÍSTICA

O que repousa por trás dessa mobilidade assimétrica? Conforme nós já vimos, ela é conduzida pelos processos de alocação de recursos, que direcionam os recursos no sentido de propostas de novos produtos que prometem margens mais altas e mercados maiores. Estes são quase sempre melhores nas porções nordeste dos mapas da trajetória (como nas Figuras 1.7 e 3.3) do que ao sudeste. Os fabricantes de *disk drive* migraram para o canto nordeste do mapa produto-mercado porque os processos de alocação de recursos que eles empregavam os levaram para lá.

Conforme vimos no Capítulo 2, a característica de cada rede de valor é uma estrutura de custo específica, que as empresas dentro dela devem criar para fornecer produtos e serviços dentro da prioridade de demanda de seus clientes. Desse modo, tornando-se grandes e bem-sucedidos dentro de sua rede de valor "doméstica", os produtores de *disk drive* desenvolveram um caráter econômico específico: ajustar seus níveis de esforços e gastos em pesquisa, desenvolvimento, vendas, marketing e administração às necessidades de seus clientes e aos desafios de seus competidores. As margens brutas tenderam a evoluir, em cada rede de valor, para níveis que permitiram aos melhores produtores de *disk drive* ganhar dinheiro, com esses custos de fazer negócios.

Por sua vez, isso proporcionou a essas empresas um modelo muito específico para melhorar a lucratividade. Em geral, elas acharam difícil melhorar a lucratividade cortando custos, enquanto se mantinham de modo imperturbável em seus mercados habituais. Os custos de pesquisa, de desenvolvimento e administrativo, em que estavam incorrendo, eram todos críticos para se manterem competitivos em seus negócios habituais. Mover para o mercado de maior ganho (*upmarket*) em direção a produtos com desempenho mais alto, que prometiam margens brutas maiores, era normalmente o caminho mais direto para melhorar o lucro. Mover para o mercado de menor ganho (*downmarket*) era o anátema para aquele objetivo.

A evidência do caminho em direção à melhoria do lucro é mostrada na Figura 4.2. As três barras à esquerda representam o tamanho das redes de valor do PC (*desktop*), do minicomputador e do computador de grande porte em 1981, e são rotuladas com as margens características apreciadas pelos produtores de *disk drives* em cada uma delas. As margens brutas são claramente maiores em mercados *high-end*, compensando os fabricantes pelos níveis mais altos de despesas gerais, característicos daqueles negócios.

Figura 4.2 Considerações dos mercados de alta e baixa lucratividade *(downmarket / upmarket)* para fabricantes de *disk drive* já estabelecidos

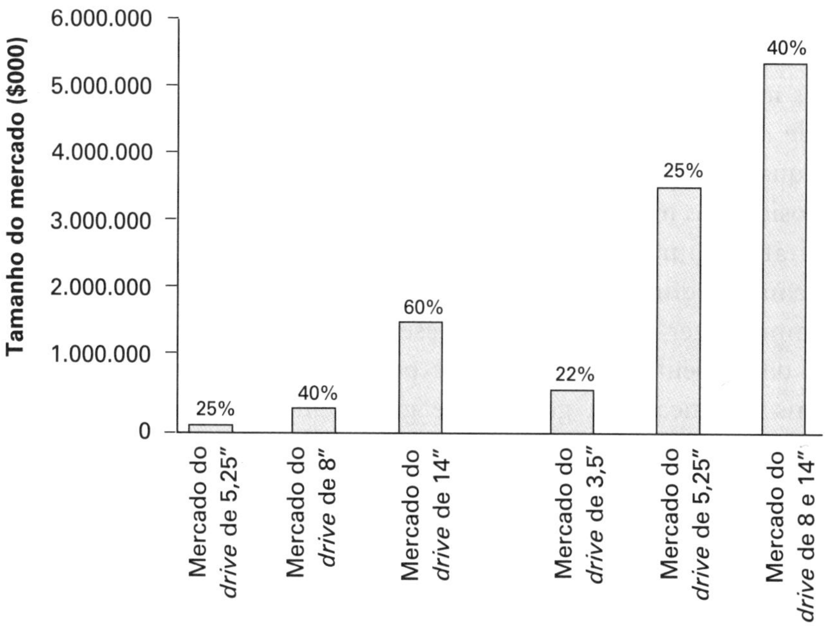

Consideração do mercado de produtores de *drive* de 8" em 1981, quando a rede de valor do computador de mesa de 5,25" estava apenas surgindo.

Consideração do mercado de produtores de *drive* de 5,25" em 1986, quando a rede de valor do computador portátil de 3.5" estava apenas surgindo.

Fonte: Os dados são de vários artigos do *Disk/Trend Report*, relatórios anuais de empresas e dados fornecidos em entrevistas pessoais.
Nota: As porcentagens acima de cada barra indicam as margens brutas típicas em cada rede de valor.

As diferenças no tamanho desses mercados e as estruturas de custo características, por meio dessas redes de valor, criaram assimetrias sérias no combate entre essas empresas. Os fabricantes de *drives* de 8" para o mercado de minicomputadores, por exemplo, tinham estruturas de custo que exigiam margens brutas de 40%. Mover-se agressivamente para o mercado de menor ganho (*downmarket*) os testaria contra os concorrentes que afiaram suas estruturas de custo para ganhar dinheiro com 25% de margens brutas. Por outro lado, mover-se para o mercado de maior ganho (*upmarket*), permitiu-lhes tomar uma estrutura de baixo custo dentro de um mercado que estava acostumado a dar a seus fornecedores margens brutas de 60%. Que direção faria sentido? Os produtores de *drives* de 5,25" se depararam com uma assimetria similar em 1986, quando tiveram de decidir entre gastar seus recursos construindo uma posição no mercado emergente para *drives* de 3,5" em computadores portáteis ou mover-se em direção às empresas de minicomputadores ou de computadores de grande porte.

Comprometer os recursos de desenvolvimento para lançar produtos de desempenho mais alto, que poderiam acumular margens brutas mais significativas, geralmente garantem tanto retornos maiores quanto causam menos esforço. Enquanto os gerentes decidiam reiteradamente a respeito de quais novas propostas de desenvolvimento de novos produtos eles deveriam implementar e quais deveriam arquivar, as propostas para desenvolver produtos de desempenho mais alto, destinados aos mercados maiores e com margens mais altas, imediatamente acima deles, sempre obtinham recursos. Em outras palavras, processos sensatos de alocação de recursos eram a causa da mobilidade ascendente das empresas e da imobilidade dos mercados de ganhos inferiores (*downmarket*), por meio dos limites das redes de valor no setor de *disk drive*.

A análise da regressão hedônica, resumida no Capítulo 2, demonstrou que os mercados, na extremidade superior, pagavam consequentemente significativa elevação de preços pelo incremento de *megabyte* na capacidade. Por que alguém optaria em vender um *megabyte* por menos quando ele poderia ser vendido por mais? A migração das empresas de *disk drive* para o nordeste era, portanto, altamente racional.

Outros estudiosos encontraram, em outros setores, evidência de que as empresas, ao deixarem suas raízes de ruptura na busca de maior lucratividade nas camadas do mercado acima delas, foram adquirindo gradualmente as estruturas de custo exigidas para competir naquelas camadas superiores do mercado.[1] Isso agravou seus problemas de imobilidade descendente.

ALOCAÇÃO DE RECURSOS E MIGRAÇÃO ASCENDENTE

Critérios posteriores em mobilidade assimétrica por meio das redes de valor surgiram das comparações de dois modelos descritivos diferentes de como os recursos são alocados. O primeiro modelo descreve a alocação de recurso como um processo de tomada de decisão racional, de cima para baixo, na qual os altos gerentes pesam as propostas alternativas para investimento em inovação e colocam o dinheiro nos projetos que consideram consistentes com a estratégia da empresa e oferecem mais alto retorno sobre o investimento. Propostas que não correspondem a esses parâmetros são eliminadas.

O segundo modelo de alocação de recursos, articulado primeiramente por Joseph Bower,[2] caracteriza as decisões de forma muito diferente. Bower observa que a maioria das propostas para inovar é gerada, na organização, de baixo para cima. Como as ideias borbulham partindo da base, os gerentes intermediários da organização representam um papel crítico, mas invisível, na adaptação dos projetos inovadores. Esses gerentes não podem assumir e endossar cada ideia que passa por eles; ao contrário, precisam decidir quais são as melhores, quais são as que têm mais probabilidade de ser bem-sucedidas e aprovadas, levando em consideração o clima financeiro, competitivo e estratégico da empresa.

Na maioria das organizações, as carreiras dos gerentes recebem grande impulso quando eles representam o papel-chave de patrocinador de projetos muito bem-sucedidos. Em contrapartida, suas carreiras podem ser permanentemente prejudicadas se eles fizerem maus julgamentos ou tiverem o infortúnio de apoiar projetos que fracassam. Os gerentes intermediários não são penalizados por *todos* os fracassos, é claro. Projetos que fracassam por deficiência técnica, por exemplo, com frequência não são (necessariamente) considerados como fracassos, afinal, porque muito foi aprendido com o esforço e porque o desenvolvimento tecnológico em geral é considerado como empreendimento imprevisível, de probabilidades. Projetos que fracassam, no entanto, porque o *mercado* não estava lá trazem implicações muito mais sérias para as carreiras dos gerentes. Esses fracassos tendem a ser muito mais caros e públicos. Eles ocorrem geralmente após a empresa ter realizado altos investimentos no projeto do produto e na sua fabricação, engenharia, marketing e distribuição. Consequentemente, os gerentes intermediários – agindo em seu próprio interesse e no da empresa – tendem a apoiar os projetos para os quais a demanda do mercado parece mais assegurada. Eles trabalham então para apresentar as propostas para os projetos escolhidos a fim de conseguir a aprovação da alta gerência. Assim, a alta gerência *pensa* que está tomando as decisões de alocação dos recursos, enquanto muitas das decisões realmente críticas desse teor foram de fato tomadas muito antes de a alta administração ser envolvida. Os gerentes intermediários decidem que projetos irão apoiar e levar à alta administração – e quais permitirão que definhem.

Considerem-se essas implicações para uma mobilidade descendente e ascendente bem-sucedida da empresa vindo de sua rede de valor inicial neste exemplo hipotético. Na mesma semana, dois funcionários respeitáveis, um do marketing e outro da engenharia, trabalham duas ideias muito diferentes para novos produtos, determinadas por sua gerência comum, dois níveis acima deles na organização. O funcionário do marketing veio primeiro, com uma ideia para um modelo de maior capacidade e velocidade. A gerência começa seu interrogatório:

> "Quem irá comprá-lo?"
>
> "Bem, existe um segmento inteiro no setor de estação de trabalho – eles compram acima de US$ 600 milhões em *drives* a cada ano –, que nós nunca fomos capazes de atingir, exatamente por nossa deficiência em satisfazer sua demanda. "Eu penso que agora, com este produto, poderemos chegar lá."
>
> "Você trabalhou essa ideia anteriormente com alguns clientes em potencial?".
> "Sim, eu estive na Califórnia na semana passada. Todos eles disseram que queriam protótipos assim que fosse possível. Há uma janela do projeto aberta em nove meses. Eles estiveram trabalhando com seu fornecedor atual concorrente X para ter alguma coisa pronta, mas uma pessoa da equipe do concorrente X, que nós contratamos recentemente, disse que eles estão tendo muitos problemas em encontrar as especificações. Eu realmente acho que nós podemos fazê-lo."
>
> "Mas a *engenharia* acha que podemos fazê-lo?"
>
> "Eles dizem que não será fácil, mas nós os conhecemos. Eles sempre dizem isso."
>
> "Que tipo de margens podemos visualizar até lá?"
>
> "Isto é o que realmente me excita. Se nós podemos construí-lo em nossa fábrica atual, dado o preço por *megabyte* que o competidor X está obtendo, eu penso que podemos conseguir perto de 35%."

Compare essa conversa à da gerente com os engenheiros, cuja ideia é para um *disk drive* de ruptura mais barato, menor, mais lento e de menor capacidade.

"Quem irá comprá-lo?"

"Bem, eu não tenho certeza, mas *deverá* haver um mercado lá fora em *algum* lugar para ele. As pessoas estão sempre querendo coisas menores e menos caras. Eu poderia vê-las utilizando-o em máquinas de fax, impressoras, talvez."

"Você trabalhou essa ideia anteriormente com alguns clientes em potencial?"

"Sim. Quando estava na última feira de exposição, eu esbocei a ideia para um de nossos clientes atuais. Ele disse que estava interessado, mas não podia visualizar como a utilizaria de fato. Hoje, são necessários, realmente, 270 MB para operar tudo, e não há como conseguir esse tipo de capacidade nesta questão – pelo menos, não por enquanto. A resposta dele, aliás, não me surpreende."

"E os sujeitos que fabricam as máquinas de fax? O que eles acham?"

"Bem, eles dizem que não sabem. A ideia é intrigante, mas eles já têm seus produtos muito bem planejados e nenhum deles utiliza *disk drives*."

"Você acredita que podemos ganhar dinheiro nesse projeto?"

"Bem, eu acredito que sim, mas isso depende de como nós pudermos precificá-lo, é claro."

Qual dos dois projetos a gerência de dois níveis acima irá apoiar? No "cabo-de-guerra" pelos recursos de desenvolvimento, os projetos destinados às necessidades explícitas dos atuais clientes ou os que contemplam necessidades de usuários existentes, que um fornecedor ainda não foi capaz de atender, irão *sempre* vencer sobre as propostas para desenvolver produtos para mercados que não existem. Isso porque, na verdade, os melhores sistemas de alocação de recursos são projetados para eliminar ideias incapazes de encontrar mercados grandes, lucrativos e receptivos. De fato, qualquer empresa que *não* tiver uma maneira *sistemática* de destinar seus recursos de desenvolvimento em direção às necessidades de seus clientes, irá fracassar.[3]

O aspecto administrativo mais inquietante desse problema de assimetria em que o caminho mais rápido para o crescimento e o lucro é ascendente, enquanto a maioria dos ataques fatais vem de baixo – é que a "boa" administração, trabalhando árdua e inteligentemente e sendo mais visionária, não resolve o problema. O processo de alocação de recursos envolve milhares de decisões, algumas sutis e outras explícitas, tomadas todos os dias por centenas de pessoas, sobre como seu tempo e o dinheiro da empresa devem ser gastos. Mesmo quando a alta gerência decide adotar uma tecnologia de ruptura, as pessoas na organização provavelmente irão ignorá-la ou, na melhor das hipóteses, cooperar com relutância, se ela não se ajustar aos seus modelos *em* relação ao que leva uma organização ao sucesso e, dentro dela, ao que torna os indivíduos bem-sucedidos. Empresas bem dirigidas não são formadas por pessoas que se deixam manipular, ensinadas a conduzir negligentemente as diretrizes da empresa. Ao contrário, seus funcionários foram treinados para entender o que é bom para a empresa e o que os leva a construir uma carreira de sucesso dentro dela. Funcionários de grandes empresas aplicam sua iniciativa no atendimento dos clientes e na consecução das metas de vendas e lucros. É muito difícil para a gerência motivar pessoas competentes a adotar, com energia e persistência, um curso de ação que para elas não faz nenhum sentido. Um exemplo da história do setor de *disk drive* ilustra o impacto do comportamento do funcionário.

O CASO DO *DISK DRIVE* DE 1.8"

Os gerentes nas empresas de *disk drive* foram muito generosos em me ajudar a conduzir a pesquisa relatada neste livro. Como os resultados começaram a surgir em 1992, eu transcrevi os artigos publicados que resumiam o que eu estava aprendendo. Interessava-me, particularmente, se a estrutura resumida na Figura 1.7 teria impacto sobre suas decisões ao considerar o *drive* de 1,8", que acabava de surgir, então, como a mais recente tecnologia de ruptura, do setor. Para as pessoas do lado de fora do setor, claro, a conclusão era óbvia: "Quantas vezes isso teria de acontecer antes de esses sujeitos aprenderem?! É claro que eles têm de fazê-lo." Esses sujeitos realmente, de fato, aprenderam. Aproximadamente no final de 1993, cada um dos líderes na fabricação de *disk drive* tinha desenvolvido modelos de 1,8" e estava pronto a introduzi-los se e quando o mercado evoluísse.

Em agosto de 1994, em visita a uma das maiores empresas de *disk drive*, perguntei ao CEO o que sua empresa estava fazendo a respeito do *drive* de 1,8". Isso claramente acionou um botão de emergência. Ele apontou para uma prateleira em seu escritório onde guardava uma amostra do *drive* de 1,8". "Você vê aquilo?", ele apontou. "Aquilo é a *quarta geração* de *drives* de 1,8" que nós desenvolvemos – cada um com mais capacidade do que o último. Mas não temos vendido nada. Nós queremos estar prontos para quando o mercado deles, que ainda não existe, estiver ali." Eu contra-argumentei mencionando que o *Disk/Trend Report* – uma publicação sobre pesquisa de mercado altamente considerada e a fonte de muitos dos dados utilizados em meu estudo – tinha medido o mercado de 1993 em US$ 40 milhões, e estimava que as vendas, em 1994, seriam de US$ 80 milhões, e que o volume previsto para 1995 seria de US$ 140 milhões.

"Eu sei que é isso o que eles pensam", ele respondeu. "Mas eles estão errados. Não existe um mercado. Nós temos mantido aquele *drive* em nossos catálogos por 18 meses. Todos sabem que o temos, mas ninguém o quer. O mercado simplesmente não existe. Nós somente tomamos a dianteira." E eu não tive nenhum outro fundamento para alicerçar meu ponto de vista com esse gerente, um dos mais astutos que já conheci. Nossa conversa moveu-se para outras questões.

Aproximadamente um mês após, eu liderava a discussão de um caso no curso de tecnologia e administração de operações do programa de MBA da Harvard, sobre o desenvolvimento de um novo motor da Honda. Um dos alunos na classe tinha trabalhado anteriormente na organização de pesquisa e desenvolvimento daquela empresa; então eu pedi a ele que dissesse brevemente à classe o que ele havia apreciado trabalhando lá. Ele contou que tinha trabalhado nos sistemas de navegação e painéis de mapeamento. Eu não pude resistir e o interrompi, perguntando: "Como você armazena todos os dados para os mapas?"

Disse o aluno: "Nós descobrimos um pequeno *disk drive* de 1,8" e o colocamos lá. É realmente puro – quase um dispositivo em estado sólido, com pouquíssimas partes móveis. Realmente robusto".

"De quem vocês o compravam?", pressionei.

"É um tanto engraçado", ele respondeu. "Você não pode comprá-lo de qualquer uma das grandes empresas de *disk drive*. Nós o conseguimos de uma pequena empresa iniciante, situada em algum lugar no Colorado – cujo nome não consigo lembrar."

Desde então, tenho refletido sobre por que aquele dirigente insistiria tão resolutamente em que não havia mercado para os *drives* de 1,8". Certamente existia. E por que meu aluno diria que os grandes produtores não vendiam esses *drives*, embora eles igualmente tivessem tentado. A resposta situa-se no problema "nordeste-sudeste", e no papel que as centenas de tomadores de decisão, bem treinados em uma boa companhia, representam no afunilamento de recursos e energia para os projetos que eles entendem que irão trazer maior crescimento e lucro para a empresa. O CEO decidira que a empresa logo pegaria a nova onda de ruptura e tinha tomado conta do projeto por meio de um projeto bem-sucedido e econômico. Mas, entre os funcionários, não havia nada sobre US$ 80 milhões que, no mercado *low-end*, resolveram os problemas de crescimento e lucratividade de uma empresa de vários bilhões de dólares – especialmente quando competidores capazes de fazer tudo poderiam roubar seus clientes, fornecendo aqueles bilhões. (O valor da receita está disfarçado.) E longe, no extremo oposto da empresa, não havia nada sobre fornecer quantidades de protótipos de *drives* de 1,8" para uma montadora de carros que resolvesse o problema de reunir os vendedores, as 1994 quotas de vendedores cujos contatos e especialidades foram baseados tão solidamente no setor de computadores.

Logicamente, para uma organização executar tarefa tão complexa quanto lançar um novo produto, energia e ímpeto devem unir-se ao esforço. Por essa razão, não são apenas os *clientes* que mantêm uma empresa estabelecida cativa às suas necessidades. Empresas estabelecidas são também prisioneiras da estrutura financeira e da cultura organizacional inerente à rede de valor na qual elas competem – uma prisão que pode bloquear qualquer análise racional para o investimento adequado na próxima onda da tecnologia de ruptura.

REDES DE VALOR E VISIBILIDADE DE MERCADO

O ímpeto para deslocar-se rumo ao mercado superior pode ser particularmente poderoso quando os clientes de uma empresa estiverem migrando para esse mercado. Em tais circunstâncias, os fornecedores de um componente intermediário, como um *disk drive*, podem não sentir sua migração para o nordeste, porque eles estão inseridos entre competidores e clientes que experimentam um deslocamento similar.

Sob esse aspecto, nós podemos ver o quanto teria sido fácil para os líderes na fabricação de *disk drive* de 8" – Priam, Quantum e Shugart – perder a geração de *drives* de 5,25". Nem um único de seus principais clientes, por exemplo, Digital Equipment, Prime Computer, Data General, Wang Laboratories e Nixdorf, introduziu com êxito um computador de mesa. Em vez disso, cada um se movia *por conta própria* para o mercado de maior lucratividade (*upmarket*) cada vez mais em direção aos segmentos de maior desempenho, tentando vencer os negócios dos clientes que, historicamente, tinham utilizado computadores de grande porte. Similarmente, nem um único cliente dos fabricantes de *drive* de 14" – produtores de grandes computadores como Univac, Burroughs, NCR, ICL, Siemens e Amdahl – jamais fez movimento audacioso em direção ao mercado de menor lucratividade (*downmarket*) em minicomputadores, para tornar-se um personagem importante nessa posição.

Três fatores – a promessa das margens do *upmarket*, o movimento para o *upmarket* simultâneo de muitos clientes de uma empresa e a dificuldade em cortar custos para adequar-se à lucratividade do *downmarket* – criaram, em conjunto, barreiras poderosas para a mobilidade do *downmarket*. Nos debates internos sobre alocação de recursos para o desenvolvimento de novos produtos, portanto, as propostas para adotar tecnologias de ruptura geralmente perdem para as propostas de mover-se para o *upmarket*. De fato, cultivar uma abordagem sistemática para eliminar iniciativas de desenvolvimento de novos produtos, que, provavelmente, terão lucros inferiores, é um dos mais importantes empreendimentos de qualquer empresa bem administrada.

Uma implicação estratégica importante desse padrão racional do movimento para o *upmarket* é que ele pode criar vácuos nas redes de valor do *low-end*, que seduzem as empresas estreantes com tecnologias e estruturas de custo mais bem ajustadas à competição. Um desses poderosos vazios do *downmarket* ocorreu no setor do aço; por exemplo, quando empresas estreantes empregaram a tecnologia de ruptura do processo de miniusina, elas entraram direto através do *low-end* e, desde então, atacaram implacavelmente o *upmarket*.

A MIGRAÇÃO DO AÇO INTEGRADO PARA O NORDESTE

O aço da miniusina, produzido inicialmente, tornou-se comercialmente viável em meados dos anos 60. Empregando tecnologia e equipamento amplamente disponível e familiar, a miniusina fundia os refugos de aço em fornos de arco elétrico, modelando-os continuamente, dando-lhes formas intermediárias – chamadas de barras de aço brutas – e, então, transformando-os em barras, vergalhões, vigas ou lâminas. As miniusinas *(minimills)* são assim chamadas porque sua escala, na qual se produz o aço derretido competitivo no custo do refugo, é menor do que um décimo da escala exigida pela usina integrada, para produzir aço derretido competitivo no custo, a partir do minério de ferro, em altos-fornos e fornos de oxigênio básico. (Usinas integradas tomam seu nome dos processos integrados de transformação do minério de ferro, carvão vegetal e pedra calcária em moldes de aço final.) Usinas integradas e miniusinas são muito semelhantes em seus processos contínuos de fundição e operações de laminação. A escala é a única diferença. A produção dos altos-fornos, dimensionados eficientemente, exige que as operações de fundição e laminação das usinas integradas sejam bem maiores do que as das miniusinas.

Nas miniusinas da América do Norte, estão os produtores mais eficientes e com o menor custo do aço em todo o mundo. Em 1995, as miniusinas mais eficientes exigiram 0,6 horas de trabalho por uma tonelada de aço produzido; a melhor usina integrada exigiu 2,3 horas de trabalho. Nas categorias de produto em que competem a miniusina e a usina integrada, a primeira pode fabricar produto de qualidade equivalente, na base do custo integralizado, em média aproximadamente de 15% inferior à da segunda. Em 1995, custou cerca de US$ 400 milhões para construir miniusinas de aço a custos competitivos e cerca de US$ 6 bilhões para construir uma fábrica integrada de custo competitivo.[4]

Em termos de custo capital por tonelada de capacidade de fabricação de aço, as usinas integradas são quatro vezes mais dispendiosas.[5] Consequentemente, a participação das miniusinas no mercado da América do Norte cresceu do nada em 1965 para 19% em 1975, 32% em 1985 e 40% em 1995. Os especialistas estimam que elas irão contabilizar a metade de toda a produção de aço na virada do século.[6] As miniusinas virtualmente dominam os mercados da América do Norte de barras, vergalhões e vigas para estruturas.

Até agora, nenhuma das principais empresas integradas de aço do mundo construiu uma fundição empregando a tecnologia da miniusina. Por quê? A explicação mais frequente divulgada pela imprensa comercial, especialmente nos Estados Unidos, é que os gerentes das companhias integradas são conservadores, relutantes, têm aversão a riscos e são incompetentes. Considere estas acusações.

> No ano passado, a U. S. Steel Corp. fechou 15 de suas fábricas, reclamando que elas tinham se tornado "não competitivas". Três anos atrás, a Bethlehem Steel Corp. paralisou os principais setores de suas fábricas em Johnstown, PA, e Lackawanna, NY... O fechamento dos principais complexos de aço é o reconhecimento dramático final, dos executivos de hoje, de que a administração não tem realizado seu trabalho. Ela representa décadas de maximização de lucros para obter apenas resultados de curto prazo.[7]
>
> Se a indústria de aço dos Estados Unidos fosse tão produtiva em toneladas por homem-hora como é na retórica por problema, seria uma realizadora de primeira ordem.[8]

Seguramente, existe alguma verdade nessas acusações. Mas a incompetência administrativa não explica completamente o fracasso das siderúrgicas integradas da América do Norte nem se opõe à conquista de vastas porções do setor do aço pelas miniusinas. *Nenhuma,* entre as que a maioria dos especialistas considera as mais bem administradas e mais bem-sucedidas fabricantes de aço integradas do mundo – incluindo Nippon, Kawasaki e NKK no Japão; British Steel e Hoogovens na Europa; e Pohang Steel na Coreia –, investiu na tecnologia da miniusina, apesar de ela ser, comprovadamente, a tecnologia de menor custo no mundo.

Ao mesmo tempo, na última década, as equipes de administração das usinas integradas deram passos agressivos para aumentar a eficácia da fábrica. A USX, por exemplo, melhorou a eficiência das operações de produção de aço de mais de nove horas de trabalho por tonelada de aço produzido, em 1980, para pouco menos de três horas por tonelada, em 1991. Ela realizou isso atacando ferozmente o tamanho da força de trabalho, restringindo-o de mais de 93 mil em 1980 para menos de 23 mil em 1991, e investindo mais de US$ 2 bilhões para modernizar sua fábrica e equipamento. Além de tudo, essa agressividade administrativa foi alcançada nas formas convencionais da fabricação de aço. Como pode ser isto?

A fabricação de aço a partir do refugo moído é uma tecnologia de ruptura.

Quando surgiu, nos anos 60, em virtude de utilizar refugo de aço, ela produziu aço de qualidade inferior. As propriedades de seus produtos variavam de acordo com a composição metalúrgica e as impurezas do refugo. Consequentemente, o único mercado a que os produtores desse tipo de aço poderiam atender era o dos vergalhões de aço reforçados (*rebars*) – direto ao fundo do mercado, em termos de qualidade, custo e margens.

Esse mercado era o menos atrativo entre os atendidos pelos produtores de aço estabelecidos. E não apenas as margens eram baixas, mas os clientes eram menos leais: eles trocariam de fornecedor quando quisessem, negociando com quem oferecesse o menor preço. Os produtores de aço integrados estavam quase aliviados por livrar-se do negócio de vergalhão reforçado.

As miniusinas, entretanto, visualizaram o mercado do vergalhão reforçado de modo muito diferente. Suas estruturas de custo eram bastante diversas daquelas das usinas integradas: pequena depreciação e nenhum custo em pesquisa e desenvolvimento, despesas de vendas baixas (contas telefônicas, na maioria das vezes) e mínimos gastos administrativos gerais. Eles poderiam vender por telefone virtualmente todo o aço que pudessem produzir – e vendê-lo com lucratividade.

Uma vez estabelecidas no mercado do vergalhão reforçado, as miniusinas mais agressivas, especialmente a Nucor e a Chaparral, desenvolveram uma percepção do mercado de aço como um todo muito diferente da visão que as usinas integradas mantinham. Considerando o território do vergalhão reforçado no *downmarket*, elas entenderam que o tinham visto como um mercado especialmente não atrativo aos seus competidores integrados. As percepções das miniusinas com relação ao *upmarket* mostraram que as oportunidades para maiores lucros e expansão das vendas estavam todas acima delas. Com esse incentivo, elas trabalharam para melhorar a qualidade metalúrgica e a consistência de seus produtos e investiram em equipamento para produzir fôrmas maiores.

Conforme o mapa da trajetória indica na Figura 4.3, as miniusinas atacaram em seguida os mercados dos vergalhões, barras e cantoneiras de ferro maiores, acima delas. Por volta de 1980, elas tinham conquistado 90% do mercado de vergalhão reforçado e mantido cerca de 30% dos mercados de vergalhões, barras e cantoneiras de ferro. Na época do ataque das miniusinas, as fôrmas do vergalhão, da barra e da cantoneira de ferro trouxeram as menores margens nas linhas de produto das usinas integradas. Como consequência, os produtores de aço integrados ficaram, novamente, aliviados por livrar-se do negócio, e, aproximadamente, em meados dos anos 80, esse mercado pertencia às miniusinas.

Uma vez assegurada sua posição no mercado de vergalhão, barras e cantoneiras de ferro, as miniusinas continuaram sua marcha para o *upmarket*, desta vez em direção às vigas para estruturas. A Nucor ocupou-se disso a partir de uma nova fábrica em Arkansas, e a Chaparral lançou seu ataque de uma nova usina adjacente à sua primeira, no Texas.

Figura 4.3 O Progresso da Tecnologia de Ruptura da Miniusina de Aço

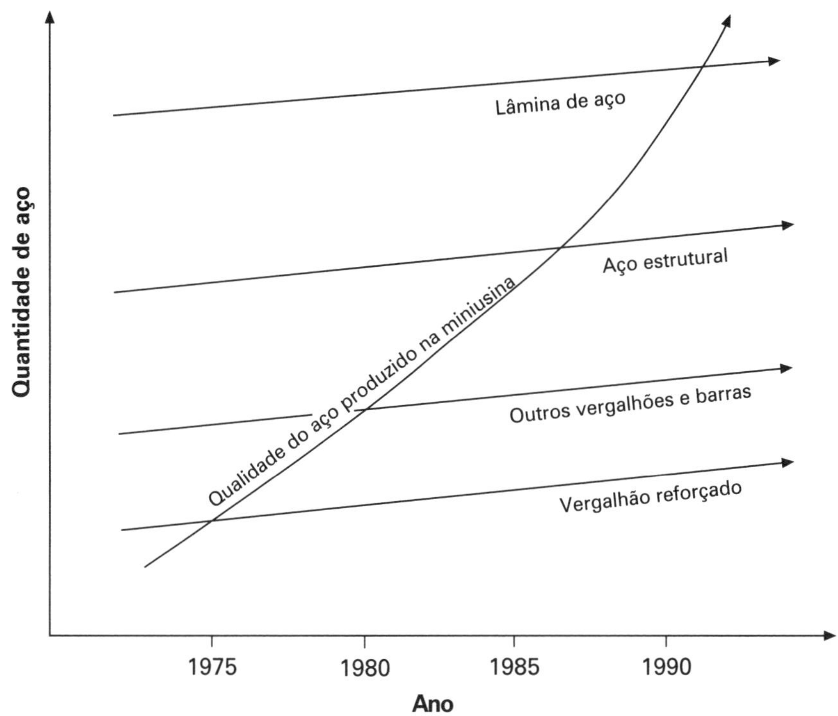

As usinas integradas foram retiradas também desse mercado pelas miniusinas. Em 1992, a USX fechou sua usina de aço estrutural do Sul de Chicago, deixando a Bethlehem como o único produtor de aço estrutural na América do Norte. A Bethlehem fechou sua última fábrica de vigas para estrutura em 1995, deixando o campo para as miniusinas.

Uma parte importante dessa história é que, ao longo dos anos 80, como eles estavam cedendo os negócios do vergalhão e da barra para as miniusinas, os produtores de aço integrados experimentaram dramaticamente uma melhora no lucro. As empresas não estavam apenas atacando o custo, elas estavam abandonando seus produtos com margens menores e concentrando-se crescentemente em laminadoras de aço de alta qualidade, pois os fabricantes de latas, carros e utensílios suscetíveis à qualidade pagavam preços com ágio para o aço metalurgicamente consistente e sem defeitos na superfície. Na verdade, a melhor parte dos investimentos das usinas integradas nos anos 80 tinha sido empregada na melhoria de suas habilidades em fornecer, aos clientes mais exigentes nesses três mercados, um produto da mais alta qualidade e fazê-lo com lucratividade. Mercados de lâminas de aço eram um ancoradouro atrativo para os produtores integrados; em parte, porque eles estavam protegidos da competição das miniusinas. Custou aproximadamente US$ 2 bilhões para construir uma usina de laminação de lâminas de aço de última geração, competitiva no custo; e esse capital gasto simplesmente tinha sido demasiado mesmo para comparar a maior das miniusinas.

Atingir o fim do ágio no mercado agradou os investidores das usinas integradas. Por exemplo, o valor de mercado da Bethlehem Steel tinha saltado de US$ 175 milhões em 1986 para US$ 2,4 bilhões em 1989. Isso representou um retorno muito atrativo sobre US$ 1,3 bilhão que a empresa investiu em P&D, fábrica e equipamento durante o período. A imprensa comercial apreciou generosamente esses investimentos agressivos e bem posicionados.

> Walter Williams (CEO da Bethlehem) realizou milagres. No decurso de três anos, ele montou uma campanha altamente pessoal para melhorar a qualidade e a produtividade dos negócios básicos em aço da Bethlehem. A metamorfose da empresa excedeu até mesmo seus maiores competidores nos Estados Unidos – como um todo, ela está agora produzindo a custos menores que os de seus rivais japoneses e está fechando rapidamente a lacuna da quali dade. Os clientes notaram a diferença. *"Foi simplesmente um milagre", diz um comprador de alto nível de lâminas de aço* na Campbell Soup. (Itálicos do autor)[9]

Um outro analista fez observações similares:

> Enquanto quase ninguém estava olhando, um milagre ocorreu: a Big Steel está realizando um silencioso retorno. Gary Works (US Steel) está de volta em grande estilo... despejando um rio incandescente de ferro derretido a uma proporção de 3 milhões de toneladas por ano – um recorde norte-americano. Equipes do sindicato de administração dos problemas e soluções estão em todo lugar. Em

vez de produzir aço em todas as formas e tamanhos, *Gary concentrou-se quase inteiramente em aço de maior valor, com laminação plana.* [Itálicos do autor][10]

Quase todos nós gostaríamos de concordar que essas recuperações notáveis foram frutos da boa administração. Mas onde a boa administração nesse *gênero* lidera essas empresas?

FUNDIÇÃO DE PLACA FINA EM MINIUSINA PARA AÇO LAMINADO

Enquanto os produtores de aço integrados estavam ocupados planejando sua recuperação, mais nuvens de ruptura reuniram-se no horizonte. Em 1987, um fornecedor de equipamento alemão para o setor do aço, Schloemann-Siemag AG, anunciou que tinha desenvolvido o que chamou de tecnologia para "fundição contínua de placa fina" – uma forma de o aço ser continuamente fundido de seu estado derretido em placas longas e finas que poderiam ser transportadas diretamente, sem resfriamento, para dentro de uma laminadora. Transformar a incandescente e já fina placa de aço à espessura final de um rolo de uma lâmina de aço era muito mais simples do que a tarefa tradicional, dominada pelas usinas integradas, de reaquecimento e laminação de grossos lingotes ou placas. O mais importante: uma fundição contínua de placas finas com custo competitivo poderia ser construída por menos de US$ 250 milhões – um décimo do custo de uma usina laminadora tradicional e um investimento relativamente administrável para um produtor de uma miniusina de aço. Nessa escala, um forno de arco elétrico poderia facilmente fornecer a quantidade necessária de aço derretido. Além do mais, a fundição de placa fina prometia, no mínimo, uma redução de 20% no custo total da produção de lâminas de aço.

Por causa dessa promessa, a fundição de placa fina foi cuidadosamente avaliada pelos maiores protagonistas do setor do aço. Algumas usinas integradas, como a USX, trabalharam arduamente para justificar a instalação de uma fábrica de placa fina.[11] No final, entretanto, foi a miniusina Nucor Steel, melhor do que as usinas integradas, que fez a arrojada mudança para dentro da fundição de placa fina. Por quê?

No princípio, a tecnologia da fundição de placa fina poderia não oferecer a superfície final lisa, sem defeitos, exigida pelos clientes tradicionais das usinas integradas (fabricantes de latas, montadoras de carros e utensílios). Os únicos mercados eram aqueles das construções de coberturas e aços corrugados para bueiros, tubulações e estruturas Quonset (*Quonset huts*)*[8], nos quais os usuários eram mais sensíveis ao preço do que a defeitos na superfície. A fundição de placa fina era uma tecnologia de ruptura. Além disso, os grandes, capazes e vorazes competidores integrados estavam muito ocupados tentando roubar os negócios lucrativos uns dos outros, diante de grandes empresas montadoras, de utensílios e produtoras de latas. Não fazia sentido para eles destinar o capital de investimento em fundição de placa fina, da forma como estava posicionada, menos lucrativa, mais competitiva no preço e como um produto *commodity* final de seus negócios. Na verdade, entre 1987 e 1988, após considerar seriamente investir em fundição de placa fina, a um valor então projetado como em torno de US$ 150 milhões, ambos, Bethlehem e USX, escolheram investir em fundições contínuas de placa fina convencional, a um custo de US$ 250 milhões, para proteger e aumentar a lucratividade dos negócios com seus clientes tradicionais.

Sem surpreender, a Nucor visualizou a situação de outra maneira. Não estando sobrecarregada pelas exigências de clientes lucrativos nos negócios de lâminas de aço e beneficiando-se de uma estrutura de custo formada na parte inferior do setor, a Nucor lançou a primeira unidade do mundo de processamento contínuo de aço laminado fino em Crawfordsville, Indiana, 1989, construindo a segunda em Arkansas, 1992. Aumentou sua capacidade nas duas instalações em 80%, em 1995. Os analistas estimam que a Nucor capturou 7% do mercado norte-americano de chapas em 1996. Isso não preocupou as usinas integradas porque o sucesso da Nucor se limitou aos produtos do tipo *commodity*, de menor lucratividade de sua linha de produtos. Mas é claro que, com o passar do tempo, a Nucor no seu esforço de ganhar mercados de margem de lucro maior com produtos de qualidade superior aperfeiçoou a qualidade da superfície de seu aço laminado.

Desse modo, a marcha das empresas de aço integradas para o lucrativo quadrante nordeste do setor do aço é uma história de investimento agressivo, tomada de decisão com base na análise racional, total atenção às necessidades dos clientes tradicionais e lucros recordes. É o mesmo dilema da inovação que confundiu os líderes na fabricação de *disk drives* e máquinas escavadeiras mecânicas. Decisões administrativas seguras são a verdadeira causa de suas iminentes quedas da liderança do setor.

NOTAS DO AUTOR

1. O processo de se mover rumo às camadas mais altas do mercado e então agregar os custos para sustentar os negócios àquele nível foi descrito pelo professor Malcom P. McNair, da Harvard Business School, de maneira notavelmente análoga à história do *disk drive*. Inserida na história do varejo, McNair descreve como as sucessivas ondas de varejistas entraram para o campo com tecnologias de ruptura (embora ele não utilize o termo):

> A força propulsora revolve, algumas vezes lentamente, outras de modo mais rápido, mas ela não permanece imóvel. O ciclo começa frequentemente com o audacioso conceito novo, a inovação. Alguém tem uma brilhante ideia nova. Existe um John Wanamaker, um George Hartford (A&P), um Frank Woolworth, um W. T. Grant, um general Wood (Sears), um Michael Cullen (supermercados), um Eugene Ferkauf. Dessa maneira, um inovador tem uma ideia para um novo tipo de empresa distributiva. No princípio, ele tem má reputação, é ridicularizado, desprezado e condenado como "ilegítimo". Os banqueiros e os investidores ficam em alerta a respeito dele. Mas ele atrai o público na base do apelo ao preço, possibilitado pelos baixos custos de operação inerentes à sua inovação. À medida que segue adiante, ele explora, melhora a qualidade de sua mercadoria, melhora a aparência e, estando em condições de uso, consegue maior respeitabilidade...
>
> Durante esse processo de crescimento, a instituição torna-se rapidamente respeitável aos olhos de ambos, consumidores e investidores, mas ao mesmo tempo seu investimento de capital cresce e seus custos operacionais tendem a subir. Então, a instituição entra no estágio da maturidade, fase que logo tende a ser seguida por maior acomodação e eventual vulnerabilidade. Vulnerabilidade a quê? Vulnerabilidade ao próximo contemporâneo com uma ideia brilhante, que começa seu negócio com base em custos baixos e move-se sob a proteção levantada pelas instituições conservadoras.

   Veja Malcom P. McNair, "Significant Trends and Developments in the Post-War Period", em Albert B. Smith, ed., *Competitive Distribution in a Free High-Level Economy and Its Implications for the University* (Pittsburgh: University of Pittsburgh Press, 1958), 17-18. Em outras palavras, os custos exatos exigidos para se tornar competitivo em mercados da extremidade superior restringem a mobilidade decrescente e criam incentivos futuros para o movimento ascendente.
2. Joseph Bower, *Managing the Resource Allocation Process* (Homewood, IL: Richard D. Irwin, 1970).
3. O uso do termo *sistemático* nesta sentença é importante, porque a maioria dos sistemas de alocação de recursos trabalha de maneira sistemática – seja o sistema formal ou informal. Será demonstrado posteriormente, neste livro, que a chave da habilidade dos gerentes, para confrontar com êxito a tecnologia de ruptura, é sua competência em intervir e tomar decisões para alocação de recursos, de modo pessoal e persistente. Os sistemas de alocação são projetados para eliminar exatamente as propostas que privilegiam as tecnologias de ruptura. Uma descrição excelente desse dilema pode ser encontrada em Roger Martin, "Changing the Mind of the Corporation", *Harvard Business Review,* novembro/dezembro 1993, 81-94.
4. Por causa do lento crescimento na demanda do aço em muitos mercados do mundo, poucas usinas integradas de aço foram construídas nos anos 90. Elas estão em alto crescimento, desenvolvendo-se rapidamente países como Coreia, México e Brasil.

5. O professor Thomas Eagar do Departamento da Ciência de Materiais no Massachusetts Institute of Technology forneceu estas estimativas.
6. "The U. S. Steel Industry: An Historical Overview", *Goldman Sachs U. S. Research Report, 1995.*
7. "What Caused the Decline", *Business Week,* 30 de junho, 1980, 74.
8. Donald B. Thompson, "Are Steel's Woes Just Short-term", *Industry Week,* 22 de fevereiro, 1982, 31.
9. Gregory L. Miles, "Forging the New Bethlehem", *Business Week,* 5 de junho, 1989, 108-110.
10. Seth Lubove e James R. Norman, "New Lease on Life", *Forbes,* 9 de maio, 1994, 87.
11. A experiência da equipe na U. S. Steel, que se encarregou de avaliar a tecnologia da fundição contínua da placa fina, está registrada no estudo de caso da Harvard Business School "Continuous Casting Investiments at USX Corporation", nº 697-020.

NOTA DO REVISOR TÉCNICO

*8. *Quonset huts* ou coberturas/estruturas leves pré-fabricadas de chapas corrugadas (caneladas/onduladas) de ferro ou aço galvanizado são utilizadas na construção rápida de barracões, armazéns, estufas, estruturas provisórias para abrigos, etc. devido suas facilidades de transporte (por partes) e de montagem (não requer obrigatoriamente mão de obra especializada).

Parte 2

ADMINISTRANDO A MUDANÇA TECNOLÓGICA DE RUPTURA

Na busca por razões que tantas empresas poderosas em três setores muito diferentes tropeçaram ou fracassaram, a pesquisa resumida nos capítulos precedentes lança incertezas sobre diversas explicações convencionais que outros pesquisadores ofereceram. Não era o caso dos engenheiros das empresas líderes, com tendência a se fixar em um paradigma tecnológico específico ou a ignorar as inovações que "não foram inventadas aqui". A causa do fracasso não pode ser atribuída unicamente à competência inadequada das empresas estabelecidas em novos campos tecnológicos ou à suas inabilidades em permanecer no topo dos "deslizamentos de terra tecnológico" de seu setor. Esses problemas, certamente, afligem algumas empresas. Como regra geral, porém, é muito forte a evidência de que, quanto mais a nova tecnologia foi exigida para satisfazer as necessidades de seus clientes, as empresas estabelecidas foram capazes de reunir a especialidade, o capital, os fornecedores, a energia e a análise racional para desenvolver e implementar, competitiva e efetivamente, a tecnologia necessária. Isso tem sido verdadeiro tanto para os avanços incrementais quanto para os radicais; para projetos que consumiram meses como para aqueles que duraram mais de uma década; nos *disk drives*, de ritmo rápido; no setor de escavadeira mecânica, de ritmo mais lento; e no processo intensivo do setor do aço.

Provavelmente, a consequência mais importante desta tentativa em definir o problema é que desprezaram a precária administração como uma causa fundamental. Novamente, isto não é para dizer que boa e má administração não são fatores-chave, que afetam os destinos das empresas. Como explicação geral, no entanto, os gerentes das empresas estudadas aqui tiveram um grande registro da trajetória nas questões sobre o entendimento das necessidades futuras dos clientes, identificando as tecnologias que poderiam melhor satisfazer aquelas necessidades, e os investimentos para desenvolvê-las e implementá-las. Eles fracassaram somente quando confrontados com a tecnologia de ruptura. Tinha que haver aí, portanto, uma razão pela qual bons gerentes tomaram as decisões erradas ao se deparar com a mudança tecnológica de ruptura.

A razão é que a *boa administração por si só* foi a causa fundamental. Os gerentes conduziram o jogo do modo que se presumia que ele deveria ser jogado. A própria tomada de decisão e os processos de alocação de recursos, que são a chave do sucesso das empresas estabelecidas, são os mesmos processos que rejeitam as tecnologias de ruptura: ouvir atentamente os clientes, rastrear cuidadosamente as ações dos concorrentes e investir recursos para projetar e construir produtos de alto desempenho e alta qualidade, que renderão maiores lucros. Essas são as razões pelas quais as grandes empresas pisam em falso ou fracassam quando se confrontam com a mudança tecnológica de ruptura.

Empresas bem-sucedidas *querem* seus recursos concentrados em atividades que satisfaçam as necessidades dos clientes, prometam lucros mais altos, sejam tecnologicamente praticáveis e os ajudem a representar seus papéis em mercados substanciais. Agora, esperar que os processos que realizam tudo isso *também* estimulem as tecnologias de ruptura – concentrando recursos em propostas que os clientes rejeitam, que oferecem lucros menores, que têm desempenho inferior em relação às tecnologias existentes e podem ser vendidas apenas em mercados insignificantes – é semelhante a sacudir um dos braços de alguém com asas amarradas a eles na tentativa de voar. Essas expectativas envolvem conflitos com algumas tendências fundamentais sobre a maneira como as organizações bem-sucedidas trabalham e sobre como seu desempenho é avaliado.

A Parte 2 deste livro é elaborada com base no estudo de casos detalhados das poucas empresas que tiveram êxito e das inúmeras outras que fracassaram ao se deparar com a mudança tecnológica de ruptura. Exatamente como em nossa analogia, o homem finalmente aprendeu a voar quando passou a entender e aproveitar ou acomodar algumas leis fundamentais da natureza. Os estudos desses casos demonstram que os executivos que tiveram êxito tenderam a administrar observando regras muito diferentes das que nortearam aqueles que fracassaram. Havia, na verdade, cinco princípios fundamentais de natureza organizacional, que os gerentes, nas empresas bem-sucedidas, reconheceram e aproveitaram de modo consistente. As empresas que perderam suas batalhas com as tecnologias de ruptura escolheram ignorá-las ou lutar contra elas. Os princípios são:

1. Dependência de recursos: os clientes controlam efetivamente os padrões de alocação dos recursos em empresas bem-dirigidas.
2. Mercados pequenos não resolvem as necessidades de crescimento de grandes empresas.
3. Os usos ou aplicações finais das tecnologias de ruptura são desconhecidos com antecedência. O fracasso é um passo intrínseco em direção ao sucesso.
4. As organizações têm capacidades que existem independentemente das capacidades das pessoas que trabalham nelas. As capacidades das organizações residem em seus processos e seus valores, e os processos e valores que constituem as suas capacidades centrais dentro do atual modelo de negócios também definem suas deficiências, quando confrontadas com a ruptura.
5. O fornecimento de tecnologia pode não ser igual à demanda do mercado. Os atributos, que tornam as tecnologias de ruptura não atrativas em mercados estabelecidos, frequentemente constituem, de fato, seu maior valor nos mercados emergentes.

Como os administradores que tiveram êxito aproveitaram esses princípios para obter sua vantagem?

1. Inserindo projetos para desenvolver e comercializar as tecnologias de ruptura dentro de uma organização cujos clientes precisavam delas. Quando os gerentes alinharam uma inovação de ruptura com os clientes “certos”, a demanda do cliente aumentou a probabilidade de que seriam obtidos os recursos necessários à inovação.

2. Atribuindo a execução dos projetos para desenvolver as tecnologias de ruptura em organizações pequenas o suficiente para se motivarem com modestas oportunidades e pequenas vitórias.
3. Planejando fracassar antes e *com baixo custo* na procura pelo mercado para uma tecnologia de ruptura. E descobriram que seus mercados em geral cresceram juntos, por meio de um processo interativo de experimentação, aprendizado e experimentação novamente.
4. Utilizando alguns dos *recursos* da organização tradicional para tratar da ruptura, mas tendo o cuidado de *não* alavancar seus processos e valores. Criando formas diferentes de trabalhar dentro de uma organização cujos valores e a estrutura de custos tornaram-se uma tarefa disponível de ruptura.
5. Descobrindo ou desenvolvendo, por ocasião da comercialização das tecnologias de ruptura, *novos mercados* que valorizaram os atributos dos produtos de ruptura. Essa estratégia foi melhor que procurar por um avanço tecnológico para que o produto de ruptura pudesse competir como uma tecnologia incremental em mercados tradicionais.

Os Capítulos de 5 a 9, na Parte 2, descrevem em detalhes como os gerentes podem direcionar e aproveitar esses cinco princípios. Cada capítulo começa examinando como o fato de aproveitá-los ou ignorá-los afetou os destinos das empresas de *disk drive* quando emergiram as tecnologias de ruptura.[1] Cada capítulo divide-se, então, abordando setores com características muito diferentes, para demonstrar como os mesmos princípios conduziram ao sucesso e ao fracasso empresas que se confrontaram com as tecnologias de ruptura.

O resultado desses estudos é que, enquanto a tecnologia de ruptura pode mudar as dinâmicas dos setores com características amplamente variáveis, os condutores do sucesso ou do fracasso, quando confrontados por essas tecnologias, são compatíveis através dos setores.

O Capítulo 10 demonstra como esses princípios podem ser utilizados, ilustrando sua aplicação pelos gerentes com o estudo de caso de uma tecnologia particularmente inquietante – o veículo elétrico. O Capítulo 11 retoma, então, as descobertas essenciais do livro.

NOTA DO AUTOR

1. A noção de que nós exercemos mais eficazmente o poder ao entender as leis físicas e psicológicas que definem como o mundo funciona, posicionando-nos ou alinhando--nos em harmonia com elas, não é, certamente, novidade neste livro. Certa vez, Robert Burgelman, professor de Stanford, cujo trabalho é extensivamente citado neste livro, deixou cair sua caneta sobre o piso durante uma preleção. Ao parar para pegá-la, ele resmungou: "Eu odeio a gravidade". Então, ao caminhar para o quadro-negro para continuar sua linha de raciocínio, acrescentou: "Mas vocês sabem de uma coisa? Gravidade não importa! Ela sempre puxará as coisas para baixo, e eu posso muito bem planejá-la".

   De uma forma mais séria, o desejo de alinhar nossas ações com as mais poderosas leis da natureza, da sociedade e da psicologia, no sentido de levar uma vida produtiva, é tema central em muitos trabalhos, particularmente o clássico chinês da antiguidade, *Tao te Ching*.

CAPÍTULO 5

Atribua Responsabilidade para Tecnologias de Ruptura em Organizações Cujos Clientes Necessitam Delas

Os executivos, em sua maioria, gostariam de acreditar que estão incumbidos de tomar as decisões cruciais em suas organizações, e que, quando eles decidem que algo deve ser realizado, todo mundo deve ceder e executar. Este capítulo discorre sobre um ponto de vista já introduzido: na prática, são os *clientes* da empresa que efetivamente controlam o que se pode ou não fazer. Conforme vimos no setor de *disk drive*, as empresas estavam dispostas a investir quantias enormes em projetos tecnologicamente arriscados, quando estava claro que seus clientes necessitavam dos produtos resultantes. Mas, se existissem projetos de ruptura muito mais simples, eles seriam incapazes de reunir os recursos para executá-los, pois os clientes lucrativos não necessitavam de seus produtos.

A observação sustenta uma teoria um pouco controversa, chamada *dependência de recursos,* apresentada por uma minoria de estudiosos[1] em administração. Ela pressupõe que a liberdade de ação das empresas está limitada a satisfazer as necessidades de entidades externas (clientes e investidores, principalmente), que proporcionam os recursos de que as empresas necessitam para sobreviver. Evocando pesadamente os conceitos da evolução biológica, os teóricos da dependência de recursos afirmam que somente sobreviverão e prosperarão as organizações cujas equipes e sistemas atenderem às necessidades de clientes e investidores, fornecendo-lhes os produtos, serviços e lucros que eles exigem. As demais organizações morrerão em consequência, privadas das receitas de que necessitam para sobreviver.[2] Por essa razão, pelo mecanismo de sobrevivência do mais capaz, as empresas que se distinguem em seus setores geralmente são aquelas cujas pessoas e processos se empenham vivamente em fornecer aos clientes o que eles querem. A controvérsia nasce quando os proponentes dessa teoria concluem que os gerentes estão *sem poderes* para mudar os cursos de suas empresas contra as imposições de seus clientes. Mesmo se um gerente, com uma visão audaciosa, pretender imprimir à sua empresa uma direção muito diferente, o poder das pessoas e dos processos com enfoque no cliente, em qualquer empresa bem adaptada para a sobrevivência nesse ambiente competitivo, rejeitará as tentativas do gerente em mudar a direção. Portanto, porque eles fornecem os recursos dos quais a empresa depende, são os clientes ao invés dos gerentes que realmente determinam o que a empresa fará. São as forças de fora da organização, melhor do que os gerentes dentro dela, que ditam o curso da empresa. Os teóricos da dependência de recursos concluem que o papel real dos gerentes, nas empresas cujas pessoas e sistemas são bem adaptados à sobrevivência, é, portanto, apenas simbólico.

Para aqueles que, como nós, administram empresas, são consultados a respeito de administração ou ensinam futuros administradores, este é o pensamento mais inquietante. Nós estamos lá para gerenciar, para fazer a diferença, para formular e implementar estratégia, para acelerar o crescimento e melhorar os lucros. A dependência de recursos viola nossa verdadeira razão de ser. Não obstante, as descobertas relatadas neste livro oferecem antes um suporte excelente para a teoria da dependência de recursos – especialmente pela noção de que a alocação do recurso com enfoque no cliente e os processos de tomada de decisão das empresas bem-sucedidas são muito mais poderosos em direcionar investimentos do que as decisões dos gerentes.

Claramente, os clientes exercem enorme domínio em direcionar os investimentos de uma empresa. O que, então, deveriam fazer os gerentes ao se deparar com uma tecnologia de ruptura que os clientes da empresa explicitamente não querem? Uma opção é convencer todos na empresa de que eles devem adotá-la de qualquer maneira, de que a tecnologia tem uma importância estratégica a longo prazo, apesar da rejeição dos clientes que pagam as contas e apesar da lucratividade menor que as alternativas do mercado de melhores ganhos (*upmarket*). A outra opção seria criar uma organização independente e incluí-la entre os clientes emergentes que *de fato* necessitam da tecnologia. Qual funciona melhor?

Os gerentes que escolhem a primeira opção estão essencialmente provocando um conflito com uma poderosa tendência da natureza organizacional – a de que os clientes, e não os gerentes, controlam essencialmente os padrões de investimento de uma companhia. Ao contrário, os gerentes que escolhem a segunda opção alinham-se com essa tendência, aproveitando mais do que entrando em conflito com seu poder. Os casos apresentados neste capítulo fornecem forte evidência de que a segunda opção oferece probabilidades de sucesso muito maiores do que a primeira.

INOVAÇÃO E ALOCAÇÃO DE RECURSOS

O mecanismo por meio do qual os clientes controlam os investimentos de uma empresa é o processo de alocação de recursos – que determina as iniciativas que obtêm prestígio e dinheiro. Alocação de recursos e inovação são dois lados de uma mesma moeda. Apenas aqueles projetos de desenvolvimento de novos produtos que obtêm fundos adequados, prestígio e atenção administrativa têm chance de êxito; aqueles que são prejudicados com poucos recursos definharão. Por essa razão, os padrões de inovação em uma empresa refletirão quase exatamente os padrões em que os recursos serão alocados.

Processos de alocação de recursos adequados são projetados para eliminar as propostas que os clientes não aceitam. Quando esses processos de tomada de decisão funcionam bem, só serão consolidados os produtos que os clientes quiserem; os outros, não. Essa é a maneira como as coisas *devem* funcionar em grandes companhias. Elas *devem* investir naquilo que os clientes querem, e, quanto melhor elas se tornarem nisso, mais êxito terão.

Conforme vimos no Capítulo 4, a alocação de recursos não é uma simples questão de tomada de decisão de cima para baixo, seguida pela implementação. Tipicamente, os altos gerentes são chamados a decidir sobre a consolidação de um projeto somente após muitos outros, nos níveis inferiores dentro da organização, haverem decidido que tipos de propostas de projeto eles querem incluir e submeter à aprovação da alta administração e que outros eles não acham dignos do esforço. Os altos gerentes tipicamente visualizam somente uma subsérie bem peneirada de ideias inovadoras.[3]

E, mesmo após a alta administração ter endossado os fundos para um determinado projeto, raramente ele é um "negócio fechado". Muitas decisões de alocação de recursos são realizadas, após a aprovação do projeto – na verdade, após o lançamento do produto –, pelos gerentes intermediários, que estabelecem prioridades quando múltiplos projetos e produtos competem pelo tempo das mesmas pessoas, equipamentos e vendedores.

Conforme observou o estudioso de administração Chester Barnard:

> Do ponto de vista da relativa importância das decisões específicas, as dos executivos exigem adequadamente a primeira atenção. Porém, do ponto de vista da importância agregada, não são as decisões dos executivos, mas as dos *participantes não-executivos* em organizações, que devem atrair o principal interesse. [Itálicos do autor][4]

Então, como os participantes não-executivos tomam *suas* decisões de alocação de recursos? Eles decidem quais projetos irão propor à alta administração e a qual deles darão prioridade, baseados em seu entendimento de que tipos de clientes e produtos são mais lucrativos para a empresa. Atrelada firmemente a isso, está a própria visualização de como seu patrocínio, em diferentes propostas, afetará a própria trajetória de carreira dentro da empresa. Essa visualização é formada em grande parte por seu entendimento sobre o que os clientes querem e que tipos de produtos a empresa necessita vender mais para ser mais lucrativa. A trajetória da carreira individual pode subir quando são patrocinados programas inovadores altamente lucrativos. É, portanto, por meio desses mecanismos de busca do lucro para empresa e do sucesso pessoal que as pessoas manifestam profunda influência no processo de alocação de recursos e, finalmente, sobre os padrões de inovação, na maioria das empresas.

SUCESSO NA TECNOLOGIA DE RUPTURA DE *DISK DRIVE*

É possível, contudo, romper esse sistema de controle. Três casos, na história do setor de *disk drive*, demonstram como os gerentes podem desenvolver fortes posições no mercado em uma tecnologia de ruptura. Em dois casos, os gerentes aproveitaram, mais do que brigaram com elas, as forças da dependência de recursos. Eles engendraram empresas independentes para comercializar a tecnologia de ruptura. No terceiro, o gerente escolheu brigar com aquelas forças, e sobreviveu ao projeto, exausto.

Desenvolvimento da Quantum e da Plus

Conforme vimos, a Quantum Corporation, líder na produção de *drives* de 8", vendidos no mercado de minicomputadores no início dos anos 80, perdeu completamente o advento dos *drives* de 5,25". Ela introduziu suas primeiras versões quase quatro anos após esses primeiros *drives* aparecerem no mercado.

Como os pioneiros dos *drives* 5,25" começaram a invadir o mercado de minicomputadores por meio de produtos com desempenho ascendente, por todas as razões já descritas, as vendas da Quantum começaram a cair.

Em 1984, diversos funcionários da Quantum visualizaram um mercado potencial para um *drive* fino de 3,5" encaixado em um slot de expansão nos computadores de mesa da classe IBM-XT e AT – *drive* que seria vendido aos usuários de computadores pessoais e não aos fabricantes de minicomputadores OEM, os responsáveis por toda a receita da Quantum. Eles decidiram deixar a Quantum e começar uma nova empresa para comercializar sua ideia.

Em vez de deixá-los partir livremente, contudo, os executivos da Quantum financiaram e mantiveram 80% do direito de propriedade desse investimento de risco do tipo *spin-off*[*9], chamado Plus Development Corporation, e dispersaram a empresa em diversas instalações fabris. Era uma organização completamente autossuficiente, com a própria equipe executiva e todas as capacidades funcionais exigidas em uma empresa independente. Plus era extremamente bem-sucedida. Ela projetou e comercializou seus *drives*, mas os tinha fabricado sob contrato com a Matsushita Kotobuki Electronics (MKE), no Japão.

Como as vendas da linha de *drives* de 8" da Quantum começavam a evaporar-se em meados dos anos 80, a empresa foi compensada pelo crescimento da receita do "Hardcard" da Plus. Por volta de 1987, as vendas dos produtos de 8" e 5,25" da Quantum haviam desaparecido, fechando a antiga corporação e remanejando executivos da Plus em posições mais altas que os da Quantum. Eles então reconfiguraram os produtos de 3,5" para atrair os fabricantes de computadores de mesa OEM, como a Apple, exatamente porque o vetor da capacidade para os *drives* de 3,5" estava invadindo o mercado de PC, conforme demonstrado no mapa da trajetória do *disk drive* na Figura 1.7. Assim, a Quantum se reconstituiu como um produtor de *drives* de 3,5", adotou agressivamente as inovações incrementais da tecnologia de componentes, movendo-se para o mercado de melhor lucratividade (*upmarket*) em direção as estações de trabalho de engenharia; negociou também, com sucesso, a inovação estrutural incremental nos *drives* de 2,5". Por volta de 1994, a nova Quantum havia se tornado o maior produtor mundial de *disk drives* em volume de unidades.[5]

Contral Data em Oklahoma

A Control Data Corporation (CDC) realizou a mesma autorreconstituição uma vez. A CDC era a maior fabricante de *drives* de 14" no mercado OEM entre 1965 e 1982; sua participação no mercado flutuava entre 55% e 62%. Quando emergiu a arquitetura de 8", no final dos anos 70, entretanto, a CDC deixou-a escapar – por três anos. A empresa nunca conquistou mais que uma fração do mercado de 8", e os *drives* de 8" que vendeu foram quase que exclusivamente para defender a sua base de clientes estabelecidos – os fabricantes de computadores de grande porte. As razões eram os recursos e a ênfase administrativa. Engenheiros e vendedores, na principal fábrica da empresa, em Minneapolis, mantiveram-se afastados do programa de 8", para resolver problemas no lançamento dos produtos da próxima geração de 14", para os clientes tradicionais da CDC.

A CDC lançou seu primeiro modelo de 5,25" dois anos após o produto pioneiro da Seagate ter aparecido, em 1980. Nessa época, contudo, a CDC concentrou seus esforços no *drive* de 5,25" na cidade de Oklahoma. Isso foi feito, segundo um gerente, "não para escapar da cultura da engenharia da CDC de Minneapolis, mas para isolar o grupo (produto de 5,25") dos clientes tradicionais da empresa". Embora atrasada no mercado e sem reconquistar jamais sua antiga posição predominante, a incursão da CDC nos *drives* de 5,25" foi lucrativa; algumas vezes, a empresa controlou uma participação de 20% nos *drives* de 5,25" de maior capacidade.

Micropolis: Transição por Força Administrativa

A Micropolis Corporation, antiga líder do setor de *disk drive*, fundada em 1978 para fabricar *drives* de 8", foi a única outra protagonista do setor a realizar com sucesso a transição para uma plataforma de ruptura. Ela não utilizou, contudo, a estratégia *spin-out*, que funcionou para a Quantum e a Control Data; escolheu, em vez disso, administrar a mudança de dentro da empresa principal. Até mesmo esta exceção, porém, sustenta a regra de que clientes exercem influência extraordinariamente poderosa sobre os investimentos que as empresas podem realizar com sucesso.

A Micropolis começou a mudar em 1982, quando o fundador e CEO Stuart Mabon percebeu intuitivamente as trajetórias da demanda do mercado e do fornecimento de tecnologia, mapeadas na Figura 1.7, e decidiu que a empresa deveria tornar-se fundamentalmente produtora de *drives* de 5,25". Inicialmente, enquanto esperava manter os recursos adequados focalizados no desenvolvimento da próxima geração de *drives* de 8", para que a Micropolis pudesse evitar de tomar partido em ambos os mercados[6], ele transferiu os principais engenheiros da empresa para o programa de 5,25". Mabon relembra que levou "100% do meu tempo e energia por 18 meses" para manter os recursos adequados concentrados no programa, porque os próprios mecanismos da organização alocavam os recursos para onde estavam os clientes – os *drives* de 8".

Por volta de 1984, a Micropolis tinha fracassado em manter o ritmo da concorrência no mercado de minicomputador para os *disk drives* e retirou seus modelos de 8" remanescentes. Com esforço hercúleo, contudo, ela teve êxito em seus programas de 5,25". A Figura 5.1 demonstra por que esse conflito ocorreu. Realizando a transição, a Micropolis assumiu posição em uma trajetória tecnológica muito diferente. Teve de superar cada um de seus principais clientes e repor as perdas de receita com as vendas da nova linha de produto para um grupo de fabricantes de computadores de mesa completamente diferente. Mabon lembra a experiência como a mais exaustiva de sua vida.

Figura 5.1 Transição da Tecnologia e a Posição de Mercado da Micropolis Corporation

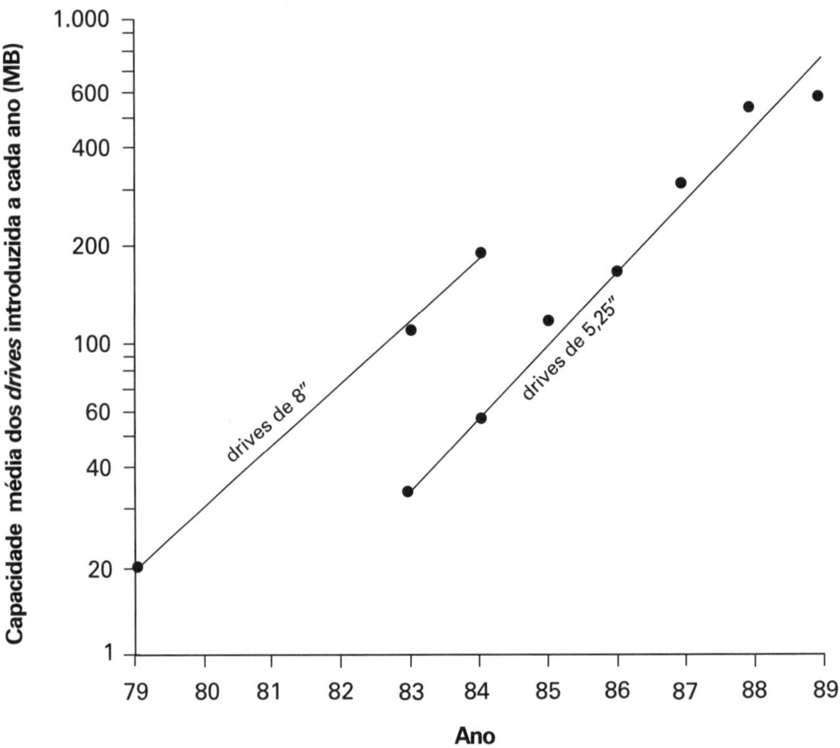

Fonte: Os dados são de vários artigos do Disk/Trend Report.

A Micropolis finalmente introduziu um *drive* de 3,5" em 1993, quando o produto havia evoluído para acondicionar mais de 1 gigabyte na plataforma de 3,5". Naquele nível, a Micropolis poderia vender o *drive* de 3,5" para os clientes existentes.

TECNOLOGIAS DE RUPTURA E A TEORIA DA DEPENDÊNCIA DE RECURSOS

Os esforços relatados anteriormente – as tentativas da Seagate Technology de vender os *drives* de 3,5" e o fracasso da Bucyrus Erie em vender seu antigo Hydrohoe apenas a seus clientes tradicionais – ilustram como a teoria da dependência de recursos pode ser aplicada a casos de tecnologias de ruptura. Em ambos os exemplos, a Seagate e a Bucyrus estavam entre as primeiras em seus setores para desenvolver esses produtos de ruptura. Apesar das decisões da alta gerência em introduzi-los, no entanto, o ímpeto ou a energia organizacional exigidos para lançar os produtos agressivamente dentro das redes de valor adequadas simplesmente não se aglutinaram – até que os clientes necessitassem deles.

Devemos, então, aceitar a conclusão dos teóricos da dependência de recursos, de que os gerentes são meros indivíduos sem poder? Dificilmente. Na Introdução, ao explorar a imagem de como as pessoas aprenderam a voar, observei que todas as tentativas tinham terminado em fracasso até que elas compreendessem sua luta contra as leis fundamentais da natureza. Mas, uma vez que essas leis, como a gravidade e o princípio de Bernoulli[*10], e as noções de suspensão, dragagem e resistência começaram a ser entendidas, e as máquinas voadoras projetadas, levando-as em consideração, as pessoas voaram com êxito total. Por analogia, foi o que a Quantum e a Control Data fizeram. Inserindo organizações independentes dentro de uma rede de valor completamente diversa, em que sua sobrevivência dependia de adequado conjunto de clientes, aqueles gerentes utilizaram as forças poderosas da dependência de recursos. O CEO da Micropolis lutou com elas, e conquistou uma vitória rara e custosa.

As tecnologias de ruptura tiveram impacto fatal em muitos setores além do de *disk drives*, de escavadeiras mecânicas e do aço.[7] As páginas seguintes resumem o efeito das tecnologias de ruptura em três outros setores – computadores, varejistas e impressoras – para destacar que, também neles, as únicas empresas que estabeleceram fortes posições em mercados de tecnologias de ruptura foram as que, como a Quantum e a Control Data, aproveitaram as forças da dependência de recursos, em vez de lutar contra elas.

DEC, IBM E O COMPUTADOR PESSOAL

Naturalmente, o setor de computadores e o setor de *disk drive* têm histórias paralelas, porque as redes de valor do último estão inseridas nas do anterior. De fato, se os eixos e a intersecção das trajetórias, representados no mapa da trajetória do *disk drive* na Figura 1.7, fossem renomeados com termos relevantes em computação, resumiriam igualmente bem o fracasso das empresas líderes no setor de computadores. A IBM, a primeira líder do setor, vendia seus computadores de grande porte para a central de contabilidade e departamentos de processamento de dados de grandes organizações. O surgimento do minicomputador representava uma tecnologia de ruptura para a IBM e seus competidores. Seus clientes não tinham uso para ele; prometia margens mais baixas, não mais altas; e, de início, o mercado era significativamente menor. Em consequência, os produtores de computadores de grande porte ignoraram os minicomputadores por anos, possibilitando que uma série de estreantes – Digital Equipment, Data General, Prime, Wang e Nixdorf – criasse e dominasse aquele mercado. Finalmente, a IBM introduziu a própria linha de minicomputadores, mas o fez sobretudo como medida defensiva, quando as capacidades dos minicomputadores tinham avançado até o ponto em que eles se tornaram competitivos em desempenho com as necessidades de computação de alguns de seus clientes.

Similarmente, nenhum fabricante de minicomputadores tornou-se importante no mercado de computadores pessoais de mesa, que, para eles, era uma tecnologia de ruptura. O mercado de PC foi criado por uma outra série de estreantes, incluindo Apple, Commodore, Tandy e IBM. Os fabricantes de minicomputador eram excepcionalmente prósperos e altamente considerados por investidores, pela imprensa comercial e por estudantes da boa administração até o final dos anos 80. Na intersecção da trajetória tecnológica do computador de mesa com o desempenho demandado por aqueles que tinham anteriormente comprado minicomputadores, o computador de mesa golpeou severamente cada fabricante de minicomputador. Vários deles fracassaram. Nenhum firmou posição viável na rede de valor do computador pessoal de mesa.

Uma sequência similar de eventos caracterizou o surgimento do computador portátil, mercado que foi criado e dominado por uma série de estreantes como Toshiba, Sharp e Zenith. Apple e IBM, líderes na fabricação de PC, não introduziram modelos portáteis até ocorrer a intersecção da trajetória de desempenho deles com as necessidades de computação de seus clientes.

Provavelmente, nenhuma empresa foi tão profundamente golpeada quanto a Digital Equipment. A empresa caiu da fortuna à insensatez em poucos anos, porque as estações de trabalho autônomas e os computadores de mesa em rede removeram a maior parte das necessidades dos clientes de minicomputadores, praticamente da noite para o dia.

A DEC não falhou por falta de tentar, é claro. Quatro vezes, entre 1983 e 1995, ela introduziu linhas de computadores pessoais destinadas aos clientes, produtos que eram tecnologicamente muito mais simples do que seus minicomputadores. E nas quatro vezes ela fracassou em criar negócios nessa rede de valor que foi percebida dentro da empresa como lucrativa. Por quatro vezes ela retirou seu computador pessoal do mercado. Por quê? A DEC lançou suas quatro incursões de dentro da empresa principal.[8] Por todas as razões até agora expostas, embora as decisões em nível executivo repousem atrás do movimento do negócio de PCs, aqueles que tomaram as decisões sobre a alocação de recursos, no dia a dia dentro da empresa, nunca visualizaram sentido em investir o dinheiro necessário, o tempo e a energia em produtos de margem baixa que seus clientes não queriam. Em vez disso, os recursos foram captados por iniciativas com desempenhos mais altos, que prometiam margens com escala ascendente – como o microprocessador Alpha super-rápido da DEC e sua aventura dentro dos computadores de grande porte.

Na tentativa de entrar no ramo da computação pessoal a partir de sua organização habitual, a DEC ficou indecisa entre duas diferentes estruturas de custo, intrínsecas a duas redes de valor diferentes. Simplesmente não podia cortar os custos de despesas gerais, no montante suficiente pa ra ser competitiva em computadores pessoais, porque necessitava deles para permanecer competitiva em seus produtos de desempenho mais alto.

Já o sucesso da IBM nos primeiros cinco anos do setor de computadores pessoais permanece em total contraste com o fracasso de outros líderes na fabricação de computadores de grande porte e de minicomputadores para pegar a onda do computador de mesa de ruptura. Como a IBM fez isso? Ela criou uma organização autônoma na Flórida, longe de seu quartel-general no estado de Nova York e estava livre para adquirir componentes de qualquer origem, para vender por meio de seus próprios canais e forjar uma estrutura de custo adequada às exigências tecnológicas e competitivas do mercado de computador pessoal. A organização estava livre para ter êxito ao longo das medidas de sucesso relevantes ao mercado. Na verdade, alguns argumentaram que as decisões subsequentes da IBM – para aproximar a divisão de computador pessoal de sua organização principal – foram um fator importante nas dificuldades enfrentadas pela IBM em manter sua lucratividade e participação no mercado, no setor de computadores pessoais. Parece ser muito difícil administrar a inequívoca coexistência de duas estruturas de custo e dois modelos de como fazer dinheiro, dentro da mesma empresa.

A conclusão de que uma única organização poderia simplesmente ser incapaz de adotar, de forma competente, a tecnologia de ruptura, enquanto se mantém competitiva em mercados principais, aborrece alguns gerentes do tipo "poder-fazer". Na verdade, a maioria dos gerentes tenta fazer exatamente o que a Micropolis e a DEC fizeram: manter intensidade competitiva no tradicional, enquanto tentam, simultaneamente, adotar a tecnologia de ruptura. É forte a evidência de que esses esforços raramente são bem-sucedidos; a posição em um dos mercados será prejudicada, a menos que duas organizações distintas, inseridas nas redes de valor adequadas, persigam seus clientes em separado.

KRESGE, WOOLWORTH E O DESCONTO NO VAREJO

Em poucos setores o impacto da tecnologia de ruptura foi sentido tão penetrantemente quanto no varejo, no qual os que concedem descontos apoderam-se do controle da loja de departamentos e variedades tradicional. A tecnologia do desconto no varejo foi de ruptura das operações tradicionais porque a qualidade do serviço e a seleção oferecida pelos que concedem o desconto destruíram as medidas acostumadas à qualidade do varejo. Além do mais, a estrutura de custo exigida, para competir lucrativamente no varejo com desconto, era fundamentalmente diferente daquela desenvolvida pelas lojas de departamentos para competir dentro de suas redes de valor.

A primeira loja de desconto foi a Korvette's, que começou operando um número de pequenas lojas em Nova York, em meados dos anos 50. A Korvette's e seus imitadores operavam na extremidade muito baixa da linha de produto de varejo, vendendo marcas nacionalmente conhecidas de bens de consumo duráveis padrão, de 20% a 40% abaixo do preço das lojas de departamentos. Eles se concentraram em produtos que "se vendiam sozinhos", porque os clientes já sabiam como utilizá-los. Confiando na imagem da marca nacional para criar o valor e a qualidade de seus produtos, os promotores de descontos eliminaram a necessidade de contratar pessoal com conhecimento em vendas. Eles também focalizaram um grupo de consumidores menos atrativos para os varejistas tradicionais: "jovens esposas de operários, com crianças pequenas."[9] Isso contrariava as fórmulas em escala ascendente, que as lojas de departamentos tinham utilizado historicamente para definir a qualidade do varejo e melhorar os lucros.

Os promotores de descontos, contudo, não aceitavam lucros inferiores aos dos varejistas tradicionais; eles apenas obtinham seus lucros por meio de uma fórmula diferente. Em termos simples, os varejistas cobriam seus custos com margens brutas ou com a margem de lucro, cobrando acima do custo da mercadoria que vendiam. As lojas de departamentos tradicionais, historicamente, tinham margens de lucro em torno de 40% e giravam seu estoque quatro vezes em um ano – isto é, elas ganhavam 40% sobre o total que investiam em estoque, quatro vezes durante o ano, para um retorno total de 160% sobre o investimento em estoques. Lojas de variedades tinham lucros ligeiramente inferiores, por meio de uma fórmula similar àquela utilizada pelas lojas de departamentos. Sobre o investimento em estoque, os varejistas de descontos obtinham um retorno similar ao das lojas de departamentos, mas adotando um modelo diferente: margens brutas baixas e alto giro de estoque. A Tabela 5.1 resume as três posições.

A história do desconto no varejo recorda vivamente a história da fabricação de aço em miniusinas. Exatamente como as miniusinas, os promotores de descontos usaram a vantagem de sua estrutura de custo para alcançar o mercado de melhor lucratividade (*upmarket*) e apoderaram-se da participação, competindo com varejistas tradicionais a uma taxa surpreendente: primeiramente, no *low-end*, com produtos duráveis com marca própria, como utensílios variados, pequenos eletrodomésticos, malas e bolsas; posteriormente, em território mais distante, a nordeste, como móveis e vestuário. A Figura 5.2 ilustra como foi a surpreendente invasão dos promotores de descontos. Sua participação nas receitas do varejo, nas categorias de produtos que eles vendiam, subiu de 10%, em 1960, para aproximadamente 40%, seis anos mais tarde.

Tabela 5.1 Diferentes Caminhos para os Lucros

Tipo de varejista	Exemplo de empresa	Margens brutas típicas	Giro de estoque típico	Retorno sobre investimento* em estoque
Lojas de departamentos	R. H. Macy	40%	4x	160%
Lojas de variedades	F. W. Woolworth	36%	4x	144%
Varejistas de descontos	Kmart	20%	8x	160%

* Calculado como margens x giros; em outras palavras, o total das margens ganhas por meio de sucessivos giros a cada ano.

Fonte: Relatórios corporativos anuais de muitas empresas, em cada categoria, por vários anos.

Figura 5.2 Lucros na participação do mercado dos varejistas de desconto, 1960–1966

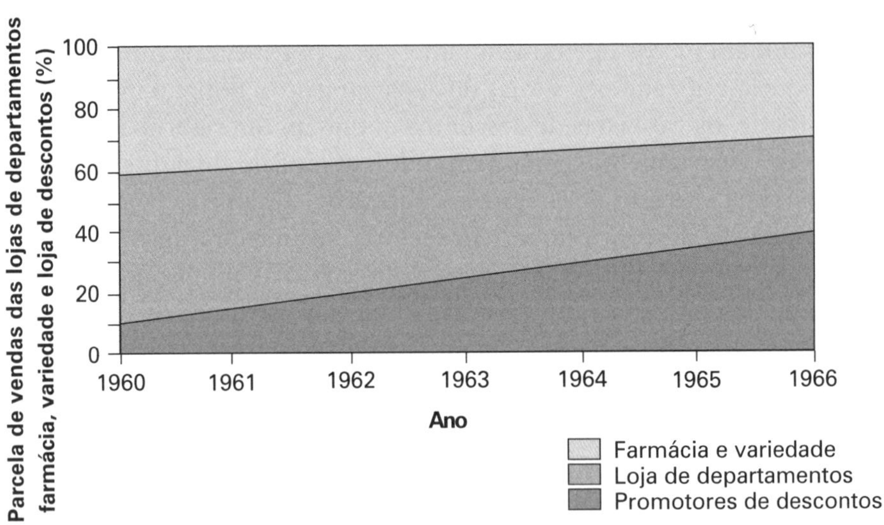

Fonte: Os dados são de vários artigos do *Discount Merchandiser.*

Exatamente como nos *disk drives* e escavadeiras, alguns varejistas líderes tradicionais – notadamente S. S. Kresge, F. W. Woolworth e Dayton Hudson visualizaram a aproximação da abordagem de ruptura e investiram logo. Nenhum dos outros canais de varejo principais, incluindo Sears, Montgomery Ward, J. C. Penneye R. H. Macy, empenhou-se significativamente em criar um negócio no varejo de desconto. Kresge (com seu canal Kmart) e Dayton Hudson (com o canal Target) foram bem-sucedidas.[10] Elas criaram organizações focalizadas no varejo de desconto, que eram independentes de seus negócios tradicionais. Elas reconheceram e aproveitaram as forças da dependência do recurso. Ao contrário, Woolworth fracassou em sua aventura (Woolco), tentando lançá-la de dentro da F. W. Woolworth, uma empresa do ramo de loja de variedades. A comparação minuciosa das abordagens da Kresge e da Woolworth, que partiram de posições muito similares, empresta um critério adicional para entender por que criar organizações independentes, para adotar a tecnologia de ruptura, parece ser uma condição necessária para o sucesso.

S. S. Kresge, então o segundo maior canal de loja de variedades do mundo, começou estudando o varejo de desconto em 1957, quando o desconto estava ainda em sua infância. Por volta de 1961, Kresge e sua rival F. W. Woolworth (a maior operadora mundial de loja de variedades) anunciaram seu ingresso no varejo de desconto. Ambas abriram lojas em 1962, com intervalo de três meses uma da outra. O desempenho da Woolco e da Kmart nos empreendimentos em que elas se aventuraram, entretanto, diferiu de forma dramática. Uma década mais tarde, as vendas da Kmart se aproximavam dos US$ 3,5 bilhões, enquanto as da Woolco definhavam sem lucratividade, em US$ 0,9 bilhões.[11]

Ao assumir seu compromisso no varejo de desconto, a Kresge decidiu sair completamente do negócio da loja de variedades. Em 1959, ela contratou um novo CEO, Harry Cunningham, cuja única missão era converter a Kresge em uma central de descontos. Cunningham, por sua vez, trouxe uma equipe administrativa inteiramente nova, de modo que, por volta de 1961, lá "não havia um único vice-presidente de operações, gerente regional, assistente do gerente regional ou gerente comercial regional que não fosse novo na função".[12] Em 1961, Cunningham parou de abrir novas lojas de variedades; em seu lugar, iniciou um programa de fechamento de cerca de 10% das operações existentes no ramo, a cada ano. Isso representou um novo foco e em larga escala da empresa no varejo com desconto.

Woolworth, por outro lado, tentou manter um programa de melhorias incrementadas em tecnologia, capacidade e vantagens em seu negócio principal – as lojas de variedades –, investindo, simultaneamente, no varejo de desconto de ruptura. Os gerentes encarregados de melhorar o desempenho da empresa nas lojas de variedades receberam também encargos de construir "a maior cadeia de casas de descontos na América". O CEO Robert Kirkwood declarou que a Woolco "não entraria em conflito com os planos para o crescimento e a expansão da empresa nas operações regulares da loja de variedades", e que nenhuma das lojas existentes seriam convertidas para o formato de desconto.[13] Na verdade, como o varejo de desconto atingiu sua fase de expansão mais frenética nos anos 60, a Woolworth estava abrindo novas lojas de variedades no ritmo em que elas haviam sido criadas, nos anos 50.

Infelizmente (mas previsivelmente), a Woolworth provou ser incapaz de manter, dentro de uma única organização, duas culturas diferentes e dois modelos distintos de como obter lucro, exigidos para ser bem-sucedido em variedades e no varejo de desconto. Por volta de 1967, o termo "desconto" foi abolido de toda a publicidade da Woolco, sendo adotada, em seu lugar, a expressão "loja de departamento promocional". Embora, inicialmente, a Woolworth tivesse criado uma equipe administrativa à parte para sua operação na Woolco, por volta de 1972, prevaleceram os dirigentes mais racionais e conscientes do custo.

> No movimento projetado para aumentar as vendas por pé quadrado, nas divisões da Woolco e da Woolworth, as duas subsidiárias foram consolidadas operacionalmente em uma base regional. Os oficiais da empresa, diz a consolidação – que envolve escritórios de compras, flexibilidade de distribuição e pessoal administrativo no nível regional –, ajudarão ambas a desenvolver melhor comercialização e lojas mais eficientes. A Woolco ganhará os benefícios dos recursos de compras da Woolworth, a flexibilidade de distribuição e o conhecimento adicional em desenvolver departamentos de especialidades, promovendo e operando grandes lojas acima de 100 mil pés quadrados.[14]

Qual foi o impacto dessa consolidação para a economia no custo? Ela forneceu mais evidência de que dois modelos de como fazer dinheiro não podem coexistir pacificamente dentro de uma única organização. Dentro de um ano, a partir da consolidação, a Woolco aumentou suas margens de lucro de tal forma que as margens brutas eram as maiores no setor do varejo de desconto – cerca de 33%. No processo, seu giro de estoque caiu de 7x, atingido originalmente, para 4x. A fórmula para o lucro, que tinha sustentado a F. W. Woolworth durante muito tempo (35% de margens para 4 giros de estoque ou 140% de retorno sobre o investimento no estoque), foi consequentemente exigida também da Woolco (veja a Figura 5.3). A Woolco não era mais uma promotora de desconto – em nome ou em fato. Previsivelmente, a aventura da Woolworth dentro do varejo de desconto fracassou: ela fechou sua última loja Woolco em 1982.

A estratégia organizacional da Woolworth para obter êxito no varejo de desconto de ruptura foi a mesma estratégia da Digital Equipment para o lançamento de seu computador pessoal. Ambas instituíram novos riscos dentro da organização principal, tiveram de ganhar dinheiro de acordo com as regras tradicionais e nem puderam alcançar a estrutura de custo e o modelo de lucro exigido para se ter sucesso na rede de valor tradicional.

Figura 5.3 Impacto da integração da Woolco e F. W. Woolworth na forma como a Woolco tentou obter dinheiro

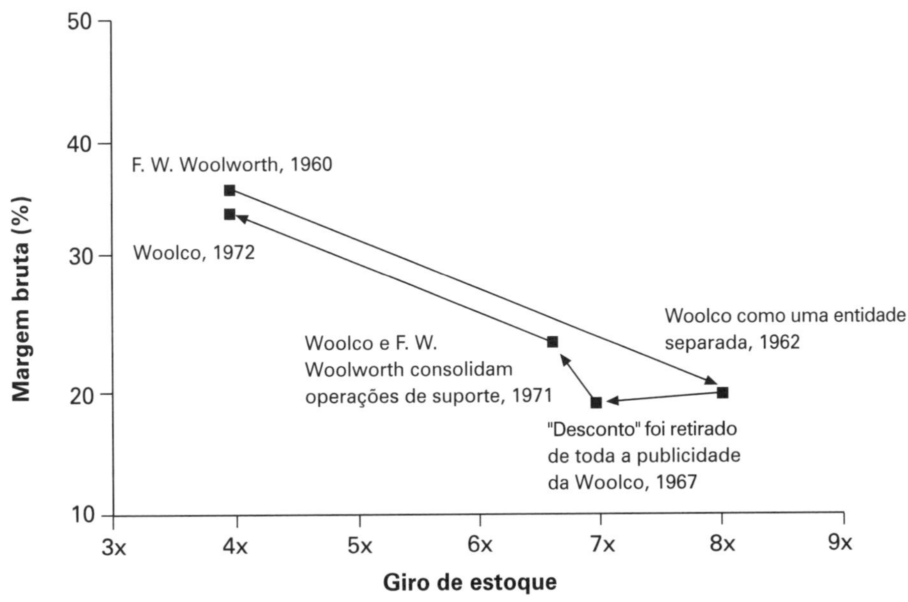

Fonte: Os dados são de vários relatórios anuais da F. W. Woolworth Company e de vários artigos do *Discount Merchandiser.*

SOBREVIVÊNCIA PELO SUICÍDIO: IMPRESSORAS *LASER JET* E JANTO DE TINTA DA HEWLETT-PACKARD

A experiência da Hewlett-Packard no negócio de impressoras para computador pessoal ilustra como a perseguição pela empresa de uma tecnologia de ruptura, ao optar pelo *spin-out* de uma organização independente, pode acarretar, no final, a morte de outra de suas unidades de negócio.

O célebre sucesso da Hewlett-Packard na fabricação de impressoras para computadores pessoais torna-se ainda mais notável quando alguém considera sua administração no surgimento da tecnologia *bubble jet* ou *ink-jet* (jato de tinta). Em meados dos anos 80, a HP iniciou sua atividade criando um enorme e bem-sucedido negócio em torno da tecnologia de impressão a laser. A *laser jet* era uma melhoria descontínua sobre a impressão matricial – a tecnologia anterior predominante para computador pessoal –, e a HP criou uma poderosa liderança no mercado. Quando uma forma alternativa de traduzir os sinais digitais dentro de imagens no papel (tecnologia do jato de tinta) apareceu preliminarmente, aconteceram vigorosos debates sobre se a tecnologia laser ou a jato de tinta seria a dominante no projeto de impressora para uso pessoal. Os especialistas alinharam-se de um e de outro lado da questão, oferecendo amplo aconselhamento à HP sobre qual tecnologia se tornaria, enfim, a impressora escolhida para os PCs (*desktop*) do mundo.[15]

Embora nunca tivesse sido enquadrada como tal nos debates da época, a impressão a jato de tinta era uma tecnologia de ruptura. Era mais lenta do que a *laser*, sua resolução era pior e seu custo por página impressa, maior. Mas a impressora em si só era menor e potencialmente muito menos cara do que a *laser*. A preços mais baixos, ela prometia menores margens brutas por unidade do que a *laser*. Portanto, a impressora a jato de tinta era um clássico produto de ruptura, em relação ao negócio da impressora a *laser*.

Melhor do que apostar exclusivamente em uma ou em outra, e preferivelmente a tentar comercializar a jato de tinta de ruptura de dentro da divisão de impressora existente em Boise, Idaho, a HP criou uma unidade organizacional completamente autônoma, localizada em Vancouver, Washington, com a responsabilidade de fazer da impressora a jato de tinta um sucesso. As duas empresas competiam, pois, entre si. Cada uma comportou-se classicamente. Conforme demonstra a Figura 5.4, a divisão da *laser jet* moveu-se nitidamente para o mercado de melhor lucratividade, em uma estratégia que lembra a dos *drives* de 14", a dos computadores de grande porte e das usinas de aço integradas. As impressoras a *laser* da HP podem imprimir a alta velocidade com resolução excepcional; manusear centenas de fontes e gráficos complexos; imprimir nos dois lados da página e servir múltiplos usuários na rede. Elas também são bem maiores fisicamente.

Figura 5.4 Melhoria da Velocidade nas Impressoras LaserJet e Jato de Tinta

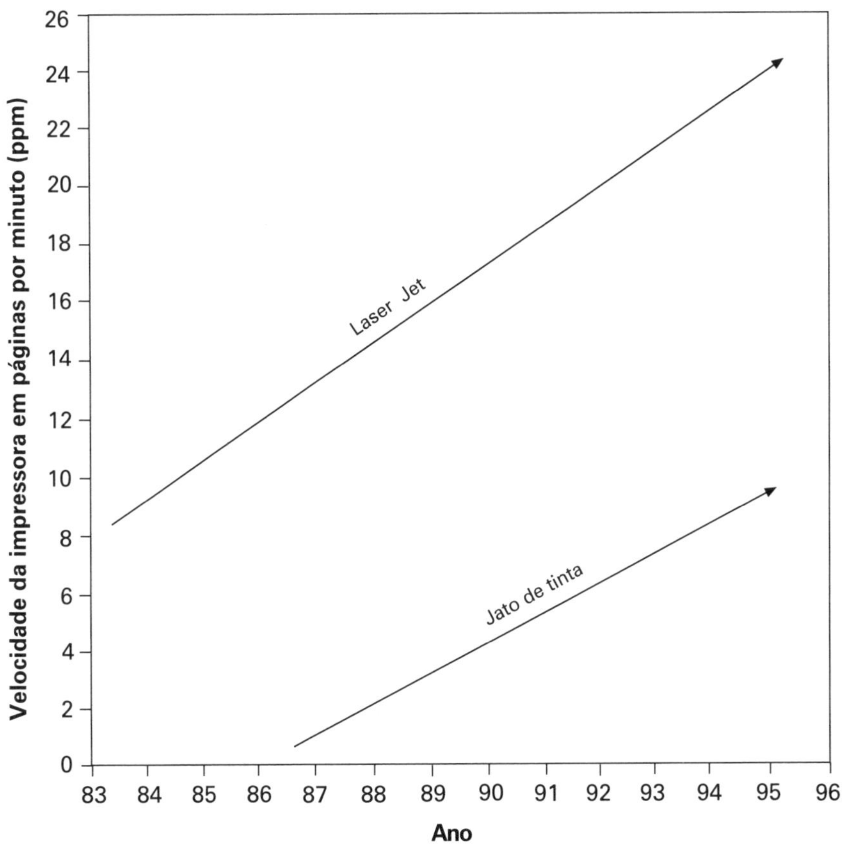

Fonte: Catálogos de produto da Hewlett-Packard, de vários anos.

A impressora a jato de tinta não é tão boa quanto a *laser* e jamais será. Mas a questão crítica é se a jato de tinta já pode ser tão boa impressora quanto o *mercado* do computador pessoal exige. A resposta parece ser sim. A resolução e a velocidade das impressoras a jato de tinta, por enquanto ainda inferiores às das impressoras a *laser*, estão agora suficientemente boas para muitos estudantes, profissionais e outros usuários dos computadores *desktop* que não estão em rede.

Hoje o negócio de impressora a jato de tinta da HP está atraindo muitos daqueles que, anteriormente, seriam usuários de impressora a laser. Consequentemente, o número de usuários na extremidade do mercado de desempenho maior, em direção à qual a divisão da *laser jet* está direcionada, provavelmente se tornará pequeno. Um dos negócios da HP poderá, no final, ter liquidado o outro.

Mas se a HP não tivesse criado seu negócio de jato de tinta como uma organização à parte, a tecnologia em questão provavelmente teria definhado dentro do negócio tradicional da *laser jet*, deixando alguma outra empresa como a Canon, competindo agora ativamente no negócio da impressora a jato de tinta, como séria ameaça a esse nicho da HP.

E, por permanecer no negócio da *laser* também, a HP uniu-se ao negócio de computadores de grande porte da IBM e às empresas de aço integradas, fazendo *muito* dinheiro enquanto executa uma retirada do mercado de maior lucratividade (*upmarket*).[16]

NOTAS DO AUTOR

1. A teoria da dependência de recursos foi completamente discutida por Jeffrey Pfeffer e Gerald R. Salancik em *The External Control of Organizations: A Resource Dependence Perspective* (Nova York: Harper & Row, 1978).
2. Isto implica que, ao administrar negócios sob condições normais e sob condições de agressão por uma tecnologia de ruptura, a escolha de quais clientes a empresa atenderá tem enormes consequências estratégicas.
3. Joseph L. Bower, em *Managing the Resource Allocation Process* (Homewood, IL: Richard D. Irwin, 1972), apresenta um quadro elegante e constrangedor do processo de alocação de recursos.
4. Chester Barnard, *The Functions of the Executive* (Cambridge, MA: Harvard University Press, 1938), 190-191.
5. O *spin-out* da Quantum com o esforço do Hardcard e sua subsequente reorientação estratégica são um exemplo dos processos de mudança estratégica, descrita por Robert Burgelman, em "Intraorganizational Ecology of Strategy-Making and Organizational Adaptation: Theory and Field Research", *Organization Science* (2), 1991, 239-262, como essencialmente um processo de seleção natural por meio do qual iniciativas não-favoráveis perdem para as favoráveis na competição interna pelos recursos da empresa.

6. O fracasso da Micropolis em manter compromissos competitivos simultâneos em ambas, a tecnologia antiga e a nova, de 5,25", está consistente com as histórias tecnológicas relatadas por James Utterback, em *Mastering the Dynamics of Innovation* (Boston: Harvard Business School Press, 1994). Utterback descobriu que as empresas que tentaram desenvolver radicalmente a nova tecnologia, pretendendo manter o compromisso simultâneo com a antiga, quase sempre fracassaram.
7. Um grupo de setores, nos quais se considera que as tecnologias de ruptura representaram um papel na quebra da liderança, é apresentado por Richard S. Rosenbloom e Clayton M. Christensen em "Technological Discontinuities, Organizational Capabilities, and Strategic Commitments", *Industrial and Corporate Change* (3), 1994, 655-685.
8. Nos anos 90, a DEC finalmente criou uma Divisão de Computador Pessoal em sua tentativa de construir um negócio expressivo nesse segmento. A divisão não era tão autônoma do negócio principal da DEC; contudo, os *spin-outs* da Quantum e da Control Data eram. Embora a DEC definisse métricas específicas de desempenho para a divisão de PC, os objetivos de negócios ainda estavam atrelados, *de fato,* aos padrões de margens brutas e de crescimento da receita da corporação, que não eram adequados ao mercado.
9. "Harvard Study on Discount Shoppers", *Discount Merchandiser,* setembro, 1963, 71.
10. Quando este livro estava sendo escrito, Kmart era uma empresa mutilada, tendo sido golpeada em um jogo de estratégia e excelência operacional pela então Wal-Mart. Não obstante, durante as duas décadas precedentes, Kmart tinha sido um varejista altamente bem-sucedido, criando valia extraordinária para os acionistas da Kresge. Os atuais esforços competitivos da Kmart não estão relacionados com a estratégia adotada pela Kresge por ocasião do encontro original com a ameaça de ruptura do desconto.
11. Um contraste minucioso entre as abordagens da Woolworth e Kresge para o varejo de descontos pode ser encontrado no estudo de caso da Harvard Business School. "The Discount Retailing Revolution in America", Nº 695-081.
12. Veja Robert Drew-Bear, "S. S. Kresge's Kmarts", *Mass Merchandising: Revolution and Evolution* (Nova York: Fairchild Publications, 1970), 218.
13. Relatório Anual da Empresa F. W. Woolworth, 1981, p. 8.
14. "Woolco Gets Lion's Share of New Space", *Chain Store Age,* novembro, 1971, E27. Este foi um argumento extraordinariamente elegante e racional para a consolidação, clara e habilmente produzida por uma extraordinária manipulação de opinião corporativa. Não importa que nenhuma loja Woolworth tenha se aproximado de 100 mil pés quadrados em tamanho!
15. Veja, por exemplo, "The Desktop Printer Industry in 1990", Harvard Business School, *case* Nº 9-390-173.
16. O historiador de negócios Richard Tedlow observou que os executivos da A&P tinham encarado o mesmo dilema ao ponderar sobre a adoção do formato do supermercado de ruptura no varejo:

    > Os empreendedores de supermercado competem contra A&P, não fazendo melhor o que a A&P faz de melhor no mundo, mas fazendo algo que a A&P não quer fazer de forma alguma. O maior fracasso de empreendimento nesta história é a Kroger. Esta empresa foi a segunda no mercado e um de seus funcionários (que a deixou para descobrir o primeiro supermercado do mundo) soube como fazê-lo primeiro. Os executivos da Kroger não ouviram. Talvez fosse

falta de imaginação ou talvez, como os executivos na A&P, os da Kroger também tivessem investido muito na forma padrão de fazer negócios. Se os executivos na A&P endossassem a revolução no supermercado, eles estariam arruinando o próprio sistema de distribuição. Esta é a razão de eles ficarem paralisados, incapazes de agir até que fosse quase tarde demais. No final, a A&P teve uma pequena escolha. A empresa poderia arruinar o próprio sistema ou ver outros o fazerem.

Veja Richard Tedlow, *New and Improved: The Story of Mass Marketing in America* (Boston: Harvard Business School Press, 1996).

NOTAS DO REVISOR TÉCNICO

*9. *Spin-off ou spin-out,* no ambiente de negócios, é a forma de uma organização criar uma nova empresa ou entidade independente (por exemplo, uma nova divisão ou unidade de negócio), para o desenvolvimento de um novo produto que nem sempre se encaixa na competência central ou missão da própria organização. Do ponto de vista estratégico, um *spin-off* pode ser vantajoso pois permite que cada empresa envolvida fique concentrada em seu *core business.*

*10. O princípio de *Bernoulli* atribuído ao matemático holandês/suiço Daniel Bernoulli, estipula que a pressão sobre um fluxo de um fluído diminui simultaneamente quando se aumenta a sua velocidade. Este princípio justifica em parte (basicamente) por que os aviões podem sustentar-se no ar.

CAPÍTULO 6

Igualar o Tamanho da Organização ao Tamanho do Mercado

Os gerentes que enfrentam a mudança tecnológica de ruptura devem ser líderes – não seguidores – em comercializar tecnologias de ruptura. Isso demanda implantar projetos para desenvolver essas tecnologias em organizações comerciais que igualem em tamanho o mercado que eles devem atingir. Essas afirmações baseiam-se em duas descobertas-chave deste estudo: que a liderança é mais crucial para competir com as tecnologias de ruptura do que com as incrementais, e que os mercados pequenos e emergentes não podem resolver as exigências de crescimento de curto prazo e lucro das grandes empresas.

A evidência do setor de *disk drive* demonstra que criar novos mercados é expressivamente *menos* arriscado e *mais* gratificante do que entrar em mercados estabelecidos, contra a competição entrincheirada. Mas, no momento em que as empresas se tornam maiores e mais bem-sucedidas, torna-se até mais difícil entrar em mercados emergentes bastante prematuros. Em virtude do desenvolvimento, as empresas necessitam adicionar, de modo crescente, grandes fatias de novas receitas a cada ano, exatamente para manter a taxa de crescimento desejada. Com isso, torna-se menos e menos possível que pequenos mercados sejam viáveis como instrumentos para obter essas fatias de receita. Veremos que o caminho mais direto de encarar essa dificuldade é implantar projetos para a comercialização de tecnologias de ruptura em organizações pequenas; o suficiente para que se motivem, com as oportunidades do mercado diminuto, e o façam com regularidade, mesmo enquanto a empresa principal estiver em crescimento.

OS PIONEIROS SÃO REALMENTE AQUELES QUE ANDAM COM AS FLECHAS NAS COSTAS?

Decisão estratégica crucial na administração da inovação é se o importante é ser um líder ou aceitável ser um seguidor. Volumes têm sido escritos sobre as vantagens dos primeiros proponentes e sobre o valor compensatório da sensatez em esperar até que os principais riscos do inovador tenham sido resolvidos pelas empresas pioneiras. "Você pode sempre dizer quem foram os pioneiros", afirma um antigo provérbio de administração. "Eles são aqueles com as flechas em suas costas." Como ocorre com a maioria das divergências na teoria da administração, nenhuma posição está sempre correta. Na verdade, algumas descobertas do estudo do setor de *disk drive* fornecem-nos alguns critérios em relação a quando a liderança é decisiva e quando ser um seguidor faz mais sentido.

A Liderança em Tecnologias Incrementais Pode Não Ser Essencial

A cabeça de leitura-gravação de película fina foi uma das linhas divisórias entre as tecnologias que afetaram o ritmo no qual os produtores de *disk drive* aumentaram a densidade de gravação de seus *drives*. Vimos no Capítulo 1 que, apesar da diferença radical, o caráter da tecnologia competência-destruição, os US$ 100 milhões e o período de 5 a 15 anos gastos para desenvolvê-la, as empresas que lideravam nessa tecnologia eram os fabricantes estabelecidos de *disk drive*.

Devido ao risco envolvido no desenvolvimento da tecnologia e sua potencial importância para o setor, a imprensa comercial começou a especular, no final dos anos 70, sobre qual competidor lideraria com as cabeças de película fina. Até que ponto a tecnologia da cabeça de ferrite convencional poderia ser pressionada? Quais produtores de *drive* seriam prensados na corrida do setor por terem feito uma aposta tardia e errônea na nova tecnologia da cabeça de leitura-gravação? Até o momento, revelou--se que liderar a inovação ou imitá-la *não* fazia diferença substancial nessa posição competitiva. É o que ilustram as Figuras 6.1 e 6.2.

Figura 6.1 Pontos nos quais a tecnologia da película fina foi adotada pelos fabricantes líderes, relativa às capacidades da tecnologia do ferrite-óxido na época da mudança

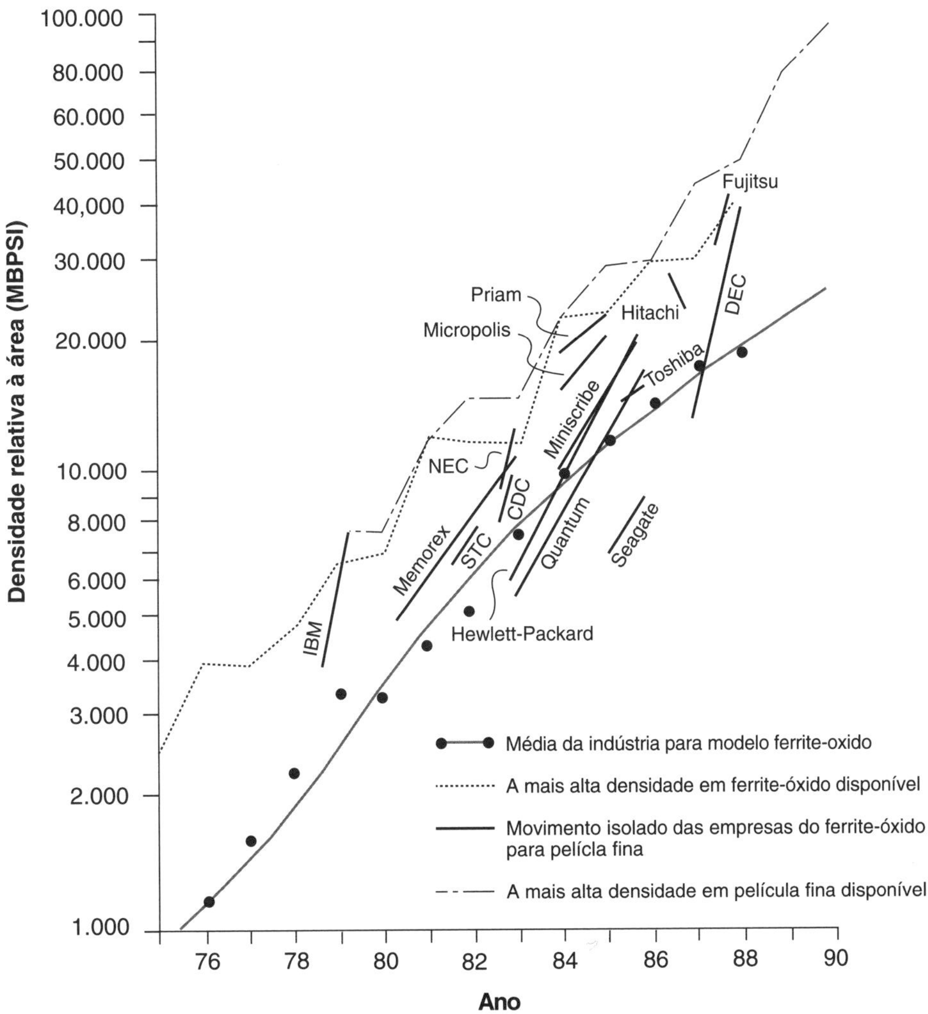

Fonte: Os dados são de várias edições do *Disk/Trend Report.*

A Figura 6.1 demonstra quando cada uma das empresas líderes introduziu seu primeiro modelo empregando a tecnologia da cabeça de película fina. O eixo vertical mede a densidade de gravação do *drive*. A extremidade inferior da linha para cada empresa denota a densidade máxima de gravação alcançada antes da introdução do modelo com uma cabeça de película fina. A extremidade superior de cada linha indica a densidade do primeiro modelo que cada empresa introduziu com uma cabeça de película fina. Percebe-se a ampla disparidade de pontos nos quais as empresas sentiram que era importante introduzir a nova tecnologia.

A IBM liderou o setor, introduzindo sua nova cabeça quando havia atingido três *megabits* (Mb) por polegada quadrada. A Memorex e a Storage Technology, igualmente, adotaram uma postura de liderança com respeito a essa tecnologia. Por outro lado, a Fujitsu e a Hitachi pressionaram o desempenho das cabeças de ferrite convencionais quase dez vezes além do ponto em que a IBM introduziu primeiramente a tecnologia, escolhendo ser seguidoras, ao invés de líderes, na tecnologia da película fina.

Que benefício, se é que ele existiu, a liderança nessa tecnologia deu aos pioneiros? Não há evidência de que os líderes obtiveram qualquer vantagem competitiva expressiva sobre os seguidores; nenhuma das empresas que abriram o caminho para a tecnologia da película fina ganhou participação expressiva no mercado. Além disso, as empresas pioneiras aparentam não ter desenvolvido nenhum tipo de vantagem de aprendizado que lhes possibilitasse alavancar sua liderança anterior para conseguir níveis mais altos de densidade do que fizeram seus seguidores. A evidência disso é demonstrada na Figura 6.2. O eixo horizontal mostra a ordem na qual as empresas adotaram as cabeças de película fina. Consequentemente, a IBM foi a primeira, a Memorex a segunda e a Fujitsu a décima quinta. O eixo vertical fornece o grau de ordenação da densidade de gravação do modelo mais avançado comercializado por cada empresa em 1989. Se os primeiros a adotar cabeças de película fina desfrutassem, com base na experiência, algum tipo de vantagem sobre os que as adotaram posteriormente, então seria de se esperar que os pontos no gráfico se inclinassem normalmente da esquerda superior em direção à direita inferior. O gráfico demonstra, ao contrário, que não há relação entre o líder e o seguidor em cabeças de película fina e qualquer vantagem tecnológica subsequente.[1]

Cada uma das outras tecnologias incrementais na história do setor apresentam quadro similar. Não há evidência de que quaisquer dos líderes em desenvolvimento e adoção de tecnologias incrementais desenvolveram vantagem competitiva discernível sobre os seguidores.[2]

Figura 6.2 Relacionamento entre ordem de adoção da tecnologia da película fina e a densidade relativa à área do modelo de maior desempenho em 1989.

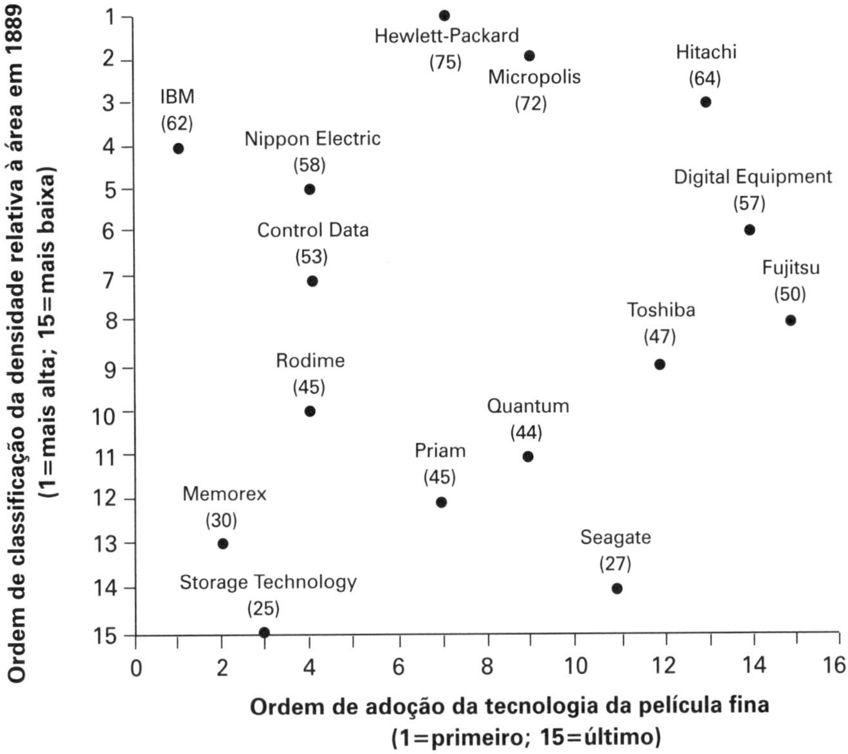

Fonte: Clayton M. Christensen, "Exploring the Limits of the Technology S-Curve. Part I: Component Technologies", *Production and Operations Management* 1, nº 4 (outono de 1992): 347, Reimpressão permitida.

Liderança em Tecnologias de Ruptura Cria Enorme Valor

Em contraste com a evidência de que a liderança em tecnologias incrementais tem, historicamente, conferido pouca vantagem ao pioneirismo das empresas de *disk drive*, há fortes indícios de que a liderança em tecnologia de ruptura tem sido *muito* importante. As empresas que incorporaram as novas redes de valor possibilitadas por gerações de rupturas de *disk drives*, nos primeiros dois anos depois que eles apareceram, apresentavam seis vezes mais probabilidades de ser bem-sucedidas do que aquelas que o fizeram posteriormente.

Entre 1976 e 1993, oitenta e três empresas entraram no setor de *disk drive* nos Estados Unidos. Entre elas, trinta e cinco tinham interesses diversificados, como a Memorex, Ampex, 3M e Xerox – que produziram outro equipamento periférico de computação ou outros produtos de gravação magnética – e quarenta e oito eram empresas iniciantes independentes, muitas delas financiadas por capital de risco e comandadas por pessoas que haviam trabalhado anteriormente para outras empresas do setor.

Esses números representam o recenseamento completo de todas as empresas que nunca foram incorporadas e/ou eram conhecidas por terem anunciado o projeto de um *hard drive*; queira ou não eles realmente venderam alguma quantidade. Não é uma amostra estatística de empresas que poderiam ser influenciadas a favor ou contra qualquer tipo de empresa.

As estratégias de ingresso empregadas por cada empresa podem ser caracterizadas ao longo de dois eixos na Tabela 6.1. O eixo vertical descreve as estratégias *tecnológicas,* com empresas no ponto mais baixo utilizando somente tecnologias provadas em seus produtos iniciais, e aquelas no ponto mais alto utilizando uma ou mais novas tecnologias de componentes.[3]

O eixo horizontal demonstra as estratégias de *mercado,* com empresas à esquerda tendo já ingressado nas redes de valor estabelecidas e aquelas à direita tendo ingressado nas redes de valor emergentes.[4] Uma outra forma de caracterizar essa matriz é observar que as empresas que eram agressivas no ingresso, desenvolvendo e adotando inovações incrementais, aparecem nos dois espaços superiores, à esquerda e à direita, enquanto as empresas que lideraram o ingresso, criando novas redes de valor, aparecem nos dois espaços da faixa da direita, superior e inferior. As empresas nos espaços à direita incluem *todas* as que tentaram criar novas redes de valor, mesmo aquelas redes que não se materializaram em mercados essenciais (como as dos *hard drives* removíveis).

Cada quadrante mostra o número de empresas que ingressaram utilizando a estratégia representada. Sob o S (de "sucesso") está a quantidade de empresas que geraram US$ 100 milhões em receitas em no mínimo um ano,

Tabela 6.1 Empresas de *disk drive* atingindo US$ 100 milhões em receitas anuais em pelo menos um ano entre 1976 e 1994

Estratégia tecnológica no ingresso

Nova tecnologia

Tipo de empresa	S	F	N	T	% Sucesso	Vendas ($ milhões)	Tipo de empresa	S	F	N	T	% Sucesso	Vendas ($ milhões)
Estreantes	0	7	3	10	0%	$ 235.3	Estreantes	3	4	1	8	37%	$ 16,379.3
Tecnologia correlata	0	1	0	1	0%	0.0	Tecnologia correlata	0	0	0	0	--	--
Mercado correlato	0	3	0	3	0%	1.4	Mercado correlato	0	0	0	0	--	--
Integrantes futuros	0	1	0	1	0%	0.0	Integrantes futuros	0	0	0	0	--	--
Total	0	12	3	15	0%	$ 236.7	Total	3	4	1	8	37%	$ 16,379.3

Tecnologia provada

Tipo de empresa	S	F	N	T	% Sucesso	Vendas ($ milhões)	Tipo de empresa	S	F	N	T	% Sucesso	Vendas ($ milhões)
Estreantes	3	11	4	18	17%	$ 2,485.7	Estreantes	4	7	2	13	31%	$ 32,043.7
Tecnologia correlata	0	4	0	4	0%	191.6	Tecnologia correlata	4	2	0	6	67%	11,461.0
Mercado correlato	0	12	0	12	0%	361.2	Mercado correlato	1	4	0	5	20%	2,239.0
Integrantes futuros	0	3	0	3	0%	17.7	I nteg ra ntes futu ros	0	0	0	0	--	--
Total	3	30	4	37	8%	$ 3,056.2	Total	9	13	2	24	36%	$ 45,743.7

Mercado estabelecido — Mercado emergente

Estratégia de mercado no ingresso

Estatística para todas as empresas, indiferentemente da estratégia tecnológica:	S	F	N	T	% Sucesso	Vendas ($ milhões)		S	F	N	T	% Sucesso	Vendas ($ milhões)
Estreantes	3	18	7	28	11%	$ 2.721.0	Estreantes	7	11	3 21		33%	$ 48.423.0
Tecnologia correlata	0	5	0	5	0%	191.6	Tecnologia correlata	4	2	O	6	67%	11.461.0
Mercado correlato	0	15	0	15	0%	362.6	Mercado correlato	1	4	O	5	20%	2.239.0
Integrantes futuros	0	4	0	4	0%	17.7	Integrantes futuros	0	0	0	0		
Total	3	42	7	52	6%	$ 3.292.9	Total	12	17	3	32	37%	$ 62.123.0

Fonte: Os dados são de várias edições do *Disk/Trend Report*.
Nota: S indica sucesso, F indica fracasso, N indica não, T indica total.

mesmo se a empresa faliu em seguida; *F* (de "fracasso") mostra a quantidade de empresas que já fracassaram em atingir US$ 100 milhões de receita e que, subsequentemente, tiveram que se retirar do setor; N (de "não") indica a quantidade de empresas para as quais ainda não há um veredicto porque, enquanto ainda operavam em 1994, elas não tinham, até então, atingido US$ 100 milhões em vendas; e T (de "total") relaciona a quantidade total, em cada categoria[5], de empresas que ingressaram. A coluna intitulada "% Sucesso" indica a porcentagem da quantidade total de empresas que atingiram US$ 100 milhões em vendas. Finalmente, abaixo da matriz estão as somas dos dados dos dois quadrantes acima.

Os números abaixo da matriz mostram que apenas três das 51 empresas (6%) que ingressaram em mercados estabelecidos jamais atingiram US$ 100 milhões em receitas de referência. Ao contrário, 37% das empresas que lideraram a inovação tecnológica de ruptura – aquelas que ingressaram no mercado e que tinham menos de dois anos – superaram o nível de US$ 100 milhões, conforme mostrado no lado direito da Tabela 6.1. Ser empresa estreante ou diversificada teve pouco impacto sobre sua taxa de sucesso. O que parecia ser importante não era sua forma organizacional, mas se a empresa era um líder na introdução de produtos de ruptura e na criação de mercados em que eles eram bem-sucedidos.[6]

Apenas 13% das empresas que ingressaram tentando liderar em tecnologias incrementais de componentes (a metade superior da matriz) foram bem-sucedidas, enquanto 20% das empresas que vieram depois tiveram sucesso. Claramente, o quadrante inferior direito ofereceu o terreno mais fértil para o sucesso.

O número de vendas cumulativo nas colunas mais à direita em cada quadrante mostra o total, receitas cumulativas registradas por todas as empresas ao adotar cada uma das estratégias; estas estão resumidas abaixo, na matriz. O resultado é muito surpreendente. As empresas que lideraram o lançamento de produtos de rupturas, lançaram em seus livros um total cumulativo de US$ 62 bilhões de dólares em receitas entre 1976 e 1994.[7] Aquelas que ingressaram, mais tarde, após os mercados terem se tornado estáveis, lançaram apenas US$ 3,3 bilhões na receita total. Isto é, na verdade, um dilema da inovação. As empresas que buscaram crescer ingressando em mercados pequenos e emergentes registraram *vinte vezes* as receitas de empresas que perseguiram o crescimento em mercados maiores. As diferenças em receitas por empresa são ainda mais impressionantes: as empresas que ingressaram mais tarde nos mercados habilitados pela tecnologia de ruptura, na metade esquerda da matriz, geraram a média cumulativa total de US$ 64,5 milhões por empresa. A *média* das empresas que lideraram a tecnologia de ruptura gerou US$ 1,9 bilhão em receitas. As empresas no lado esquerdo parecem ter feito um contrato desagradável. Elas trocaram um *mercado de risco* – o de que um mercado emergente para a tecnologia de ruptura pudesse não se desenvolver depois de tudo – por um *risco competitivo* – o de ingressar em mercados contra a competição entrincheirada.[8]

TAMANHO DA EMPRESA E LIDERANÇA EM TECNOLOGIAS DE RUPTURA

Apesar da evidência de que a liderança na inovação de ruptura paga enormes dividendos, as empresas estabelecidas, conforme foi demonstrado nos primeiros quatro capítulos deste livro, frequentemente fracassam em tomar o comando. Os clientes de empresas estabelecidas podem manter as organizações aprisionadas, trabalhando sob a ótica racional, os processos de alocação de recursos funcionando bem no sentido de mantê-las distantes da comercialização de tecnologias de ruptura. Um fator cruel *adicional,* que incapacita e atormenta empresas estabelecidas, porque elas trabalham para manter sua taxa de crescimento, é que, quanto maior e mais bem-sucedidas elas se tornam, mais difícil é reunir a base lógica para ingressar em um mercado emergente em seus estágios iniciais, quando a evidência demonstra que o ingresso é tão decisivo.

Bons gerentes são induzidos a manter suas organizações crescendo por muitas razões. Uma é que as taxas de crescimento têm um forte efeito na participação dos preços. Na medida em que o preço das ações da empresa representa o valor consensual presente que prognostica o seu futuro fluxo de receitas, então o *nível* do valor da ação – ascendente ou descendente – é comandado pelas mudanças na *taxa de crescimento* de receitas projetado.[9] Em outras palavras, se o preço das ações for baseado em um consenso de previsão de crescimento de 20% e o consenso do mercado para o crescimento for posteriormente revisto para o crescimento decrescente de 15%, então o preço das ações da empresa provavelmente *cairá* – embora suas receitas e lucros ainda estejam crescendo a uma taxa saudável.

O preço poderoso e crescente das ações proporciona, é claro, a uma empresa o acesso para o capital em termos favoráveis; investidores felizes são um grande ativo para uma companhia.

Elevar os preços das ações faz dos *stock options plans* (planos por opções de compra de ações) uma forma barata de proporcionar incentivo e premiar funcionários valiosos. Quando o preço das ações fica estagnado ou cai, as opções perdem seu valor. Além disso, o crescimento da empresa cria espaço no topo para funcionários com alto desempenho expandirem o alcance de suas responsabilidades. Quando as empresas param de crescer, elas começam perdendo muito de seus mais promissores futuros líderes, que veem menos oportunidade para progredir nesse contexto.

Finalmente, há uma evidência expressiva de que as empresas em crescimento acham muito mais fácil justificar investimentos em novo produto e tecnologias de processo do que as empresas cujo crescimento foi interrompido.[10]

Infelizmente, empresas que se tornam grandes e bem-sucedidas acham que manter o crescimento se torna progressivamente mais difícil. A combinação é simples: uma empresa de US$ 40 milhões, que necessita crescer lucrativamente 20% para manter o preço de suas ações e a vitalidade organizacional, demanda um adicional em receitas de US$ 8 milhões no primeiro ano, US$9,6 milhões no ano seguinte e assim por diante; uma empresa de US$ 400 milhões, com uma taxa de crescimento de 20% a atingir, necessita de novos valores em negócios de US$ 80 milhões no primeiro ano, US$ 96 milhões no próximo e assim por diante; e uma empresa de US$ 4 bilhões com uma meta de 20% necessita perceber US$ 800 milhões, US$ 960 milhões e assim por diante, em cada ano sucessivo.

Esse problema é particularmente inquietante para grandes empresas que enfrentam tecnologias de ruptura. Essas tecnologias facilitam o surgimento de novos mercados e não existem US$ 800 milhões em mercados emergentes. Mas é precisamente quando os mercados são pequenos – quando eles são *menos* atrativos para grandes empresas na busca de generosas porções de novas receitas – que ingressar neles é tão decisivo.

Como pode um gerente de uma grande e bem-sucedida empresa lidar com essas realidades de tamanho e crescimento ao encarar a mudança de ruptura?

Tenho observado três abordagens em meu estudo sobre o problema:

1. Tentar afetar a taxa de crescimento do mercado emergente, para que ela se torne grande o bastante e rápida o suficiente, para fazer uma curva significativa na trajetória do lucro e crescimento da receita de uma grande empresa.
2. Esperar até o mercado surgir e se tornar mais bem definido, e só ingressar nele quando "tornar-se grande o suficiente para ser interessante".
3. Atribuir responsabilidade para comercializar as tecnologias de ruptura em organizações pequenas o bastante para que seu desempenho seja significativamente afetado pelas receitas, lucros e pequenos pedidos que fluirão nos negócios de ruptura em seus primeiros anos.

Conforme demonstram os estudos de casos a seguir, as duas primeiras abordagens estão repletas de problemas. A terceira tem sua parcela de desvantagens também, mas é evidentemente mais promissora.

ESTUDO DE CASO: IMPULSIONANDO A TAXA DE CRESCIMENTO DE UM MERCADO EMERGENTE

A história do ingresso precoce da Apple Computer no mercado de computador portátil de mão (*hand-held*) ou assistente digital pessoal (PDA) ajudou a esclarecer as dificuldades enfrentadas por grandes empresas em pequenos mercados.

A Apple Computer introduziu seu Apple I em 1976. Na melhor das hipóteses, era um produto preliminar, com funcionalidade limitada, e a empresa vendeu um total de 200 unidades a US$ 666 cada, antes de retirá-lo do mercado. Mas o Apple I não foi um desastre financeiro. A Apple teve um gasto modesto em seu desenvolvimento e tanto ela quanto seus clientes aprenderam muito sobre como os computadores pessoais de mesa (*desktop PCs*) poderiam ser utilizados. Esse aprendizado a Apple incorporou ao seu computador Apple II, introduzido em 1977, que foi um grande sucesso. A empresa vendeu 43 mil computadores Apple II nos seus primeiros dois anos no mercado,[11] e o sucesso do produto a posicionou como a líder no setor de computadores pessoais. Graças ao sucesso do Apple II, a Apple tornou-se conhecida em 1980.

Uma década após ter lançado o Apple II, a Apple Computer tornara-se uma empresa de US$5 bilhões e, como todas as empresas grandes e bem-sucedidas, descobriu-se tendo que adicionar grandes porções da receita a cada ano para preservar o valor de seu patrimônio e vitalidade organizacional. No início dos anos 90, o mercado emergente de PDAs *(hand-held)* surgiu como veículo potencial para atingir o crescimento necessário. De muitas formas, essa oportunidade, análoga à de 1978, quando o computador Apple II a ajudou a modelar seu setor, era um grande ajuste para a Apple. Sua especialidade em produtos fáceis de operar era a marca inconfundível de seus projetos, e facilidade de operação e comodidade eram as bases do conceito do PDA.

Como a Apple abordou essa oportunidade? Agressivamente. Ela investiu muitos milhões de dólares para desenvolver seu produto – apelidado de "Newton" –, cujas características foram definidas pelo mais completo esforço de pesquisa de mercado realizado na história da empresa. Grupos foram focalizados e pesquisas de todo tipo foram utilizadas para determinar o que os consumidores queriam. O PDA tinha muitas das características de uma tecnologia de computação de ruptura. Reconhecendo os problemas potenciais, o CEO da Apple John Sculley fez do desenvolvimento do Newton uma prioridade pessoal, promovendo amplamente o produto e assegurando que o esforço obtivesse os recursos técnicos e financeiros de que necessitasse.

A Apple vendeu 140 mil Newtons em 1993 e 1994, seus primeiros dois anos no mercado. A maioria dos observadores, é claro, visualizou o Newton como um grande fiasco. Tecnicamente, sua capacidade de reconhecimento da escrita manual estava desapontando e sua tecnologia de comunicação sem fio o havia encarecido. Mas a maior rejeição provinha do fato de que, enquanto Sculley havia publicamente colocado o Newton como um produto-chave para sustentar o crescimento da empresa, suas vendas no primeiro ano totalizaram cerca de 1% das receitas da Apple. Apesar de todo o esforço, o Newton representou apenas um entalhe na necessidade de novo crescimento da Apple.

Mas o Newton teria sido um fracasso? A época do seu ingresso no mercado dos portáteis era semelhante à do Apple II no mercado do computador de mesa (*desktop*). O mercado estava em formação, e um produto de ruptura apontava para um conjunto de usuários indefiníveis, cujas necessidades eram desconhecidas tanto para eles quanto para a Apple. Sob este ângulo, as vendas do Newton deveriam ter surpreendido agradavelmente os executivos da empresa: ele superou as vendas do Apple II em seus primeiros dois anos por um fator acima de três por um. Mas, enquanto vender 43 mil unidades era visto como um IPO[*11] – qualificando o triunfo na pequena Apple de 1979 –, vender 140 mil Newtons era considerado um fracasso na gigante Apple de 1994.

Conforme mostrará o Capítulo 7, as tecnologias de ruptura frequentemente possibilitam que seja feito algo que, anteriormente, teria sido julgado impossível. Por causa disso, inicialmente, quando elas emergem, nem os fabricantes nem os consumidores sabem como e por que os produtos serão utilizados e, consequentemente, não conhecem as características específicas deles que serão ou não valorizadas. Construir certos mercados requer um processo de descoberta mútua por consumidores e fabricantes – e isso simplesmente leva tempo. No desenvolvimento do computador de mesa da Apple, por exemplo, o Apple I fracassou, o primeiro Apple II estava sem brilho e o Apple II+ teve êxito. O Apple III foi um fracasso de mercado por problemas de qualidade, e o Lisa foi um fracasso. As duas primeiras gerações do computador Macintosh também foram um desastre. Somente na terceira edição do Macintosh é que a Apple e seus clientes finalmente "o" descobriram: o padrão de computação conveniente, fácil de operar, para o qual o resto do setor finalmente teve que se adaptar.[12]

Ao lançar o Newton, entretanto, a Apple estava desesperada para dar um curto-circuito nesse processo aderente e definir o derradeiro produto e mercado. Ela assumiu que seus consumidores sabiam o que queriam e investiu muito agressivamente para descobrir o que era. (Conforme o próximo capítulo irá mostrar, isso é impossível.) Para oferecer, então, aos clientes o que ela pensava que eles queriam, a Apple teve de assumir o precário papel de um líder tecnológico incremental em um setor emergente. Ela gastou enormes somas para levar avante o mercado de comunicações móveis de dados e de tecnologias para o reconhecimento de texto manuscrito de modo que superasse o estado da arte. E, por fim, ela gastou agressivamente para convencer as pessoas a comprar o que havia projetado.

Devido ao fato de o mercado emergente ser pequeno por definição, as organizações que competem dentro dele devem ser capazes de se tornar lucrativas em pequena escala. Isso é crucial porque as organizações ou projetos percebidos como lucrativos e bem-sucedidos podem continuar a atrair ambos os recursos, humanos e financeiros, de sua matriz e dos mercados de capitais. Iniciativas percebidas como fracassos têm uma época difícil para atrair tanto recursos humanos quanto financeiros. Infelizmente, a escala de investimentos que a Apple fez em seu Newton, para acelerar o surgimento do mercado do PDA, tornou muito difícil conseguir um retorno atrativo. Consequentemente, o Newton foi considerado abertamente como um fiasco.

Como ocorre na maioria dos desapontamentos em negócios, a compreensão tardia revela as falhas no projeto Newton da Apple. Mas eu acredito que a raiz do problema do conflito da Apple *não* foi a administração inadequada. As ações dos executivos eram um sintoma de um problema mais profundo: pequenos mercados não podem satisfazer, no curto prazo, as exigências de crescimento de grandes organizações.

ESTUDO DE CASO: AGUARDAR ATÉ QUE O MERCADO ESTEJA GRANDE O SUFICIENTE PARA SER INTERESSANTE

A segunda forma pela qual muitas grandes empresas têm reagido às armadilhas da tecnologia de ruptura é esperar que os mercados emergentes "fiquem grandes o suficiente para ser interessantes" antes de elas ingressarem neles. Algumas vezes isso funciona, como demonstrou o ingresso oportuno da IBM, em 1981, nos negócios do PC. Trata-se, porém, de uma lógica sedutora, que pode produzir um efeito contrário ao almejado. Isso porque as empresas, ao criar novos mercados, forjam, com frequência, habilidades estritamente correspondentes às exigências desses mercados, que, mais tarde, as empresas estreantes encontram dificuldade em copiar. Dois exemplos do setor de *disk drive* ilustram o problema.

A Priam Corporation – que ascendeu à liderança do mercado de *drives* de 8" –, após seu ingresso em 1978, vendia aos fabricantes de minicomputadores, tendo criado naquele mercado habilidade para expandir seus *drives* no ritmo de dois anos, consistente com o de seus clientes na introdução de novos produtos no mercado.

O primeiro *drive* de 5,25" da Seagate, apresentado ao mercado emergente de PC em 1980, estava em um processo lento de ruptura, comparado ao desempenho dos *drives* da Priam no mercado de minicomputadores. Mas, por volta de 1983, a Seagate e as outras empresas que comandavam a implementação da tecnologia de ruptura do 5,25" tinham desenvolvido um produto com ritmo de introdução de *um ano* em seus mercados. Em virtude de a Seagate e a Priam atingirem porcentagens similares de melhorias na velocidade em cada geração do novo produto, a Seagate, introduzindo novas gerações no ritmo de um ano, rapidamente começou a convergir sobre a vantagem de desempenho da Priam.

A Priam apresentou seu primeiro *drive* de 5,25" em 1982. Mas, ao introduzir seus modelos subsequentes, ela manteve o ritmo de dois anos que havia aprimorado no mercado do minicomputador – e não o ciclo de um ano exigido para competir no mercado do PC. Em consequência, ela jamais foi capaz de garantir um *único* pedido OEM de um importante fabricante de computador de mesa, nem pôde alcançar seu projeto windows com os novos *drives* que produziu. E a Seagate, galgando degraus muito mais à frente do que a Priam, foi capaz de superar a defasagem no desempenho entre elas. A Priam fechou suas portas em 1990.

O segundo exemplo aconteceu na geração de ruptura seguinte. A Seagate Technology era, em 1984, a segunda empresa no setor a desenvolver um *drive* de 3,5". Os analistas especulavam sobre a hipótese de que a Seagate poderia entregar os *drives* de 3,5" já no ano de 1985; e, de fato, a Seagate exibiu um modelo de 10 MB no outono de 1985, no Comdex Show[*12]. Como a Seagate ainda não havia entregue um *drive* de 3,5" no final de 1986, o CEO Al Shugart explicou: "Por enquanto, quase não existe ainda um mercado grande o suficiente para ele".[13] Em 1987, quando o mercado de 3,5", de US$ 1,6 bilhão, estava "grande o suficiente para ser interessante", a Seagate finalmente lançou sua oferta. Em 1991, entretanto, a Seagate, então produzindo um volume expressivo de *drives* de 3,5", não tinha tido êxito ainda em vender um único *drive* para um fabricante de computadores portáteis. Seus modelos eram todos vendidos dentro do mercado de PC (*desktop*), provocando defensivamente o canibalismo de suas vendas dos *drives* de 5,25". Por quê?

Uma provável razão para esse fenômeno é que a Conner Peripherals, que abriu o caminho e manteve o comando nas vendas de *drives* de 3,5" para os fabricantes de computadores portáteis, mudou fundamentalmente a forma de abordar esse mercado. Conforme um executivo da Conner o descreveu:

> Desde o começo do OEM no setor de *disk drive*, o desenvolvimento do produto prosseguia em três passos sequenciais. Primeiro você projetava o *drive*; depois você o produzia; e então você o vendia. Nós mudamos tudo isso. Primeiramente *vendemos* os *drives*; depois nós os projetamos; e então nós os produzimos.[14]

Em outras palavras, a Conner criou um padrão em que os *drives* para o mercado de computador portátil eram personalizados para os principais clientes. E isso aperfeiçoou uma série de habilidades em seus processos de marketing, engenharia e fabricação que eram feitos sob medida para aquele padrão.[15] Segundo um outro executivo da Conner: "A Seagate nunca foi capaz de descobrir como vender *drives* no mercado dos portáteis. Eles nunca o conseguiram."[16]

ESTUDO DE CASO: PROPORCIONAR PEQUENAS OPORTUNIDADES PARA PEQUENAS ORGANIZAÇÕES

Toda inovação é difícil. Essa dificuldade é imensuravelmente agravada, contudo, quando um projeto está inserido em uma organização na qual a maioria das pessoas questiona continuamente por que o projeto está sendo feito. Os projetos fazem sentido para as pessoas se eles atenderem às necessidades dos clientes importantes, se causarem impacto positivo nas necessidades de lucro e crescimento da organização e se participar do projeto aumenta as oportunidades de carreira dos funcionários talentosos. Quando um projeto não tem esses requisitos, seu gerente gasta muito tempo e energia justificando por que o projeto merece os recursos e não pode gerenciá-lo tão eficazmente. Frequentemente, em tais circunstâncias, os melhores funcionários não querem estar associados ao projeto – e, quando as coisas ficam apertadas, projetos vistos como não essenciais são os primeiros a ser cancelados ou adiados.

Os executivos podem dar enorme impulso à probabilidade de sucesso do projeto, portanto, ao assegurar que ele seja executado em um ambiente no qual todos os envolvidos visualizem o esforço como decisivo para o futuro crescimento e lucratividade da organização. Sob essas condições, quando ocorrerem inevitáveis desapontamentos, problemas não previstos e deslizes na programação, a organização estará, provavelmente, mais disposta a encontrar caminhos para reunir as forças necessárias e resolver o problema.

Como temos visto, é pouco provável que um projeto para comercializar uma tecnologia de ruptura em um mercado pequeno e emergente seja considerado essencial para o sucesso em uma grande empresa; pequenos mercados não resolvem os problemas de crescimento de grandes empresas. Em vez de trabalhar continuamente para convencer e lembrar a todos que a tecnologia, pequena e de ruptura poderá *algum dia* ser expressiva ou, no mínimo, estrategicamente importante, as grandes empresas devem procurar atribuir o projeto a uma organização que seja pequena o suficiente para motivar-se, em seus primeiros anos, com a oportunidade oferecida por uma tecnologia de ruptura. Isso pode ser feito tanto pelo prolongamento detalhado em uma organização independente quanto pela aquisição de uma empresa convenientemente pequena. Esperar que funcionários de uma grande organização, cujos objetivos são orientados para os resultados, dediquem uma quantidade decisiva de recursos, atenção e energia a um projeto de ruptura, que focaliza um mercado pequeno e insuficientemente definido, equivale a agitar os braços de alguém em um esforço para voar. Isso nega uma tendência importante na forma como as organizações trabalham. [17]

Existem muitas histórias de sucesso para crédito dessa abordagem. A Control Data, por exemplo, que tinha perdido essencialmente a geração do *disk drive* de 8", enviou um grupo à cidade de Oklahoma para comercializar seus *drives* de 5,25". Além da necessidade da CDC de escapar do poder de seus clientes tradicionais, a empresa quis explicitamente criar uma organização cujo tamanho se equiparasse à oportunidade. "Nós necessitávamos de uma organização", refletiu um gerente, "que ficasse motivada com um pedido em torno de US$ 50.000. Em Minneapolis (que obteve aproximadamente US$ 1 bilhão das vendas de *drives* de 14" no mercado do computador de grande porte), você precisava de pedidos na ordem de um milhão de dólares para deixar alguém orgulhoso." A aventura da CDC na cidade de Oklahoma provou ser um sucesso expressivo.

Uma outra maneira de igualar o tamanho de uma organização ao tamanho da oportunidade é adquirir uma empresa pequena, dentro da qual possa incubar a tecnologia de ruptura. Essa foi a forma como Allen Bradley negociou sua transição de ruptura muito bem-sucedida dos motores com controle mecânico para os de controle eletrônico.

Por décadas, a Allen Bradley Company (AB) em Milwaukee tem sido um líder incontestável no setor de controladores de motor, fabricando produtos resistentes ao desgaste, sofisticados interruptores que conectam e desconectam enormes motores elétricos e os protegem de sobrecargas e elevações bruscas de corrente. Os clientes da AB eram produtores de máquinas operatrizes e guindastes, assim como empreiteiras que instalavam ventoinhas e bombas para sistemas de aquecimento, ventilação e ar-condicionado (HVAC-*Heating, Ventilating, Air Conditioning*) industriais e comerciais. Os controladores de motor eram dispositivos eletromecânicos que operavam com o mesmo princípio dos interruptores de luz residenciais, embora em uma escala maior. Em máquinas operatrizes sofisticadas e sistemas HVAC, os motores elétricos e seus controles eram frequentemente ligados, por meio de sistemas de comutação de relés eletromecânicos, para conectar e desconectar em sequências e sob condições específicas. Por causa do valor do equipamento que eles controlavam e o alto custo do tempo de inatividade do equipamento, os controles deviam ser robustos, e capazes de ser ligados e desligados milhões de vezes e de resistir às vibrações e à poeira que caracterizavam os ambientes nos quais eles eram utilizados.

Em 1968, uma empresa estreante, Modicon, começou vendendo controles de motor eletronicamente programáveis – uma tecnologia de ruptura do ponto de vista dos usuários tradicionais de controles eletromecânicos. A Texas Instruments (TI) ingressou na briga pouco depois, com seu próprio controlador eletrônico. Pelo fato de os primeiros controladores eletrônicos não terem real e evidente rusticidade e robustez para os ambientes severos do tipo de controlador pesado da AB, a Modicon e a TI foram incapazes de vender seus produtos aos fabricantes tradicionais de máquinas operatrizes e às empreiteiras de HVAC. Como o desempenho era medido nos mercados principais, os controladores eletrônicos tiveram desempenho inferior ao dos convencionais, e poucos clientes tradicionais necessitavam da flexibilidade programável oferecida pelos controladores eletrônicos.

Como consequência, a Modicon e a TI foram forçadas a cultivar um mercado emergente para controladores programáveis: o mercado para automação de fábrica. Os clientes nesse mercado emergente não eram fabricantes de equipamentos, mas seus *usuários*, como a Ford e a General Motors, que estavam apenas começando sua tentativa de integrar peças de equipamentos de fabricação automáticas.

Dos cinco líderes na fabricação de controladores de motor eletromecânicos – Allen Bradley, Square D, Cutler Hammer, General Electric e Westinghouse –, apenas a Allen Bradley reteve forte posição no mercado, conforme os controladores de motor eletrônicos programáveis foram aperfeiçoados em rusticidade e começaram a invadir os mercados principais dos controladores de motor. Allen Bradley ingressou no mercado de controladora eletrônica somente dois anos após a Modicon e, em poucos anos, criou uma posição de liderança no mercado na nova tecnologia, além de manter seu poder nos antigos produtos eletromecânicos. Posteriormente, transformou-se no maior fornecedor de controladores eletrônicos para automação de fábrica. As outras quatro empresas, ao contrário, introduziram seus controladores eletrônicos muito mais tarde e, subsequentemente, cada uma saiu dos negócios de controladores ou foi reduzida a fracas posições. Da perspectiva da capacidade, esse é um resultado surpreendente, porque, naquela época, a especialidade da General Electric e da Westinghouse em tecnologias de microeletrônicos era muito mais profunda que a de Allen Bradley, que não tinha nenhuma experiência institucional nessa tecnologia.

O que fez Allen Bradley de diferente? Em 1969, apenas um ano após a Modicon ter ingressado no mercado, os executivos da AB compraram 25% de ações na sociedade da Information Instruments, Inc., uma inexperiente emergente de controlador programável baseada em Ann Arbor, Michigan. No ano seguinte, ela adquiriu a totalidade de uma divisão nascente da Bunker Ramo, focalizada nos controladores eletrônicos programáveis e seus mercados emergentes. AB combinou essas aquisições dentro de uma unidade, e manteve-a como um negócio separado de suas operações habituais com produtos eletromecânicos em Milwaukee. Com o passar do tempo, os produtos eletrônicos tinham consumido significativo espaço dentro dos negócios dos controladores eletromecânicos, porque uma divisão da AB atacava a outra.[18] Ao contrário, cada uma das outras quatro empresas tentou administrar seus negócios de controladores eletrônicos no interior de suas divisões eletromecânicas tradicionais, cujos clientes inicialmente não necessitavam ou não queriam os controladores eletrônicos. Cada uma fracassou em desenvolver uma posição viável na nova tecnologia.

A Johnson & Johnson seguiu com grande sucesso uma estratégia similar à da Allen Bradley ao lidar com tecnologias de ruptura no equipamento cirúrgico endoscópico e nas lentes de contato descartáveis. Embora sua receita total some mais de US$ 20 bilhões, a J&J compreende 160 empresas operando autonomamente, desde suas maiores companhias farmacêuticas MacNeil e Janssen a pequenas companhias com receitas anuais de menos de US$ 20 milhões. A estratégia da Johnson & Johnson é lançar produtos de tecnologias de ruptura por meio de empresas muito pequenas adquiridas para aquela finalidade.

RESUMO

Não é crucial para os gerentes que perseguem o crescimento e a vantagem competitiva ser líderes em cada elemento de seus negócios. Em tecnologias incrementais, na verdade, há forte evidência de que empresas que se concentram em ampliar o desempenho das tecnologias convencionais e escolhem ser seguidoras, adotando as novas tecnologias, podem permanecer fortes e competitivas. Não é este o caso das tecnologias de ruptura. Existem, entretanto, enormes retornos e vantagens expressivas para o primeiro proponente associado com ingresso precoce em mercados emergentes, nos quais as tecnologias de ruptura são inicialmente utilizadas. Os fabricantes de *disk drive*, que *comandaram* a comercialização da tecnologia de ruptura, cresceram a taxas imensamente maiores que as empresas que eram seguidoras dessa tecnologia.

Apesar da evidência de que a liderança na comercialização das tecnologias de ruptura é crucial, os grandes inovadores de sucesso encontram expressivo dilema na ocupação dessa liderança. Além de lidar com o poder dos clientes atuais, conforme discutimos no último capítulo, grandes empresas orientadas para o crescimento enfrentam o problema de que os mercados pequenos não resolvem as necessidades de crescimento de curto prazo das grandes empresas. Todos os mercados que emergem ativados pela tecnologia de ruptura começam pequenos. Os primeiros pedidos que as empresas pioneiras recebem naqueles mercados são pequenos. E as empresas que cultivam aqueles mercados têm que desenvolver estruturas de custo permitindo que eles se tornem lucrativos em pequena escala. Cada um desses fatores defende uma política de implantação de projetos para comercializar as inovações de ruptura em pequenas organizações, que visualizarão os projetos como estando em seu caminho decisivo para o crescimento e o sucesso, antes de serem desvios dos principais negócios da empresa.

A recomendação não é nova, claro; um grande número de outros estudiosos em administração também afirmou que a insignificância e a independência conferem certas vantagens na inovação. Minha esperança é que os Capítulos 5 e 6 ofereçam uma percepção mais profunda sobre por que e sob que circunstâncias essa estratégia é apropriada.

NOTAS DO AUTOR

1. Os benefícios de dedicar-se persistentemente as melhorias incrementais *versus* assumir grandes saltos estratégicos têm sido habilmente discutidos por Robert Hayes em "Strategic Planning: Forward in Reverse?", *Harvard Business Review*, novembro-dezembro, 1985, 190-197.

   Creio, contudo, que existam algumas situações específicas nas quais a liderança na tecnologia incremental seja decisiva. Em uma conversa em particular, o professor Kim Clark caracterizou essas situações como aquelas que afetam os negócios que estão no *fio da navalha*, isto é, aqueles nos quais a base da competição é simples e unidimensional e existe pequeno espaço para erros. Exemplo de um setor que opera no fio da navalha é o setor de calibrador fotolitográfico (PLA – *Photolithographic Aligner*), estudado por Rebecca M. Henderson e Kim B. Clark, em "Architectural Innovation: The Reconfiguration of Existing Systems and the Failure of Established Firms", *Administrative Science Quarterly* (35), março, 1990, 9-30. Nesse caso, os fabricantes de calibradores fracassaram quando ficaram atrás ao se deparar com as mudanças estruturais incrementais. Isso porque as bases da competição no setor do PLA eram francas ainda que os próprios produtos fossem muito complexos, feitos na mais fina linha em disco de silício para todos no setor ou ninguém os comprava. Isso porque os clientes de PLA, produtores de circuitos integrados, simplesmente tinham que ter o equipamento de calibração fotolitográfico mais rápido e capaz ou eles não poderiam permanecer competitivos em seus próprios mercados. O fio da navalha existiu porque a funcionalidade do produto era a única base da competição. Os fabricantes de PLA se desviariam para o lado do sucesso rápido ou para o lado do fracasso. Dessa maneira, fica evidente que a situação de se estar no fio da navalha torna muito importante a liderança na tecnologia incremental.

   Na maioria das outras situações incrementais, entretanto, a liderança *não* é decisiva. Esta situação, muito mais universal, é o assunto do estudo de Richard S. Rosenbloom da transição feita pela National Cash Register da tecnologia eletromecânica para a eletrônica. (Veja Richard S. Rosenbloom, "From Gears to Chips: The Transformation of NCR and Harris in the Digital Era", Documento de trabalho, Harvard Business School Business History Seminar, 1988). Neste caso, a NCR estava muito atrasada, no seu setor, no desenvolvimento e lançamento de uma linha de caixas registradoras eletrônicas. De fato, a NCR estava tão atrasada com essa tecnologia, que suas vendas de novas caixas registradoras caíram radicalmente para zero por um ano inteiro, no início dos anos 80. Não obstante, a empresa tinha forte capacidade de serviço em campo, que sobreviveu atendendo sua base instalada pelo ano que ela levou para desenvolver e lançar suas caixas registradoras eletrônicas. A NCR igualou então o resultado de sua marca registrada e a presença nas vendas em campo para rapidamente reconquistar sua participação no mercado.

Embora uma caixa registradora seja uma máquina mais simples do que um calibrador fotolitográfico, eu caracterizaria esse mercado como complexo; nele existem múltiplas bases de competição e, portanto, múltiplas formas para sobreviver. Como regra geral, quanto mais complexo um mercado, menos importante é a liderança em inovações tecnológicas incrementais. É ao negociar em mercados que estão no fio da navalha ou com tecnologias de ruptura que a liderança parece ser decisiva. Estou em débito com os professores Kim B. Clark e Robert Hayes por suas contribuições ao meu pensamento neste tópico.

2. Isto não quer dizer que as empresas cujo desempenho ou custo do produto tenham ficado, consequentemente atrás da concorrência, eram capazes de prosperar. Eu afirmo que não existe evidência de que a liderança em inovação tecnológica incremental confira uma vantagem discernível e duradoura sobre as empresas que adotam a estratégia de seguidoras. Existem inúmeras formas para "fazer tração na barra", aprimorando o desempenho de um produto complexo, tal como um *disk drive*. Desenvolver e adotar novos componentes tecnológicos, como as cabeças em película fina e magneto-resistivo, é um meio de aprimorar o desempenho, mas há inúmeros outros caminhos para ampliar o desempenho das tecnologias convencionais, enquanto se espera por novas abordagens para tornar-se mais bem compreendido e mais confiável. O argumento é apresentado de forma mais completa em Clayton M. Christensen, "Exploring the Limits of the Technology S-Curve", *Production and Operations Management* (1), 1992, 334-366.
3. Para as finalidades desta análise, uma tecnologia era classificada como "nova ou não provada" se menos de dois anos tivessem passado da época de sua primeira aparição em um produto fabricado e vendido por uma empresa em algum lugar do mundo ou se, embora no mercado por mais de dois anos, menos de 20% dos produtores de *disk drive* tivessem utilizado a tecnologia em um de seus produtos.
4. Nesta análise, *mercados emergentes* ou redes de valor eram aqueles nos quais decorreram dois anos ou menos desde que o primeiro *hard disk drive* foi utilizado com aquela classe de computadores; *mercados estabelecidos* ou redes de valor eram aqueles nos quais decorreram mais de dois anos desde que o primeiro *drive* foi utilizado.
5. Entrada por aquisição foi um caminho raro de ingresso no setor de *disk drive*. A Xerox seguiu essa estratégia, adquirindo a Diablo, a Century Data e a Shugart Associates. O desempenho dessas empresas após a aquisição foi tão precário, que poucos seguiram o exemplo da Xerox. O único outro caso de ingresso, por aquisição foi o da compra da Tandor pela Western Digital, um fabricante de controladoras. Nos casos da Xerox e da Western Digital, a estratégia de ingresso das empresas que elas *adquiriram* foi registrada na Tabela 6.1. De modo similar, o início da Plus Development Corporation, um prolongamento da Quantum, aparece na Tabela 6.1 como uma empresa separada.

6. A evidência resumida nesta matriz pode ser de alguma utilidade para os investidores de capital de risco, como meio geral de estruturar o grau de risco dos investimentos propostos. Ela sugere que o estreante que propõe comercializar uma tecnologia de ruptura, essencialmente incremental em atributo, tem menor probabilidade de sucesso do que as estreantes cuja visão é utilizar tecnologia provada para romper um setor estabelecido com algo mais simples, confiável e conveniente. As empresas estabelecidas em um setor têm todo o incentivo para alcançar um suposto avanço tecnológico incremental, enquanto são fortemente desencorajadas a adotar iniciativas de ruptura.
7. De fato, nem todos os mercados pequenos e emergentes tornam-se grandes. O mercado para os módulos de *drive* removíveis, por exemplo, permaneceu um nicho pequeno por mais de uma década, tornando-se expressivo somente em meados dos anos 90. A conclusão, no texto, de que mercados emergentes oferecem probabilidade maior para o sucesso reflete a média, não um resultado invariável.
8. As noções de que alguém não deve aceitar os riscos de inovar, simultaneamente, ao longo de ambas as dimensões, mercado e tecnologia, são frequentemente discutidas entre os capitalistas de risco. É também um enfoque do Capítulo 5 em Lowell W. Steele, *Managing Technology* (Nova York: McGraw Hill, 1989). O estudo relatado aqui sobre as posteriores probabilidades de sucesso para diferentes estratégias de inovação baseia-se nos conceitos de Steele e Lyle Ochs (que Steele cita). Eu também fui estimulado pelas ideias apresentadas em Allan N. Muah e Nik Bahram, "The Hypercube of Innovation", *Research Policy (21),* 1992.
9. A equação mais simples utilizada pelos analistas financeiros para determinar o preço das ações é $P = D/(C - G)$, onde P = preço por ação, D = dividendos por ação, C = o custo de capital de uma empresa e G = taxa de crescimento projetada a longo prazo.
10. Esta evidência é resumida por Clayton M. Christensen em "Is Growth an *Enabler* of Good Management, or the *Result* of It?", documento de trabalho da Harvard Business School, 1996.
11. Scott Lewis, "Apple Computer, Inc.," em Adele Hast, ed., *International Directory of Company Histories* (Chicago: St. James Press, 1991), 115-116.
12. Uma história criteriosa do surgimento do setor de computadores pessoais aparece em Paul Frieberger e Michael Swaine, *Fire in the Valley: The Making of the Personal Computer* (Berkeley, CA: Osborne-McGraw Hill, 1984).
13. "Can 3,5" Drives Displace 5,25s in Personal Computing?", *Electronic Business,* 1º de agosto, 1986, 81-84.
14. Entrevista pessoal com William Schroeder, vice-presidente da Conner Peripherals Corporation, 19 de novembro, 1991.
15. Um estudo criterioso sobre o acoplamento da experiência histórica de uma empresa, sua competência e o que, consequentemente, pode e não pode fazer aparece em Dorothy Leonard-Barton, "Core Capabilities and Core Rigidities: A Paradox in Managing New Product Development", *Strategic Management Journal* (13), 1992, 111-125.
16. Entrevista pessoal com John Squires, co-fundador e vice-presidente executivo da Conner Peripherals Corporation, 27 de abril, 1992.
17. Veja, por exemplo, George Gilder, "The Revitalization of Everything: The Law of the Microcosm", *Harvard Business Review,* março-abril, 1988, 49-62.
18. Grande parte da informação sobre Allen Bradley foi adquirida de John Gurda, *The Bradley Legacy* (Milwaukee: The Lynde and Harry Bradley Foundation, 1992).

NOTAS DO REVISOR TÉCNICO

*11. IPO é um termo em inglês para Oferta Pública Inicial (*Initial Public Offering*) – usado no mercado de ações. Representa o ato quando uma empresa decide abrir seu capital e ter suas ações negociadas na Bolsa de Valores de um determinado país.

*12. A COMDEX (abreviação de *Computer Dealers' Exhibition*) internacional foi uma das maiores feiras de exposição de tecnologia do mundo, normalmente sediada anualmente na cidade de Las Vegas (EUA) – teve sua última edição no ano de 2003.

CAPÍTULO 7

Descobrindo Mercados Novos e Emergentes

Mercados que ainda não existem não podem ser analisados facilmente. Fornecedores e clientes devem descobri-los juntos. Não apenas as aplicações das tecnologias de ruptura são *desconhecidas* na época de seu desenvolvimento, elas não são plenamente *identificáveis*. As estratégias e os planos que os gerentes formulam para enfrentar a mudança tecnológica de ruptura, entretanto, devem ser mais planos para aprender e descobrir ao invés de planos para execução. É importante entender esse ponto; gerentes que acreditam conhecer o futuro do mercado planejarão e investirão de maneira muito diferente dos que reconhecem as incertezas de um mercado em desenvolvimento.

A maioria dos gerentes aprende sobre inovação em um *contexto tecnológico incremental,* porque grande parte das tecnologias desenvolvidas por empresas estabelecidas são incrementais por natureza. Essas inovações, por definição, objetivam atingir mercados conhecidos, nos quais as necessidades do cliente são compreendidas. Neste ambiente, uma planejada abordagem de pesquisa para avaliação, desenvolvimento e comercialização de produtos inovadores não só é possível, é fundamental para o sucesso.

O que isso significa, entretanto, é que muito do que os melhores executivos em empresas bem-sucedidas têm aprendido sobre como administrar a inovação não é relevante para as tecnologias de rupturas. A maioria dos profissionais de marketing, por exemplo, tem sido treinada amplamente, nas universidades e no trabalho, na importante arte de ouvir seus clientes, mas poucos têm qualquer treinamento teórico ou prático em como descobrir mercados que não existem ainda. O problema com essa base assimétrica de experiência é que os mesmos processos analíticos e de tomada de decisão, aprendidos na escola da inovação incremental, são aplicados às tecnologias licenciadas ou de ruptura, o efeito na empresa pode ser paralisante. São processos que demandam informação nitidamente quantificada, quando nada existe, estimativas exatas de retornos financeiros, quando nem receitas nem custos podem ser conhecidos, e a administração de acordo com planos detalhados e orçamentos que não podem ser formulados. Empregar processos inadequados de marketing, investimento e de administração pode tornar boas empresas incapazes de criar os novos mercados nos quais tecnologias licenciadas ou de ruptura são utilizadas em primeiro lugar.

Neste capítulo, nós veremos como os especialistas no setor de *disk drive* foram capazes de, com exatidão surpreendente, prever mercados para tecnologias incrementais, mas tiveram grande dificuldade em reconhecer a chegada e predizer o tamanho dos novos mercados para inovações de ruptura. Histórias de casos adicionais nos setores de motocicleta e de microprocessadores, mais adiante, demonstram a incerteza a respeito de aplicações em mercados emergentes, para tecnologias de ruptura ou licenciadas, mesmo aquelas que, em retrospectiva, revelam-se óbvias.

PREVENDO MERCADOS PARA TECNOLOGIAS INCREMENTAIS *VERSUS* TECNOLOGIAS DE RUPTURA

Um volume incomum de informação sobre mercado tem estado disponível a respeito do setor de *disk drive* desde seus primeiros dias – razão principal por que estudá-la tem permitido tão ricas percepções. A fonte fundamental de dados, o *Disk/Trend Report**[13] *(Relatório Disk/Trend)*, publicado anualmente pela Disk/Trend, Inc., de Mountain View, Califórnia, relaciona, por empresa, cada modelo de *disk drive* vendido no mundo desde 1975 até hoje. Ele mostra o mês e o ano em que cada modelo foi disponibilizado no mercado pela primeira vez, relaciona as especificações de desempenho do *drive* e detalha a tecnologia dos componentes utilizados. Além disso, cada fabricante, em todo o mundo, compartilha com o *Disk/Trend* suas vendas por tipo de produto, com informação a respeito do perfil dos clientes que compraram cada *drive*. Os editores do *Disk/ Trend* agregam então este dado para deduzir o tamanho de cada segmento de mercado estreitamente definido e publicam uma lista das participações dos principais competidores, guardando cuidadosamente todos os dados do direito de propriedade. Os fabricantes no setor acham o relatório tão valioso que todos eles continuam a compartilhar esses dados com o *Disk/Trend*.

Em cada edição, o *Disk/Trend* publica os volumes das vendas em unidade real e em dólar, em cada segmento de mercado do ano imediatamente anterior e oferece suas previsões para cada um dos próximos quatro anos em cada categoria. Fornecido esse acesso ímpar aos dados do setor, abarcando duas décadas, a publicação oferece uma chance incomum de testar, pela exposição da história do mercado, a exatidão das previsões passadas. Acima de tudo, o *Disk/Trend* tem um notável registro que fornece as pistas para prever o futuro dos mercados estabelecidos, mas tem se esforçado para estimar precisamente o tamanho de novos mercados habilitados pelas tecnologias dos *disk drives* de ruptura.

A evidência é resumida na Figura 7.1. Ela compara os totais dos volumes de unidade – que o *Relatório Disk/Trend* previu que seriam disponibilizados no mercado nos primeiros quatro anos após ter começado a inserção comercial de cada nova arquitetura do *disk drive* – aos volumes totais realmente inseridos ao longo daquele período de quatro anos.

Para facilitar a comparação, as alturas das barras que medem as previsões de inserção foram normalizadas ao valor de 100, e os volumes realmente inseridos foram escalados como um percentual da previsão. Das cinco novas arquiteturas para as quais as previsões do *Disk/Trend* estavam disponíveis, a *Winchester* de 14" e a geração de 2,5" foram inovações incrementais, as quais foram vendidas dentro da mesma rede de valor dos *drives* das gerações anteriores. As outras três, os *drives* de 5,25", 3,5" e 1,8", foram inovações de ruptura que facilitaram o surgimento de novas redes de valor. (O *Disk/Trend* não publicou previsões separadas para os *drives* de 8").

Figura 7.1 Os quatro anos após as primeiras inserções comerciais: Inovação Incremental *versus* Inovação de Ruptura

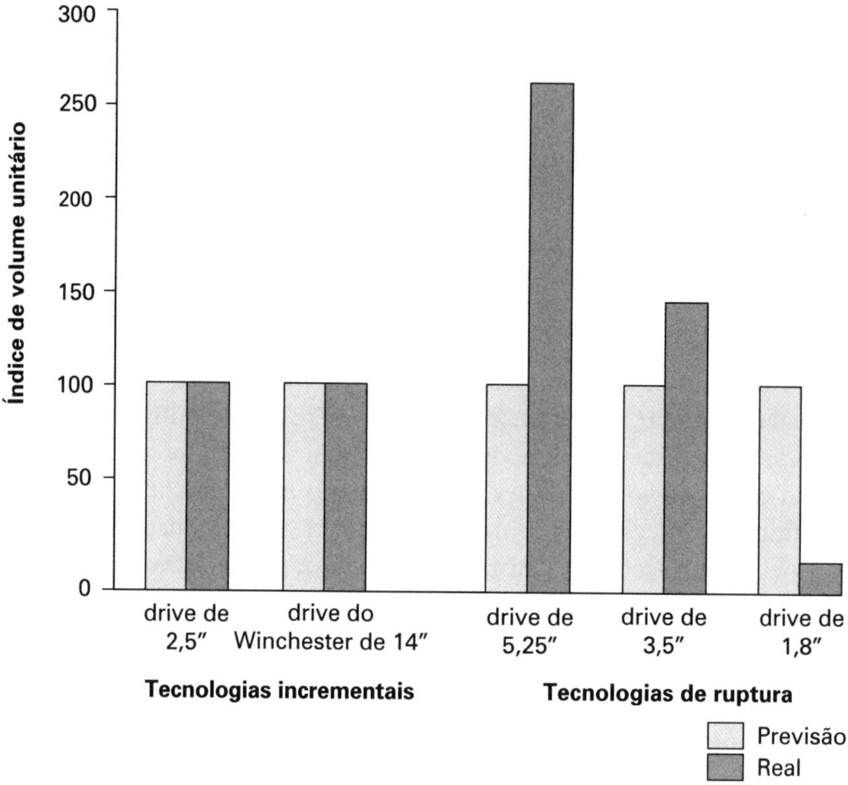

Fonte: Os dados são de várias edições do Disk/Trend Report.

Perceba que as previsões do *Disk/Trend* para as tecnologias incrementais de 2,5" e a *Winchester* de 14" eram de 8% e 7%, respectivamente, do que o setor realmente entregou [ao mercado]. Mas suas estimativas ficaram 265% longe, para os *drives* de 5,25", 35% para os *drives* de 3,5" (realmente bem próximas), e 550% para os *drives* de 1,8". É importante notar que a previsão para o *drive* de 1,8", que a *Disk/Trend* errou completamente, foi a primeira geração de *drives* com um mercado basicamente de não computadores. A equipe da *Disk/Trend* usou os mesmos métodos para gerar as estimativas para arquiteturas incrementais como eles fizeram para as tecnologias de ruptura: entrevistou os principais clientes e especialistas do setor, efetuou análise de tendências, criou modelos econômicos e assim por diante. As técnicas que funcionaram tão extraordinariamente bem quando aplicadas a tecnologias incrementais, no entanto, falharam claramente quando aplicadas a mercados ou a aplicações que ainda não existiam.

IDENTIFICANDO O MERCADO PARA O *DRIVE* KITTYHAWK HP DE 1,3"

As diferenças na previsibilidade de tecnologias incrementais *versus* tecnologias de ruptura afetaram profundamente as iniciativas da Hewlett-Packard para formar um mercado para seu revolucionário *disk drive* Kittyhawk de 1,3", de ruptura.[1] Em 1991, a Divisão de Memória de Disco da Hewlett-Packard (DMD), com sede em Boise, Idaho, gerou cerca de US$ 600 milhões em receitas para a companhia *holding*, de US$ 20 bilhões. Naquele ano, um grupo de funcionários da DMD concebeu um *drive* de 20 MB minúsculo, de 1,3", que eles chamaram de Kittyhawk. Foi realmente um programa radical para a HP: O menor *drive* feito anteriormente pela DMD tinha 3,5", e a DMD foi uma das últimas no setor a lançar um *drive*. O Kittyhawk de 1,3" representava um salto significativo para a empresa – e, o mais notável, foi a primeira tentativa da HP de lançar uma tecnologia de ruptura. Para que o projeto fizesse sentido em uma grande organização com planos de crescimento ambiciosos, os executivos da HP determinaram que as receitas do Kittyhawk tinham de saltar para US$ 150 milhões dentro de três anos. Felizmente, para os proponentes do Kittyhawk, um significativo mercado para o minúsculo *drive* delineou-se no horizonte: computadores *palm-top* ou assistentes digitais pessoais (PDAs). Os patrocinadores do Kittyhawk, após estudar as projeções para esse mercado, decidiram que eles poderiam dar o salto para a receita que haviam estabelecido. A consulta a empresa de pesquisa de mercado confirmou o ponto de vista da HP de que o mercado para o Kittyhawk seria, na verdade, substancial.

Os vendedores da HP desenvolveram profundos relacionamentos com os altos executivos nas principais empresas do setor de computadores – Motorola, AIT, IBM, Apple, Microsoft, Intel, NCR e a própria Hewlett-Packard –, assim como inúmeras empresas estreantes menos conhecidas.

Todos apostavam substancialmente no desenvolvimento do *drive* de 1,3" no mercado do PDA. Muitos de seus produtos foram projetados tendo em mente as características do Kittyhawk, cujo projeto, por sua vez, refletia as bem pesquisadas necessidades dos clientes.

A equipe do Kittyhawk concluiu que desenvolver um *drive* que fosse ao encontro das exigências dos clientes seria uma extensão tecnológica exigente, mas exequível, e eles lançaram um esforço agressivo de vinte meses para desenvolver o minúsculo dispositivo. O resultado, mostrado na Figura 7.2, foi impressionante. A primeira versão acondicionava 20 MB, e um segundo modelo, introduzido um ano mais tarde, armazenava 40 MB. Para encontrar a robustez demandada em seu mercado-alvo de PDAs e notebooks eletrônicos, o Kittyhawk estava equipado com um sensor de impacto similar aos utilizados nos sensores de colisão dos *airbags* dos automóveis, e poderia resistir a três pés de queda sobre o concreto sem perda de dados. Foi projetado para ser vendido, inicialmente, a US$ 250 por unidade.

Figura 7.2 O *Drive* Kittyhawk da Hewlett-Packard Company

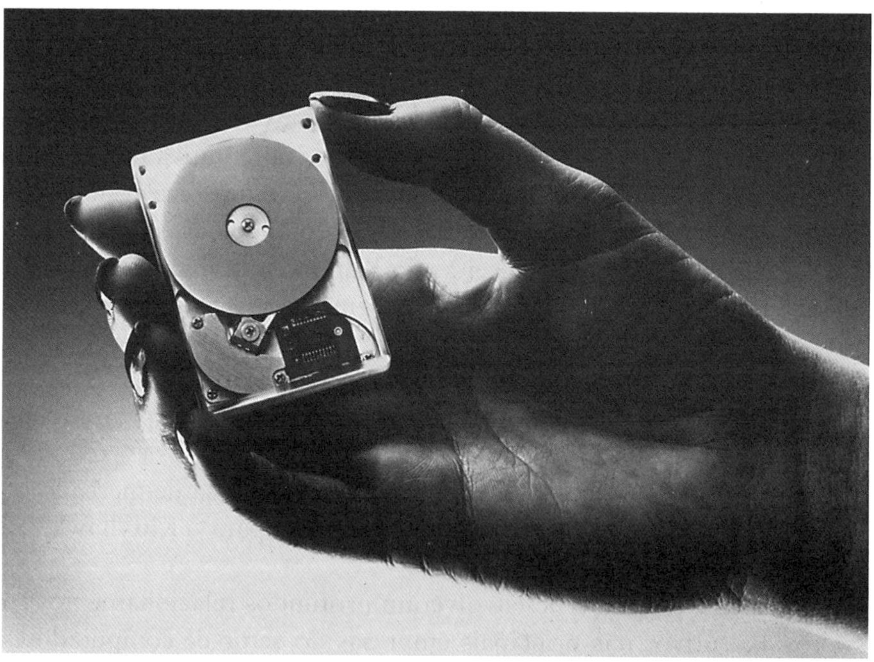

Fonte: Hewlett-Packard Company. Utilizado sob permissão.

Embora o desenvolvimento técnico do Kittyhawk tenha ocorrido de acordo com o planejado, o desenvolvimento das aplicações não o foi. O mercado do PDA fracassou em materializar substancialmente, como as vendas do Newton da Apple e dispositivos concorrentes tornaram-se insuficientes às aspirações. Isso surpreendeu muitos especialistas do setor de computadores, cujas opiniões o marketing da HP tinha trabalhado arduamente para sintetizar. Durante seus primeiros dois anos no mercado, o Kittyhawk alcançou apenas uma fração das vendas previstas. As vendas obtidas poderiam ter inicialmente satisfeito as empresas estreantes e os investidores de risco; para a administração da HP, porém, os volumes estavam muito abaixo das expectativas e também eram muito pequenos para satisfazer as necessidades da DMD para crescer e obter a participação total no mercado. Por certo, o mais surpreendente foi que as aplicações que contribuíram mais expressivamente para as vendas do Kittyhawk não foram, afinal, em computadores. Elas eram processadores de texto portáteis em língua japonesa, caixas registradoras miniaturas, câmeras eletrônicas e scanners industriais, nenhuma das quais havia figurado nos planos de comercialização original do Kittyhawk.

Ainda mais frustrante, à medida que o segundo aniversário do lançamento do Kittyhawk se aproximava, é que os pedidos de cotação recebidos pelos vendedores da HP eram de empresas fabricantes de sistemas de video game para o mercado de massa, para comprar grandes volumes de Kittyhawk – se a HP tivesse disponível uma versão de preço inferior. Essas empresas mantiveram-se informadas sobre o Kittyhawk por dois anos, e relataram que haviam levado algum tempo para visualizar o que poderia ser feito com um dispositivo de armazenamento tão pequeno.

Para obter um alcance expressivo, a HP tinha projetado o Kittyhawk como uma tecnologia incremental em computação móvel. Juntamente com muitas das métricas de valor naquela aplicação – tamanho pequeno, peso baixo e pequeno consumo de energia e robustez – o Kittyhawk constituiu um aprimoramento incremental descontínuo em relação aos *drives* de 2,5" e 1,8". Somente em capacidade (que a HP tinha estendido tão longe quanto possível) o Kittyhawk era deficiente. As grandes cotações e os pedidos, que finalmente começaram a chegar para o Kittyhawk, contudo, referiam-se a um produto *verdadeiramente* de ruptura: algo cotado a US$ 50 por unidade e com funcionalidade limitada, aplicações para as quais a capacidade de 10 MB seria perfeitamente adequada.

Infelizmente, porque a HP tinha posicionado o *drive* com as características dispendiosas necessárias para o mercado do PDA, em vez de projetá-lo como verdadeiro produto de ruptura, ele simplesmente não poderia chegar ao preço exigido pelos fabricantes de video game doméstico. O fato de ter investido tão agressivamente para atingir os alvos originais, conforme foram definidos pela aplicação do PDA, fez com que a administração tivesse pouca paciência e nenhum dinheiro para reprojetar um *drive* de 1,3" mais simples, desfigurado, que se ajustasse às aplicações do mercado que, finalmente, tinha se tornado claro. A HP retirou o Kittyhawk do mercado no final de 1994.

Os gerentes de projeto da HP reconhecem, em retrospectiva, que seu erro mais sério ao administrar a iniciativa do Kittyhawk foi agir como se suas previsões sobre o mercado estivessem mais corretas do que erradas. Eles investiram agressivamente na capacidade de produção para fabricar os volumes previstos para o mercado do PDA, e tinham incorporado ao projeto características, como sensor de choque, importantes para sua aceitação no mercado do PDA, que pesquisaram tão cuidadosamente. Esse planejamento e investimento são decisivos para o sucesso em uma tecnologia incremental, refletiram os gerentes, mas não eram corretos para um produto de ruptura como o Kittyhawk. Se eles tivessem de lançar o Kittyhawk novamente, assumiriam que nem eles nem ninguém mais conheciam com certeza que tipos de clientes iriam querê-lo e em que volumes. Isso os conduziria em direção a uma abordagem muito mais exploratória e flexível, a um projeto de produto e ao investimento na capacidade de fabricação. Eles sentiriam, dada uma nova chance, seu caminho no mercado, deixariam suficientes recursos para redirecionar seu programa, se necessário, e construí-lo com base no que aprendessem pelo caminho.

Os fabricantes de *disk drive* da Hewlett-Packard não foram os únicos, é claro, que se comportaram como se conhecessem o que seria o mercado para uma tecnologia de ruptura. Eles estão em ilustre companhia, conforme as seguintes histórias de casos demonstram.

A INVASÃO DA HONDA NA INDÚSTRIA DE MOTOCICLETAS DA AMÉRICA DO NORTE

O sucesso da Honda em investir e dominar os mercados de motocicleta da América do Norte e da Europa tem sido citado como excelente exemplo de pensamento estratégico claro, associado à execução agressiva e coerente. De acordo com essas considerações, a Honda empregou uma estratégia de produção deliberada baseada em uma curva de experiência na qual ela cortou preços, criou volume, reduziu agressivamente os custos, cortou os preços um pouco mais, novamente reduziu custos mais adiante e criou uma posição irredutível de fabricação baseada em volume a baixo custo no mercado de motocicleta. A Honda utilizou então aquela base para mover-se em direção ao mercado de melhor lucratividade (*upmarket*) e, no final das contas, eliminou do mercado todos os antigos fabricantes de motocicleta, exceto a Harley-Davidson e a BMW que mal sobreviveram.[2] A Honda combinou esse triunfo de fabricação com um projeto de produto inteligente, propaganda atrativa e ampla rede de distribuidor/varejista, feita sob medida para os motociclistas informais, que constituíram a principal base de clientes da Honda na América. Assim contada, a história da Honda é a narrativa do brilhantismo estratégico e da excelência operacional que todos os gerentes sonham alcançar. A realidade de façanha da Honda, relatada pelos funcionários que administravam os negócios naquela época, contudo, é muito diferente.[3]

Durante os anos de pobreza e reconstrução do Japão no pós-guerra, a Honda surgiu como um fornecedor de bicicletas pequenas, robustamente motorizadas, que os distribuidores e varejistas das áreas urbanas congestionadas utilizavam para pequenas entregas aos clientes locais. A Honda desenvolveu especialidade considerável em projetar pequenos e eficientes motores para essas bicicletas. Seu mercado de vendas japonês cresceu de um volume anual inicial de 1.200 unidades em 1949, para 285 mil unidades em 1959.

Os executivos da Honda estavam ansiosos por explorar os baixos custos de mão de obra da empresa para exportar as *motorbikes* (bicicletas motorizadas) para a América do Norte, mas lá não havia nenhum mercado equivalente para a popular bicicleta de entregas "Supercub" japonesa. A pesquisa da Honda mostrou que, basicamente, os americanos utilizavam motocicletas para vencer distâncias em estradas, em que tamanho, potência e velocidade eram os atributos de produto mais altamente valorizados. Consequentemente, os engenheiros da Honda projetaram, especificamente para o mercado americano, uma motocicleta rápida e potente. Em 1959, a Honda despachou três funcionários para Los Angeles, dando início às negociações comerciais. Para poupar os gastos com moradia, os três compartilharam um apartamento e cada um levou consigo uma bicicleta Supercub para garantir transporte barato em torno da cidade.

No princípio, a aventura foi uma experiência frustrada. Os produtos da Honda não ofereceram nenhuma vantagem de custo aos clientes em perspectiva, e quase todos os revendedores se recusaram a aceitar uma linha de produto não comprovada. Quando a equipe finalmente teve êxito em encontrar alguns revendedores e vender algumas centenas de unidades, os resultados foram desastrosos. O entendimento da Honda sobre projetos de motores revelou-se não transferível para aplicações em rodovias, nas quais as *bikes* eram pilotadas em altas velocidades e por longos períodos: Os motores apresentaram vazamentos de óleo e as embreagens desgastaram-se. Os gastos da Honda para enviar, por via aérea entre Japão e Los Angeles, as reposições das motocicletas em garantia afundaram a empresa.

Entretanto, em um sábado, Kihachiro Kawashima, o executivo da Honda responsável pela aventura norte-americana, decidiu compensar suas frustrações levando sua Supercub para as montanhas, a leste de Los Angeles. Passar algum tempo movimentando-se com energia por todos os lados, na lama, o ajudou a sentir-se melhor. Umas poucas semanas mais tarde, ele repetiu a dose, pedalando na terra novamente. Um tempo depois, ele convidou seus dois colegas para o acompanharem com suas Supercubs. Os vizinhos e outros, que os viam nesta atividade ao redor das montanhas, começaram a perguntar onde eles também poderiam comprar aquelas bikes pequenas e graciosas e o trio foi obrigado a enviar ao Japão um pedido especial de modelos de Supercub para eles. Esse uso particular, que tornou as Supercubs conhecidas como *bikes off-road* (para uso fora das estradas), continuou por alguns anos. Em certa ocasião, um comprador da Sears tentou pedir Supercubs para os departamentos de equipamentos de potência da empresa, expostos ao ar livre, mas a Honda ignorou a oportunidade, preferindo manter o foco na venda de bicicletas grandes, potentes, *over-the-road* (para uso em estradas), estratégia que continuou a ser um insucesso.

Finalmente, como mais e mais pessoas clamavam pelas próprias pequenas Supercubs da Honda, para se juntarem a seus amigos das "Dirt-biking", o potencial para um mercado muito diferente começou a delinear-se para a equipe americana da Honda. Havia, talvez, um mercado de *motorbike* para recreação *off-the-road* não desenvolvido na América do Norte para o qual quase que por acidente – a pequena Supercub de 50 cc (cilindrada cúbica) da empresa era sutilmente adequada. Após muita discussão e persuasão, a equipe de Los Angeles finalmente convenceu a administração da empresa no Japão de que, enquanto a grande estratégia das *bikes* estava sentenciada ao fracasso, uma outra oportunidade, muito diferente, para criar um segmento de mercado totalmente novo merecia ser considerada.

Uma vez que a estratégia da pequena *bike* foi adotada formalmente, a equipe descobriu que assegurar revendedores para a Supercub era um desafio ainda mais inquietante do que o das grandes *bikes*. Como não havia quem vendesse exatamente aquela classe de produto, a Honda persuadiu alguns revendedores de mercadorias esportivas a ficar com sua linha de *motorbikes* e, à medida que eles começaram a divulgar as *bikes* com sucesso, nascia a estratégia de distribuição inovadora da Honda.

A empresa não tinha dinheiro para uma campanha publicitária sofisticada. Mas um estudante universitário da UCLA (Universidade da Califórnia) e seus amigos usavam as "Dirt-biking" com o seguinte *slogan* publicitário: "Você encontra as pessoas mais agradáveis em uma Honda", criado para uma atividade acadêmica de um curso de propaganda. Encorajado por seu professor, o estudante vendeu a ideia para uma agência publicitária, que então convenceu a Honda a utilizá-lo no que se tornou uma campanha publicitária ganhadora de prêmio. Esses eventos fortuitos foram, é claro, seguidos por verdadeiros projetos de engenharia e fabricação de classe mundial, o que permitiu à Honda reduzir seus preços repetidamente, pelo aprimoramento da qualidade de seu produto e aumento de seus volumes de produção.

A *motorbike* de 50 cc da Honda foi uma tecnologia de ruptura no mercado da América do Norte. A classificação de atributos que os clientes da Honda empregaram, ao decidir sobre o produto definido pela Honda, revelou uma rede de valor muito diferente da rede estabelecida na qual a Harley-Davidson, a BMW e outros produtores de motocicletas tradicionais tinham concorrido.

De sua base de fabricação de baixo custo para *motorbikes* confiáveis e utilizando uma estratégia remanescente das invasões do mercado de melhores ganhos (*upmarket*) descritas anteriormente para *disk drives*, aço, escavadeiras e varejo, a Honda mirou sua pontaria neste mercado, introduzindo, entre 1970 e 1988, uma série de *bikes* com motores progressivamente mais poderosos.

Por algum tempo, no final da década de 60 e início dos anos 70, a Harley tentou competir frontalmente com a Honda e aproveitou para expandir-se no mercado *low-end*, produzindo uma linha de *bikes* com pequenos motores (150 a 300 cc), adquiridos do produtor de motocicletas italiano Aeromecchania. A Harley tentou vender as *bikes* por meio de sua rede de revendedores da América do Norte. Apesar da especialidade industrial da Honda ter, claramente, colocado a Harley em desvantagem nesse esforço, a principal causa do fracasso da Harley em criar presença forte na rede de valor das pequenas bicicletas foi a oposição de sua rede de revendedores. A margem de lucro era bem maior nas *bikes high-end*, e muitos deles sentiram que as máquinas pequenas comprometiam a imagem da Harley-Davidson diante de seus principais clientes.

Recorde-se, no Capítulo 2, a descoberta de que, dentro de determinada rede de valor, empresas de *disk drive* e seus clientes fabricantes de computadores tinham desenvolvido modelos econômicos ou estruturas de custos muito similares, determinando os tipos de negócios que pareceram lucrativos para eles. Nós vemos o mesmo fenômeno aqui. Dentro de sua rede de valor, a ciência econômica dos revendedores da Harley os induziu a favorecer o mesmo tipo de negócio que a Harley viera facilitar. Sua coexistência dentro da rede de valor dificultou, tanto para a Harley quanto para seus revendedores, a saída da rede pelo ponto mais baixo. No final dos anos 70, a Harley admitiu-o e reposicionou-se no mercado de motocicletas ainda mais *high-end* – uma estratégia remanescente do reposicionamento da Seagate em *disk drives* e das ameaças no *upmarket* das empresas de escavadeiras acionadas a cabo e das usinas de aço integradas.

Interessante é que a Honda demonstrou exatamente a imprecisão tanto em estimar o potencial *quão grande* do mercado de motocicletas na América do Norte quanto na percepção *de qual* ele era. Sua aspiração inicial, ao ingressar no mercado em 1959, fora capturar 10% de um mercado estimado em 550 mil unidades por ano, com crescimento anual de 5%. Por volta de 1975, o mercado tinha crescido 16% ao ano a 5 milhões de unidades anuais – unidades que vieram em grande parte de uma aplicação que a Honda não poderia ter previsto.[4]

A DESCOBERTA PELA INTEL DO MERCADO DE MICROPROCESSADOR

A Intel Corporation – fundada em 1969, com base em seu desenvolvimento pioneiro da tecnologia de metal-sobre-silício (MOS-*Metal-On-Silicon*), para produzir o primeiro circuito integrado com memória de acesso aleatório dinâmico (DRAM – *Dynamic Random Access Memory*) – tornou-se, por volta de 1995, uma das principais empresas mais lucrativas do mundo. Seu renomado sucesso é ainda mais notável porque, quando sua liderança inicial no mercado do DRAM começou a desintegrar-se, entre 1978 e 1986, sob o ataque violento dos fabricantes japoneses de semicondutores, a Intel transformou-se de uma empresa de DRAM da segunda fileira em principal fabricante de microprocessador do mundo. Como a empresa fez isso?

A Intel desenvolveu o microprocessador original por um acordo de desenvolvimento contratado com um fabricante japonês de calculadoras. Quando o projeto terminou, a equipe de engenheiros responsável persuadiu os executivos da Intel a comprar a patente do microprocessador do produtor de calculadoras, que a possuía nos termos de seu contrato com a Intel. A empresa não tinha uma estratégia explícita para criar um mercado para o novo microprocessador; ela simplesmente vendia o *chip* para todos que parecessem capazes de utilizá-lo.

De tecnologia consagrada, como eles parecem hoje, os microprocessadores eram tecnologias de ruptura ao aparecer no mercado pela primeira vez. Capazes somente de funcionalidade limitada – se comparados aos circuitos lógicos complexos que constituíram as unidades de processamento central de grandes computadores dos anos 60 –, eles eram pequenos e simples, e possibilitaram aplicações da lógica e da computação disponíveis onde elas até então não tinham sido praticáveis.

Ao longo dos anos 70, intensificou-se a competição no mercado de DRAM, cujas margens nas receitas da Intel começaram a declinar. Por sua vez, as margens em sua linha de microprocessadores, em que havia menos concorrência, permaneceram sólidas. A Intel alocava a capacidade de produção segundo a fórmula de comprometer essa capacidade proporcionalmente às margens brutas obtidas por linha de produto. Assim, o sistema começou imperceptivelmente a redirecionar o investimento de capital e a capacidade de fabricação dos negócios do DRAM para os dos microprocessadores – sem uma decisão administrativa explícita nesse sentido.[5]

De fato, a alta administração da Intel continuou a focalizar no DRAM a maior parte de sua atenção e energia, enquanto os processos de alocação de recursos da companhia implementavam gradualmente a saída da empresa daquele negócio.

Essa mudança estratégica *de facto,* conduzida pelo processo de alocação de recursos operando autonomamente, foi fortuita. Em virtude de se conhecer tão pouco do mercado do microprocessador naquela época, a análise explícita teria fornecido pequena justificativa para um arrojado deslocamento na direção dos microprocessadores. Gordon Moore, cofundador e presidente da Intel, por exemplo, relembrou que a escolha do microprocessador Intel 8088 pela IBM, como o "cérebro" de seu novo computador pessoal, foi visualizada dentro da Intel como "ganhar um pequeno projeto".[6] Mesmo após o formidável sucesso da IBM com seus computadores pessoais, a previsão interna da Intel para aplicações potenciais da próxima geração do chip 286[*14] não incluía os computadores pessoais em sua lista das 50 maiores aplicações em volume.[7]

Em retrospectiva, a aplicação de microprocessadores para computadores pessoais é uma combinação óbvia. Mas, no calor da batalha, até mesmo uma equipe administrativa tão astuta quanto a da Intel não poderia saber, entre as muitas aplicações para os microprocessadores, qual surgiria como a mais importante e que volumes e lucros produziria.

IMPREVISIBILIDADE E IMOBILIDADE DECRESCENTE EM EMPRESAS ESTABELECIDAS

A reação de alguns gerentes ante a dificuldade de planejar corretamente os mercados para tecnologias de ruptura é trabalhar arduamente e planejar com mais inteligência. Enquanto essa abordagem funciona para inovações incrementais, porém, ela nega a evidência sobre a natureza das de ruptura. Entre todas as incertezas que envolvem as tecnologias de ruptura, os gerentes podem invariavelmente contar com uma âncora: *as previsões dos especialistas estarão sempre equivocadas.* É simplesmente impossível prever, em qualquer grau útil de precisão, como os produtos de ruptura serão utilizados ou a extensão de seus mercados. Um corolário importante é que, devido ao fato de os mercados para tecnologias de ruptura serem imprevisíveis, as estratégias iniciais das empresas para o ingresso neles também estarão geralmente equivocadas.

Como enquadrar essa declaração nas descobertas apresentadas na Tabela 6.1, que mostrou uma diferença chocante entre as probabilidades de sucesso das empresas que ingressaram nas redes de valor novas e emergentes (37%) e as daquelas que ingressaram nas redes de valor existentes (6%)? Se os mercados não podem ser previstos antecipadamente, como explicar serem mais bem-sucedidas as empresas que os focalizaram? Na verdade, quando demonstrei a matriz na Tabela 6.1 para o público administrativo, todos ficaram muito surpresos pelas diferenças na magnitude e nas probabilidades de sucesso. Mas está claro que os gerentes não acreditam que os resultados possam ser generalizados para abranger as próprias situações. As descobertas violam seu senso intuitivo de que criar novos mercados é um negócio genuinamente arriscado.[8]

Ideias Fracassadas versus *Empresas Fracassadas*

Os estudos de casos revistos neste capítulo sugerem uma solução para esse quebra-cabeça. Existe grande diferença entre o fracasso de uma *ideia* e o fracasso de uma *empresa*. Muitas das ideias predominantes na Intel sobre o uso do microprocessador de ruptura estavam erradas; felizmente, a empresa não havia gasto todos os seus recursos implementando planos de comercialização direcionados erroneamente, enquanto a direção correta ainda não era reconhecível. Como companhia, a Intel sobreviveu a muitos inícios falsos em sua busca pelo principal mercado para microprocessadores. Igualmente, a ideia da Honda sobre como entrar no mercado de motocicletas na América do Norte estava errada, mas a companhia não esgotou seus recursos perseguindo a estratégia da *big-bike* e foi capaz de investir agressivamente na estratégia vencedora após ela haver surgido. A equipe do Kittyhawk da Hewlett-Packard não foi feliz. Acreditando haver identificado a estratégia vencedora, seus gerentes gastaram o orçamento e a capacidade de fabricação em um projeto de produto para uma aplicação de mercado que nunca emergiu. Quando aplicações elementares para o minúsculo *drive* começaram enfim a aglutinar-se, a equipe do Kittyhawk não tinha reserva de recursos para adotá-las.

A pesquisa tem mostrado, de fato, que a maioria de novos negócios de riscos bem-sucedidos abandonou suas estratégias comerciais originais ao implementar seus planos iniciais e aprender o que funcionaria ou não no mercado.[9] Em geral, a diferença principal entre aventuras bem-sucedidas e outras que fracassam não é a astúcia de sua estratégia original. Supor a estratégia correta no princípio quase não é tão importante para o sucesso quanto conservar recursos suficientes (ou ter relacionamento com avalistas e investidores), para que novas iniciativas de negócios recebam uma segunda ou terceira estocada até aprendê-las corretamente. Aquelas que esgotaram recursos ou credibilidade antes de poder repetir em direção a uma estratégia viável são as que fracassam.

Ideias Fracassadas e Gerentes Fracassados

Na maioria das empresas, contudo, gerentes não têm o luxo de sobreviver a uma sequência de tentativas e erros na perseguição da estratégia que funcione. Correta ou equivocadamente, gerentes individuais, na maioria das organizações, acreditam que *não podem* fracassar. Se eles defendem um projeto que fracassa porque o plano de marketing inicial estava errado, isso constituirá uma grande mancha em seu prontuário, bloqueando sua ascensão na organização. Pelo fato de o fracasso ser intrínseco ao processo de descobrir novos mercados para tecnologias de ruptura, a incapacidade ou a repugnância de gerentes em colocar suas carreiras em risco agem como poderoso impedimento ao movimento de empresas estabelecidas para o interior das redes de valor criadas por aquelas tecnologias. Conforme Joseph Bower observou em seu clássico estudo do processo de alocação de recursos em uma indústria química importante: "A pressão do mercado reduz ambos, a probabilidade e o custo de estar errado". [10]

A observação de Bower é consistente com as descobertas deste livro sobre o setor de *disk drive*. Quando a demanda por uma inovação estava assegurada, como foi o caso em tecnologias incrementais, os líderes estabelecidos do setor eram capazes de aplicar quantias enormes, extensas e arriscadas para desenvolver tudo o que a tecnologia exigisse. Quando a demanda não estava assegurada, como era o caso das tecnologias de ruptura, as empresas estabelecidas não puderam nem mesmo aplicar as quantias tecnologicamente diretas, exigidas para comercializar essas inovações. Essa é a razão pela qual 65% das empresas que ingressaram no setor de *disk drive* tentaram fazê-lo em um mercado estabelecido, preferivelmente aos mercados emergentes. Descobrir mercados para tecnologias emergentes envolve inerentemente o fracasso, e a maioria dos tomadores de decisões acha muito difícil arriscar-se apoiando um projeto que poderia fracassar porque o mercado não está ali.

Planos para Aprender versus *Planos para Executar*

Devido ao fato de o fracasso ser intrínseco à busca por aplicações iniciais de mercado para tecnologias de ruptura, os gerentes necessitam de uma abordagem muito diferente da que eles adotariam com respeito à tecnologia incremental. Em geral, para tecnologias incrementais, os planos devem anteceder as ações a serem tomadas, as previsões podem ser exatas e as absorções dos clientes podem ser razoavelmente confiáveis. Planejamento cuidadoso, seguido por execução agressiva – eis a fórmula certa para o sucesso em tecnologia incremental.

Em situações de ruptura, porém, a ação deve ser tomada antes de planos cuidadosos. Em virtude de se conhecer muito menos sobre o que os mercados necessitam ou quão grande podem tornar-se, os planos devem atender a finalidades muito diferentes. Eles devem ser antes planos para *aprender* melhor que para implementar. Ao abordar um negócio de ruptura com a mentalidade de que eles não podem saber onde o mercado está, os gerentes identificariam a informação crítica sobre novos mercados mais necessária e em que sequência ela deveria ocorrer. Projeto e planos de negócios refletiriam aquelas prioridades, para que peças-chave de informações fossem criadas, ou incertezas importantes resolvidas, antes que compromissos dispendiosos de capital, tempo e dinheiro fossem exigidos.

Planejamento direcionado para descoberta, que exige que os gerentes identifiquem as hipóteses em que seus planos de negócios ou aspirações estão baseados,[11] funciona bem para abordar tecnologias de ruptura. No caso do *disk drive* Kittyhawk da Hewlett-Packard, por exemplo, a HP e seu parceiro de fabricação, a Citizen Watch Company, investiram somas expressivas em construir e equipar uma linha de produção altamente automatizada. O compromisso alicerçou-se na hipótese de que as estimativas de volumes para o *drive*, criadas em torno de previsões feitas pelos clientes de vendas de PDA da HP, eram precisas. Se os gerentes da HP tivessem, em vez disso, partido do pressuposto de que ninguém sabia em que volume os PDAs venderiam, eles poderiam ter construído pequenos módulos de capacidade de produção, preferivelmente a uma única linha de grande quantidade. E poderiam, então, ter prosseguido para uma capacidade maior ou adicionado ou reduzido conforme eventos importantes confirmassem ou desaprovassem suas hipóteses.

O plano de desenvolvimento do produto Kittyhawk foi igualmente baseado em uma hipótese de que a principal aplicação para o pequeno *drive* era em PDAs, que demandava alta robustez. Com base nessa hipótese, a equipe do Kittyhawk comprometeu-se com componentes e arquitetura de produto que o tornaram muito caro para ser vendido a preço acessível aos produtores de videogame, do emergente mercado *low-end*. O planejamento direcionado para descoberta teria forçado a equipe a testar suas hipóteses de mercado *antes* de assumir compromissos caros de reverter – no caso, possivelmente criando um projeto modularizado, facilmente reconfigurável ou dissimulável para destinar-se a diferentes mercados e pontos de preços, porque os acontecimentos na esfera de mercado esclareceriam a validade de suas hipóteses.

Filosofias como *administração por objetivos* e *administração por exceção* impedem frequentemente a descoberta de novos mercados em função do foco em que elas concentram a atenção administrativa. Tipicamente, quando o desempenho fica abaixo do plano, esses sistemas encorajam a administração a fechar a lacuna entre o que foi planejado e o que aconteceu – isto é, eles se concentram em fracassos não antecipados. Como a experiência da Honda no mercado de motocicletas da América do Norte ilustra, porém, os mercados para tecnologias de ruptura emergem frequentemente de sucessos não antecipados, nos quais, em muitos sistemas de planejamento, não se concentra a atenção da alta administração.[12] Essas descobertas acontecem frequentemente assistindo a como as pessoas utilizam produtos, melhor do que ouvindo o que elas dizem.

Eu passei a chamar a abordagem de descobrir mercados emergentes para tecnologias de ruptura de *marketing agnóstico (agnostic marketing)*, isto é, o marketing sob a hipótese explícita de que *ninguém* – nem nós, nem nossos clientes – pode saber se, como ou em que quantidades um produto de ruptura pode ou será utilizado antes de adquirirmos experiência utilizando-o. Alguns gerentes, diante dessas incertezas, preferem esperar até que outros tenham definido o mercado. Dadas as poderosas vantagens de fixação do primeiro proponente, contudo, gerentes que encaram tecnologias de ruptura precisam sair de seus laboratórios e focalizar grupos, obtendo conhecimento sobre novos clientes e novas aplicações diretamente, por meio de expedições dirigidas para a descoberta no âmbito do mercado.

NOTAS DO AUTOR

1. O que se segue é um resumo da história mais completa recontada em "Hewlett-Packard: The Flight of the Kittyhawk", Harvard Business School, *case* nº 9-697060, 1996.
2. Exemplos dessas histórias do sucesso da Honda incluem o estudo de caso da Harvard Business School, "A Note on the Motorcycle Industry – 1975", *case* nº 9578-210, e um relatório publicado pelo The Boston Consulting Group, "Strategy Alternatives for the British Motorcycle Industry", 1975.
3. Richard Pascale e E. Tatum Christiansen, "Honda (A)", Harvard Business School, case de ensino nº 9-384-049, 1984, e "Honda (B)", Harvard Business School, *case* de ensino nº 9-384-050, 1984.
4. *Statistical Abstract of the United States* (Washington, D.C.: United States Bureau of the Census, 1980), 648.
5. A saída da Intel do negócio de DRAM e seu ingresso em microprocessadores têm sido registrados por Robert A. Burgelman em "Fading Memories: A Process Theory of Strategic Business Exit in Dynamic Environments", *Administrative Science Quarterly* (39), 1994, 24-56. Este estudo – completamente pesquisado e escrito de modo convincente – do processo de evolução estratégica é uma leitura bem valiosa.
6. George W. Cogan e Robert A. Burgelman, "Intel Corporation (A): The DRAM Decision", Stanford Business School, *caso* PS-BP-256.
7. Robert A. Burgelman, "Fading Memories: A Process Theory of Strategic Business Exit in Dynamic Environments", *Administrative Science Quarterly* (39), 1994.
8. Estudos de como os gerentes definem e percebem o risco podem irradiar luz expressiva sobre este quebra-cabeça. Amos Tversky e Daniel Kahneman, por exemplo, têm mostrado que as pessoas tendem a considerar proposições que elas não entendem como as mais arriscadas, independentemente de seu risco intrínseco, e considerar coisas que elas *realmente* entendem como *menos* arriscadas, novamente sem considerar o risco intrínseco. (Amos Tversky e Daniel Kahneman, "Judgment Under Uncertainty: Heuristics and Biases", Science [185], 1974, 1124-1131.) Os gerentes, portanto, podem visualizar a criação de novos mercados como proposições arriscadas, diante de evidência contrária, porque eles não entendem os mercados não existentes; igualmente, eles podem considerar os investimentos em tecnologias incrementais, mesmo aqueles com alto risco intrínseco, como seguros porque eles entendem as necessidades do mercado.
9. Entre os excelentes estudos nesta tradição, estão Myra M. Hart, *Founding Resource Choices: Influences and Effects,* tese DBA, Harvard University Graduate School of Business Administration, 1995; Amar Bhide, "How Entrepreneurs Craft Strategies that Work", *Harvard Business Review,* março-abril, 1994, 150-163; Amar Bhide,

"Bootstrap Finance: The Art of Start-Ups", *Harvard Business Review,* novembro-dezembro, 1992, 109-118; "Hewlett-Packard's Kittyhawk", Harvard Business School, case nº 9-697-060; e "Vallourec's Venture into Metal Injection Molding", Harvard Business School, *case* nº 9-697-001.

10. Joseph Bower, *Managing the Resource Allocation Process* (Homewood, IL: Richard D. Irwin, 1970), 254.

11. Rita G. McGrath e Ian C. MacMillan, "Discovery-Driven Planning", *Harvard Business Review,* julho-agosto, 1995, 4-12.

12. Este ponto é universalmente discutido em Peter F. Drucker, *Innovation and Entrepreneurship* (Nova York: Harper & Row, 1985). No Capítulo 9, relato como o produtor de *software* Intuit descobriu que, na verdade, muitas pessoas compravam seu *software* de administração financeira pessoal, *Quicken,* para manter os livros de suas pequenas empresas. A Intuit que havia antecipado essa aplicação, consequentemente, adaptou o produto para atender mais exatamente às necessidades desse segmento e lançou o *Quickbooks,* que em dois anos atraiu mais de 70% do mercado de *software* para contabilidade de pequenos negócios.

NOTAS DO REVISOR TÉCNICO

*13. O *Disk Trend Report* foi publicado pela última vez no ano de 1999. Mais informações em www.disktrend.com.

*14. O chip Intel 80286, lançado em 1982, foi um microprocessador de 16-bit capaz de endereçar 16 MB de memória RAM, sendo amplamente utilizado nos microcomputadores padrão IBM PC/AT a partir de 1984.

CAPÍTULO 8

Como Avaliar as Capacidades e Incapacidades de Sua Organização

Quando os gerentes designam funcionários para enfrentar uma inovação fundamental, eles procuram instintivamente combinar as exigências do trabalho com as capacidades dos indivíduos incumbidos de realizá-la. Ao avaliar se um funcionário é capaz de executar com êxito um trabalho, os gerentes determinarão se ele tem os requisitos de conhecimento, julgamento, habilidade, perspectiva e energia. Avaliarão também os valores do funcionário, isto é, o critério pelo qual ele tende a decidir o que deve ou não deve ser feito. Na verdade, a marca de qualidade de um grande gerente é a capacidade de identificar a pessoa certa para o trabalho certo e treinar seus funcionários para capacitá-los a ser bem-sucedidos nos trabalhos que lhes são confiados.

Infelizmente, alguns gerentes não pensam com o mesmo rigor sobre se suas *organizações* têm a capacidade de executar com sucesso os trabalhos que lhes sejam atribuídos. Frequentemente, eles pressupõem que, se as pessoas que trabalham individualmente em um projeto têm as habilidades necessárias para apresentar um trabalho bem executado, então a organização na qual eles se inserem também terá a mesma capacidade de ser bem-sucedida. Frequentemente, não é esse o caso. Alguém poderia formar dois grupos de pessoas identicamente capazes e colocá-los para trabalhar em duas organizações diferentes. O que um e outro realizariam provavelmente seria diferente de forma significativa. Isso ocorre porque as próprias organizações, independentemente das pessoas e de outros recursos, têm ou não capacidades.

Consequentemente, para serem bem-sucedidos, bons gerentes precisam ser hábeis não apenas em escolher, treinar e motivar as pessoas certas para os trabalhos certos, mas também em escolher, criar e preparar a *organização* certa para o trabalho.

A finalidade deste capítulo é descrever a teoria que está por trás das observações empíricas feitas nos Capítulos 5, 6 e 7 – em particular, a observação de que as únicas empresas que tiveram êxito em desenvolver a tecnologia de ruptura foram as que criaram organizações independentes, de tamanho igual ao da oportunidade. A noção de que as organizações revelam "competências essenciais" (*core competencies*) tem sido uma das mais populares na última década.[1] Na prática, contudo, a maioria dos gerentes descobriu que o conceito é convenientemente vago e que algumas supostas "competências" podem ser citadas para sustentar uma desconcertante variedade de propostas inovadoras. Este capítulo traz maior precisão ao conceito de competência essencial, apresentando uma estrutura para ajudar os gerentes a entender, quando confrontados com uma mudança necessária, se as organizações que eles presidem são competentes ou incompetentes em manejar os desafios que devem enfrentar.

UMA ESTRUTURA DE CAPACIDADES ORGANIZACIONAL

Três classes de fatores afetam o que uma organização pode e não pode fazer: seus recursos, seus processos e seus valores. Ao se perguntarem que série de inovações provavelmente suas organizações são ou não capazes de implementar com sucesso, os gerentes podem aprender muito sobre as capacidades, desagregando suas respostas nessas três categorias.[2]

Recursos

Os recursos são o mais visível dos fatores que contribuem para o que uma organização pode ou não fazer. Recursos incluem pessoas, equipamentos, tecnologia, projetos de produtos, marcas, informação, dinheiro e relacionamentos com fornecedores, distribuidores e clientes. Recursos são normalmente *materiais* ou *ativos* – eles podem ser contratados e demitidos, comprados e vendidos, depreciados ou valorizados. Frequentemente, podem ser transferidos de um lado para outro nos limites das organizações muito mais prontamente do que processos e valores. O acesso a recursos abundantes e de alta qualidade aumenta, sem dúvida, as chances de uma organização em competir com a mudança.

Recursos são os elementos que os gerentes identificam mais instintivamente ao avaliar se suas organizações podem implementar com sucesso as mudanças que enfrentam. É claro que a análise dos recursos não conta a história toda sobre as capacidades. Na verdade, nós poderíamos lidar com idênticos conjuntos de recursos para duas organizações diferentes, e o que cada uma criasse a partir deles seria provavelmente muito diferente – porque as capacidades para transformar as entradas de recursos em mercadorias e serviços de maior valor residem nos processos e valores da organização.

Processos

Organizações criam valor à medida que os funcionários transformam as entradas de recursos – pessoas, equipamento, tecnologia, projetos de produto, marcas, informação, energia e dinheiro – em produtos e serviços de maior valor. Os padrões de interação, coordenação, comunicação e tomada de decisão, através dos quais eles realizam essas transformações são *processos.*[3] Eles incluem não apenas processos de fabricação, mas também aqueles pelos quais são realizados o desenvolvimento de produto, aquisição, pesquisa de mercado, orçamento, planejamento, desenvolvimento do funcionário e compensação e alocação de recurso.

Os processos diferem não apenas em sua finalidade, mas também em sua visibilidade. Alguns são "formais", no sentido de serem explicitamente definidos, visivelmente documentados e conscientemente seguidos. Outros são "informais", isto é, são rotinas habituais ou formas de trabalho que evoluíram através do tempo; as pessoas as seguem simplesmente porque elas funcionam – ou porque "esta é a forma pela qual nós fazemos as coisas por aqui". Há, ainda, outros métodos de trabalho e interação que se revelam eficientes por tanto tempo que as pessoas inconscientemente os seguem – constituem a cultura da organização. Formais, informais ou culturais, entretanto, os processos definem como uma organização transforma os tipos de entradas de recursos, relacionados anteriormente, em coisas de maior valor.

Processos são definidos ou evoluem *de facto* para desenvolver tarefas específicas. Isso significa que, quando os gerentes utilizam um processo para executar as tarefas para as quais ele foi desenvolvido, é provável que seu desempenho seja eficiente. Mas o mesmo eficiente e conveniente processo, empregado para resolver uma tarefa muito diferente, poderá parecer lento, burocrático e ineficiente. Em outras palavras, um processo que define uma *capacidade* em executar determinada tarefa simultaneamente define *incapacidades* na execução de outras tarefas.[4] Essa é a razão pela qual bons gerentes empenham-se, em suas organizações, no enfoque de que processos e tarefas sejam imediatamente alinhados.[5]

Um dos dilemas da administração é que, por sua verdadeira natureza, os processos são criados para que funcionários executem tarefas periódicas de uma maneira consistente, repetidas vezes. Para assegurar a consistência, eles são destinados a *não* mudar – ou, se o fizerem, que a mudança se dê por meio de procedimentos firmemente controlados. Isso significa que os verdadeiros mecanismos por meio dos quais as organizações criam valor são intrinsecamente hostis à mudança.

Alguns dos processos mais importantes a examinar como capacidades ou incapacidades não são os processos óbvios de agregar valor envolvidos em logísticas, desenvolvimento, fabricação e serviço ao cliente. Pelo contrário, são os processos autorizados ou de *background* que apoiam a tomada de decisão de investimento. Conforme vimos no Capítulo 7, os processos que conferem a boas empresas a incapacidade de reagir a mudanças são, frequentemente, aqueles que definem como a pesquisa de mercado deve ser habitualmente realizada; como tais análises serão traduzidas em projeções financeiras; como os planos e os orçamentos são negociados e como aqueles números são entregues; e assim por diante. Nesses processos tipicamente inflexíveis residem muitas das incapacidades sérias da maioria das organizações.

Valores

A terceira classe dos fatores que afetam o que uma organização pode ou não realizar são seus valores. Os valores de uma organização são os critérios pelos quais são realizadas as decisões sobre prioridade. Alguns valores corporativos são éticos em caráter, tais como aqueles que orientam as decisões para assegurar o bem-estar do paciente, na Johnson & Johnson; ou aquele que define as decisões sobre segurança na fábrica, na Alcoa. Mas, dentro da estrutura de Recurso-Processos-Valores (RPV), os valores têm um significado mais amplo. Os valores de uma organização são os padrões pelos quais os funcionários estabelecem a prioridade das decisões – julgando se um pedido é ou não atrativo; se um cliente é mais ou menos importante; se uma ideia para um novo produto é atrativa ou marginal; e assim por diante. Decisões que estabelecem prioridades são tomadas por funcionários em cada nível. Nas camadas executivas, elas frequentemente tomam a forma de decisões para investir ou não em novos produtos, serviços e processos. Entre o pessoal de vendas, elas consistem em decisões de imediato (*in-loco*), do dia a dia sobre os produtos a enfatizar ou não perante os clientes.

Quanto maior e mais complexa uma empresa se torna, fica mais importante para a alta gerência treinar funcionários, em cada nível, para tomarem decisões independentes sobre prioridades, consistentes com a direção estratégica e o modelo de negócios da companhia. Uma métrica-chave de boa administração, na verdade, é se tais valores claros e consistentes permeiam a organização.[6]

Valores claros, consistentes e amplamente compreendidos, contudo, também definem o que uma organização não pode fazer. Os valores de uma empresa, por necessidade, devem refletir sua estrutura de custo ou seu modelo de negócio, porque isso define as regras que seus funcionários devem seguir para que a empresa ganhe dinheiro. Se, por exemplo, a estrutura dos custos de despesas gerais da empresa exige que ela atinja margens brutas de lucro de 40%, um valor considerável ou regra de decisão terão encorajado a média gerência a matar ideias que prometam margens brutas inferiores a 40%. Isso significa que uma organização seria *incapaz* de ser bem-sucedida comercializando projetos que apontassem para mercados com margem baixa. Ao mesmo tempo, os valores de uma outra organização, conduzida por uma estrutura de custo muito diferente, poderia habilitar ou facilitar o sucesso do mesmo projeto.

Os valores de empresas bem-sucedidas tendem a evoluir de forma previsível em, no mínimo, duas dimensões. A primeira refere-se a margens brutas aceitáveis. Como as empresas adicionam características e funcionalidade a seus produtos e serviços, para capturar clientes mais atrativos em camadas mais altas de seus mercados, elas frequentemente agregam custos de despesas gerais. Em consequência, margens brutas totalmente atrativas em determinado ponto, posteriormente não o parecem mais. Seus valores mudam. A Toyota, por exemplo, ingressou no mercado americano com seu modelo Corona – um produto que apontava para as camadas avaliadas como as mais baixas de seu mercado. Como a camada de entrada se tornou saturada com os modelos similares da Nissam, Honda e Mazda, a concorrência entre os competidores com custo igualmente baixo reduziu as margens de lucro. A Toyota desenvolveu carros mais sofisticados destinados às camadas mais altas do mercado para melhorar suas margens. Sua família de carros Corolla, Camry, Previa, Avalon e Lexus foi introduzida em resposta às mesmas pressões competitivas – e manteve sua margem saudável migrando para o mercado superior. No processo, a Toyota teve que adicionar custos à sua operação de projeto e construção, e sustentar os carros desse calibre. Progressivamente, diminuiu a ênfase no nível de entrada das camadas do mercado, tendo encontrado as margens que poderia obter lá para deixar de ser atrativo, dada sua estrutura de custo alterada.

A Nucor Steel, miniusina que liderou a carga para o mercado superior contra as usinas integradas, relatada no Capítulo 4, do mesmo modo experimentou uma mudança de valores. Ela administrou, do centro da gravidade do mercado superior, sua linha de produto – da barra reforçada para a cantoneira de ferro, para as vigas de estrutura e, finalmente, para lâminas de aço – tirando decididamente a ênfase da barra reforçada, produto que tinha sido seu sustento nos primeiros anos.

A segunda dimensão, ao longo da qual os valores mudam previsivelmente, relata quão grande um negócio tem que ser para tornar-se interessante. Porque o preço das ações da empresa representa o valor presente descontado de seu fluxo de ganhos projetados, quase todos os gerentes se sentem normalmente compelidos a não apenas manter o crescimento, mas preservar uma taxa de crescimento constante. Para uma empresa de US$ 40 milhões crescer 25%, ela necessita encontrar US$ 10 milhões em novos negócios no próximo ano. Para uma empresa de US$ 40 *bilhões* crescer 25%, ela necessita descobrir US$ 10 bilhões em novos negócios no próximo ano. O tamanho da oportunidade de mercado que resolverá cada uma dessas necessidades de crescimento das empresas é muito diferente. Conforme observado no Capítulo 6, a oportunidade que estimula uma organização pequena não é grande o suficiente para interessar a outra muito grande. Uma das recompensas agridoces do sucesso é que, na verdade, à medida que as empresas se tornam grandes, elas literalmente perdem a capacidade de ingressar em pequenos mercados emergentes. Essa incapacidade não decorre da mudança nos recursos dentro das empresas – seus recursos são caracteristicamente vastos – mas porque seus valores mudam.

Os executivos e os financistas de Wall Street, que planejam as megafusões entre empresas já enormes, no sentido de alcançar a economia nos custos, necessitam considerar o impacto dessas ações sobre os valores resultantes das empresas. Embora as organizações absorvidas possam ter mais recursos para lançarem-se nos problemas de inovação, suas organizações comerciais tendem a perder o apetite por todas as maiores oportunidades de sucesso. O tamanho avantajado constitui *incapacidade* real em administrar uma inovação. De muitas maneiras, a recente decisão da Hewlett-Packard em dividir-se em duas empresas tem origem no seu reconhecimento desse problema.

O RELACIONAMENTO ENTRE PROCESSOS E VALORES, E SUCESSO EM IMPLANTAR TECNOLOGIAS INCREMENTAIS *VERSUS* TECNOLOGIAS DE RUPTURA

A estrutura dos Recursos-Processos-Valores (RPV) tem sido para mim uma ferramenta útil na compreensão das descobertas de minha pesquisa relacionada às diferenças encontradas nos registros das empresas acerca de tecnologias incrementais e tecnologias de ruptura. Lembre-se de que identificamos 116 novas tecnologias introduzidas na história do setor. Dessas, 111 eram tecnologias incrementais, visto que seu impacto estava em melhorar o desempenho dos *disk drives*. Algumas eram melhorias incrementais, enquanto outras, como as cabeças magneto-resistivas, representavam saltos descontínuos no desempenho. Em todos os 111 casos de tecnologia incremental, as empresas que lideraram o desenvolvimento e a introdução da nova tecnologia haviam sido líderes na tecnologia antiga. A taxa de sucesso das empresas estabelecidas em desenvolver e adotar tecnologias incrementais era de 100%.

As outras cinco, das 116 tecnologias, eram inovações de rupturas – em cada caso, *disk drives* pequenos eram mais lentos e tinham capacidade inferior à dos utilizados no mercado principal. Não havia nenhuma tecnologia nova envolvida nos produtos de ruptura. Além do mais, *nenhuma* das empresas que lideraram sua introdução permaneceram no topo do setor após as inovações de ruptura terem ingressado no mercado – os registros de suas realizações eram iguais a *zero*.

Por que os registros de realizações são, notadamente, tão diferentes quando disputam entre si empreendimentos incrementais e de ruptura? A resposta repousa na estrutura RPV de capacidades organizacionais. Os líderes do setor desenvolveram e introduziram tecnologias incrementais repetidas vezes. Mês após mês, ano após ano, à medida que introduziam produtos novos e aprimorados para obter vantagem sobre a concorrência, as empresas líderes desenvolveram processos para avaliar o potencial tecnológico e estimar as necessidades de seus clientes por tecnologias incrementais alternativas. No debate deste capítulo, as organizações desenvolveram uma *capacidade* para fazer isso, que residia em seus processos. Investimentos em tecnologias incrementais também ajustam os valores das empresas líderes, em que elas prometiam maiores margens de produtos melhores vendidos para seus clientes à margem da liderança.

Por outro lado, as inovações de ruptura ocorreram tão intermitentemente que nenhuma empresa tinha um processo rotineiro para manuseá-las. Além do mais, pelo fato de os produtos de ruptura prometerem margens de lucro inferiores por unidade vendida e não poderem ser utilizados pelos melhores clientes, as inovações eram inconsistentes com os valores das empresas que mantinham a liderança. Os líderes que fabricavam *disk drives* tinham os *recursos* – as pessoas, o dinheiro e a tecnologia – e exigiam ter sucesso em ambas as tecnologias, incrementais e de ruptura. Mas seus processos e valores constituíam incapacidades em seus esforços para terem sucesso em tecnologias de ruptura.

Grandes empresas rendem-se frequentemente a mercados emergentes em crescimento porque as empresas menores, de ruptura, são realmente mais *capazes* de adotá-los. Não importa a falta de recursos das empresas *iniciantes*; seus valores podem abraçar mercados pequenos e suas estruturas de custo podem acomodar margens inferiores. Seus processos de pesquisa de mercado e alocação de recursos possibilitam que os gerentes procedam intuitivamente; melhor do que ter de alicerçar-se em pesquisa cuidadosa ou análise, apresentada em PowerPoint. Todas essas vantagens somam-se à enorme oportunidade ou crescente calamidade – dependendo de sua perspectiva.

Gerentes que se deparam com a necessidade de mudar ou inovar, portanto, precisam fazer mais do que alocar os recursos certos para o problema. Eles precisam ter a certeza de que a organização na qual aqueles recursos serão utilizados por si só será capaz de prosperar – e, ao tomar aquela determinação, os gerentes devem examinar se os processos e os valores da organização são apropriados ao problema.

A MIGRAÇÃO DAS CAPACIDADES

Nos estágios iniciais de uma organização, muito do que se realizou é atribuível aos seus *recursos* – seu pessoal. A chegada ou a partida de algumas pessoas importantes pode ter profunda influência em seu sucesso. Ao longo do tempo, contudo, o local das capacidades da organização muda em direção a seus processos e valores. À medida que as pessoas trabalham em conjunto, com êxito em implantar as tarefas periódicas, os processos tornam-se definidos. E, como o modelo de negócio toma forma e se torna claro quais tipos de negócios necessitam ser atendidos com a mais alta prioridade, os valores crescem juntos. Na verdade, uma razão para que muitas jovens empresas arrojadas falhem após irem a público com um bom produto inicial é que, considerando que seu sucesso inicial foi fundamentado em recursos – o grupo fundador de engenheiros –, elas fracassam em criar *processos* que possam originar uma *sequência* de bons produtos.

Um exemplo de semelhante voo é a história da Avid Technology, um produtor de sistemas de editoração digital para televisão. A tecnologia da Avid removeu o tédio do processo de editoração de vídeo. Os clientes adoraram. E, por trás do seu produto-estrela, a ação da Avid subiu de US$ 16 em seu IPO de 1993 para US$ 49 em meados de 1995. Entretanto, a resistência em ser limitada em um único produto (*onetrick pony)* logo veio à tona. A Avid estava se deparando com um mercado saturado, elevando os estoques e as contas a receber, e concorrência acirrada. Os clientes adoraram o produto inicial, mas a falta de processos eficazes para o consequente desenvolvimento de novos produtos e para o controle de qualidade, entrega e serviço fez a empresa tropeçar e derrubou o valor de suas ações.

Em contraste, nas empresas de maior sucesso como McKinsey e Company, os processos e valores têm se tornado tão poderosos que quase não importa quem tem quais atribuições e em quais equipes de projeto. Centenas de novos MBAs associam-se à empresa todo ano, quase tanto quanto os que a deixam. Mas a companhia é capaz de acionar trabalho de alta qualidade ano após ano porque suas capacidades principais estão enraizadas em seus processos e valores ao invés de em seus recursos. Eu percebo, entretanto, que essas capacidades da McKinsey também constituem suas incapacidades. Os processos rigorosamente analíticos, dirigidos a dados que a ajudam a criar valor para seus clientes em mercados existentes, relativamente estáveis, representam muito menos capacidade de construir uma forte base de clientes entre as empresas de rápido crescimento, em mercados tecnologicamente dinâmicos.

Nos estágios formativos dos processos e valores de uma companhia, as ações e as atitudes do fundador têm impacto profundo. O fundador frequentemente tem opinião forte sobre a maneira como os funcionários devem trabalhar em conjunto para compreender as decisões e conseguir que as coisas sejam realizadas. Os fundadores igualmente definem as prioridades da companhia, segundo seus pontos de vista. É claro que, se os métodos do fundador forem falhos, a empresa provavelmente fracassará. Mas, se aqueles métodos forem úteis, os funcionários experimentarão coletivamente por si mesmos a validade das metodologias do fundador na solução de problemas e os critérios para a tomada de decisões. À medida que eles utilizam com êxito aqueles métodos de trabalhar em conjunto para implantar as tarefas repetitivas, os processos tornam-se definidos. Da mesma maneira, se a empresa tem êxito financeiramente dando prioridade a vários usos de seus recursos, de acordo com critérios que reflitam as prioridades do fundador, os valores da empresa começam a se fundir.

Conforme as empresas bem-sucedidas amadurecem, os funcionários pressupõem gradualmente que as prioridades que eles aprenderam a aceitar e os meios de realizar as coisas, assim como os métodos de tomada de decisões que empregaram com êxito, são as formas corretas de se trabalhar. Uma vez que os membros da organização começam a adotar formas de trabalho e critério de tomar as decisões por suposições, em vez de fazê-lo por decisão consciente, então aqueles processos e valores vêm a constituir a *cultura* da organização.[7] À medida que as empresas crescem, começando com poucos funcionários e ampliando para centenas de milhares, o desafio de fazer com que todos os empregados concordem sobre quais necessidades devem ser atendidas e como as tarefas devem ser realizadas para que os trabalhos certos sejam executados repetida e consistentemente pode ser desalentador mesmo para os melhores gerentes. A cultura é uma ferramenta poderosa nessas situações. Ela possibilita que os funcionários ajam de modo autônomo e faz com que eles atuem de forma consistente.

Enfim, a localização dos fatores mais poderosos que definem as capacidades e incapacidades de organizações migram através do tempo – de recursos em direção aos visíveis, processos e valores conscientes, e então, em direção à cultura. Quanto mais tempo a organização se deparar com os mesmos tipos de problemas que seus processos e valores foram destinados a solucionar, administrá-la será relativamente simples. Mas, porque esses fatores também definem o que uma organização *não pode* fazer, eles constituem incapacidades quando os problemas se referem à mudança da empresa. Quando as capacidades da organização residem principalmente em suas pessoas, mudar para resolver novos problemas é relativamente simples. Mas, quando as capacidades passam a residir em processos e valores e *especialmente* quando elas se tornam inseridas na cultura, a mudança pode revelar-se extraordinariamente difícil.

Um caso em questão: A Digital Equipment tinha a capacidade de ser bem-sucedida em computadores pessoais?

A Digital Equipment Corporation (DEC) foi um produtor espetacularmente bem-sucedido de microcomputadores dos anos 60 aos 80. Alguém poderia ter sido tentado a determinar, quando o mercado de computador pessoal começou a crescer junto no início dos anos 80, que a "competência essencial" da DEC era em fabricar computadores. Mas, se os computadores eram a competência da DEC, por que a companhia pisou em falso?

Obviamente, a DEC tinha os *recursos* para ser bem-sucedida em computadores pessoais. Seus engenheiros projetavam rotineiramente computadores muito mais sofisticados do que os PCs. A DEC tinha muito dinheiro, grande marca e tecnologia poderosa. Mas ela possui os *processos* para ter êxito no negócio de computador pessoal? Não. Os processos para projetar e fabricar minicomputadores envolviam projetar internamente muitos dos componentes principais do computador e então integrar os componentes em configurações proprietárias. O processo de projeto por si só consumia de dois a três anos para um modelo de produto novo. Os processos de fabricação da DEC impunham a produção da maioria dos componentes e sua montagem em lotes. Ela vendia direto para organizações de engenharia corporativa. Esses processos funcionavam extremamente bem no negócio de minicomputadores.

O negócio de computadores pessoais, ao contrário, exigia processos nos quais a maioria dos componentes na relação custo-benefício era terceirizada dos melhores fornecedores do mundo. Novos projetos de computadores compreendiam componentes modulares, tinham de ser completados em ciclos de 6 a 12 meses. Os computadores eram produzidos em linhas de montagens de grandes volumes e vendidos por revendedores para consumidores e empresas. Nenhum desses processos exigia competir com sucesso no negócio de computadores pessoais que existia dentro da DEC. Em outras palavras, embora as *pessoas* que trabalhavam na DEC tivessem, individualmente, as habilidades para projetar, construir e vender computadores pessoais com lucratividade, elas estavam trabalhando em uma organização que era incapaz de fazer isso, porque seus processos tinham sido projetados e haviam evoluído para fazer bem *outras* tarefas. Os muitos processos que fizeram a companhia capaz de ter êxito em um negócio tornaram-na incapaz de ser bem-sucedida em outro.

E sobre os *valores* da DEC? Por causa dos custos de despesas gerais exigidos para ter êxito no negócio de minicomputadores, a DEC teve que adotar uma série de valores que ditavam essencialmente: "Se gerar 50% de margens brutas ou mais, é bom negócio. Se gerar menos que 40% de margens, não vale a pena". A administração teve de assegurar que todos os funcionários dessem prioridade a projetos de acordo com esse critério, ou a empresa não ganharia dinheiro. Em virtude de os computadores pessoais gerarem margens inferiores, eles não se "adequavam" aos valores da DEC. Os critérios da empresa por prioridades colocaram os minicomputadores com alto desempenho à frente dos computadores pessoais no processo de alocação de recursos. E quaisquer tentativas que a empresa fizesse para ingressar no negócio de computador pessoal tinha como alvo as camadas das margens mais altas daquele mercado – porque os resultados financeiros que poderiam ser ganhos nelas eram os únicos que os valores da empresa aceitariam. Graças aos padrões observados no Capítulo 4 – a forte tendência dos concorrentes com modelos de negócios com gastos gerais inferiores para migrar para o mercado de melhor lucratividade (*upmarket*) –, os valores da Digital renderam-lhe a incapacidade de adotar uma estratégia vencedora.

Conforme vimos no Capítulo 5, a Digital Equipment poderia ter criado *uma outra* organização, cujos processos e valores fossem elaborados para competir no mercado dos computadores pessoais. Mas a organização específica em Maunard, Massachusets, cujas capacidades extraordinárias conduziram a empresa ao sucesso nos negócios de minicomputadores, era simplesmente incapaz de ter êxito no mundo do computador pessoal.

CRIANDO CAPACIDADES PARA ENFRENTAR A MUDANÇA

Se um gerente concluir que um funcionário é incapaz de ter êxito em uma tarefa, ele descobrirá alguém para realizar o trabalho ou treinará cuidadosamente o funcionário tornando-o apto a ser bem-sucedido. Treinar frequentemente funciona, porque os indivíduos podem tornar-se hábeis em múltiplas tarefas.

Apesar das crenças difundidas por programas de mudança administrativa e de reengenharia, os processos não são tão flexíveis ou "treináveis" como os recursos – e os valores o são menos ainda. Os processos que tornam uma organização boa na terceirização (*outsourcing*) de componentes não podem, simultaneamente, torná-la boa no desenvolvimento e fabricação de componentes por conta própria (*in-house*). Os valores de uma organização que dão enfoque à prioridade dos produtos com altas margens não podem, ao mesmo tempo, concentrar-se nas prioridades dos produtos com margens inferiores. Essa é a razão pela qual as organizações que mantêm o foco têm melhor desempenho do que aquelas que não o fazem: seus processos e valores são combinados cuidadosamente com o conjunto de tarefas que precisam ser realizadas.

Por estas razões, os gerentes que estabelecem que as capacidades de uma organização não são adequadas a uma nova tarefa deparam-se com três opções para criar novas capacidades. Eles podem:

- adquirir uma organização diferente, com processos e valores bem adequados à nova tarefa;
- tentar mudar os processos e valores da organização atual;
- criar uma organização independente e desenvolver dentro dela os novos processos e valores exigidos para resolver o novo problema.

Criando Capacidades por meio de Aquisições

Os gerentes frequentemente percebem que adquirir, em lugar de desenvolver, um conjunto de capacidades faz sentido competitivo e financeiro. O modelo RPV pode ser uma forma útil de estruturar os desafios de integrar organizações adquiridas. Os gerentes [das empresas] que fazem a aquisição precisam começar questionando: "O que é que realmente criou o valor que eu acabei de pagar tão caro? Justifiquei o preço por causa de seus recursos – pessoas, produtos, tecnologia, posição de mercado e assim por diante? Ou foi uma porção substancial de seu valor criado por processos e valores – únicas formas de trabalhar e tomar decisões que possibilitaram à empresa entender e satisfazer os clientes, e desenvolver, produzir e entregar novos produtos e serviços de maneira oportuna?".

Se os processos e os valores da empresa adquirida são os condutores reais de seu sucesso, então a última coisa que o gerente da adquirente quer fazer é integrar a empresa [adquirida] dentro da nova organização principal. A integração fará evaporar muitos dos processos e valores da empresa adquirida, porque será exigido de seus gerentes que adotem a forma de fazer negócios do comprador, e tenham suas propostas para inovar avaliadas de acordo com o critério de decisão da empresa compradora. Se os processos e valores da empresa adquirida forem as razões para seu sucesso histórico, uma melhor estratégia é deixar os negócios seguirem de maneira autônoma, cabendo à matriz [empresa adquirente] introduzir seus recursos dentro dos processos e valores da empresa adquirida. Essa estratégia, em essência, possibilita, verdadeiramente, a aquisição de novas capacidades.

Se, por outro lado, os *recursos* da empresa [adquirida] eram a base lógica fundamental para a aquisição, então integrar a empresa dentro da matriz pode fazer muito sentido – essencialmente ligando pessoas, produtos, tecnologia e clientes adquiridos dentro dos processos da empresa matriz, como forma de alavancar as capacidades nela existentes.

Os riscos da fusão DaimlerChrysler, que começou no fim dos anos 90, por exemplo, podem ser mais bem entendidos por meio do modelo RPV. A Chrysler tinha poucos recursos que poderiam ser considerados únicos, em comparação com seus competidores. Seu sucesso no mercado dos anos 90 foi fixado em seus processos – particularmente nos processos de projeto de produto, rápidos e criativos, e nos processos de integrar os esforços de seus fornecedores de subsistemas. Qual seria a melhor maneira de a Daimler igualar as capacidades que a Chrysler trouxe à mesa? Wall Street pressionou fortemente a administração para consolidar as duas organizações, objetivando cortar custos. Integrar as duas empresas, contudo, provavelmente evaporaria os principais processos que a princípio tornaram a Chrysler uma aquisição tão atrativa.

A situação é remanescente da aquisição da Rolm pela IBM em 1984. Não havia nada no conjunto de recursos da Rolm que a IBM já não tivesse. Os processos da Rolm para o desenvolvimento dos produtos PBX e suas descobertas de novos mercados é que foram realmente responsáveis por seu sucesso. Em 1987, a IBM decidiu integrar completamente a empresa dentro de sua estrutura corporativa. A tentativa de alavancar os recursos da Rolm – seus produtos e seus clientes –, por meio dos mesmos processos afiados nos grandes negócios de computadores da IBM, ocasionou o terrível fracasso da Rolm. E pretender que executivos de uma empresa de computadores, cujos valores tinham sido aguçados em operar margens de lucros de 18%, ficassem ansiosos em dar prioridade a produtos com margens de operação abaixo de 10% era impossível. A decisão da IBM para integrar a Rolm destruiu a verdadeira fonte de valor original da transação. Como este capítulo foi escrito em fevereiro de 2000, a DaimlerChrysler, submetendo-se aos sinais da comunidade de investimento por poupanças eficientes, agora permanece no limite do mesmo precipício.

Frequentemente, os analistas financeiros parecem ter melhor intuição para o valor de recursos do que para os processos.

Ao contrário, os processos de aquisições da Cisco Systems funcionaram bem, porque seus gerentes mantiveram recursos, processos e valores na perspectiva correta. Entre 1993 e 1997, a empresa adquiriu principalmente pequenos empreendimentos, com menos de 2 anos de idade; e organizações nos estágios iniciais, cujo valor de mercado alicerçava-se fundamentalmente sobre seus recursos – particularmente engenheiros e produtos. A Cisco tem um processo, bem definido e deliberado, de integrar essencialmente esses recursos dentro de processos e sistemas da empresa matriz, e um método, cuidadosamente cultivado, de, felizmente, manter os engenheiros da empresa adquirida em sua folha de pagamentos. No curso da integração, a Cisco desprezou todos os processos nascentes e os valores que vieram com a aquisição – porque não eram o que a Cisco havia adquirido. Em algumas ocasiões, ao adquirir uma organização maior, mais amadurecida – notadamente sua aquisição, em 1996, da StrataCom –, a Cisco *não* a integrou. Mais propriamente, ela deixou a StrataCom sozinha e introduziu recursos próprios substanciais dentro da organização, para ajudá-la a crescer a uma taxa mais alta.[8]

Em pelo menos três ocasiões, a Johnson & Johnson utilizou aquisições para estabelecer posição em uma importante onda da tecnologia de ruptura. Seus negócios em lentes de contato descartáveis, cirurgia endoscópica e medição de glicose no sangue dos diabéticos foram todos adquiridos quando eles eram pequenos, passíveis de permanecer autônomos e receber a infusão de recursos. Cada um deles tornou-se um negócio de bilhões de dólares. A Lucent Technologies e a Nortel seguiram estratégia similar para captar a onda de roteadores, baseados na tecnologia *packet-switching,* que era a de ruptura de seu equipamento tradicional *circuit-switching.* Mas eles fizeram essas aquisições tardiamente, e as empresas que adquiriram, Ascend Communications e Bay Networks, respectivamente, eram extraordinariamente caras. Isso porque elas já haviam criado a nova aplicação no mercado – redes de dados – em paralelo com a empresa muito maior, a Cisco Systems – e eles estavam certos, à beira de investir na rede de voz.

Criando Novas Capacidades Internamente

As empresas que tentaram desenvolver novas capacidades dentro de unidades organizacionais estabelecidas também têm, infelizmente, um rastro de registros irregulares. Montar uma série de recursos de peso para mudar o que uma organização existente pode fazer é relativamente simples. Pessoas com novas habilidades podem ser contratadas, a tecnologia pode ser licenciada, o capital pode ser levantado e linhas de produtos, marcas e informação podem ser adquiridas. Muito frequentemente, contudo, recursos como esses são então conectados a processos fundamentalmente imutáveis – o que resulta em mudança insignificante. Por exemplo, ao longo dos anos 70 e 80, a Toyota fez surgir a indústria automobilística mundial por meio de sua inovação nos *processos* de desenvolvimento, fabricação e cadeia de abastecimento – sem investir agressivamente em recursos como tecnologia industrial avançada ou de processamento da informação. A General Motors respondeu investindo cerca de US$ 60 bilhões em *recursos* industriais – equipamento automatizado com computador, projetado para reduzir o custo e melhorar a qualidade. Utilizar recursos no estado-da-arte em processos antiquados, contudo, fez pouca diferença no desempenho da General Motors, porque era em seus processos e valores, que se encontravam as capacidades mais essenciais da organização. Processos e valores definem como os recursos – muitos dos quais podem ser comprados ou vendidos, contratados ou demitidos – são combinados para criar valor.

Infelizmente, é muito difícil mudar os processos – por duas razões. A primeira é que os limites organizacionais são frequentemente estabelecidos para facilitar a operação dos processos atuais. Esses limites podem impedir a criação de novos processos, que encurtam o caminho por meio daquelas delimitações. Quando novos desafios exigem pessoas ou grupos diferentes para interagir de modo diverso do habitual – encarar desafios diferentes com tempo também diferente dos que historicamente haviam sido enfrentados –, os gerentes necessitam de retirar pessoas relevantes da organização existente e estabelecer um novo limite em torno de um novo grupo. Os limites da nova equipe possibilitam ou facilitam novos padrões de trabalho em conjunto que, finalmente, podem aglutinar-se como novos processos – novas capacidades para transformar insumos em produção. Os professores Steven C. Wheelwright e Kim B. Clark chamaram essas estruturas de equipes "peso pesado".[9]

A segunda razão que torna difícil desenvolver os processos das novas capacidades é que, em alguns casos, os gerentes não *querem* eliminar os processos existentes – os métodos funcionam perfeitamente bem fazendo o que foi projetado para fazer. Conforme observado anteriormente, enquanto os recursos tendem a ser flexíveis e podem ser utilizados em uma variedade de situações, os processos e os valores são por natureza *inflexíveis*. Sua verdadeira razão de existir é fazer com que a mesma coisa seja feita de modo consistente, repetidas vezes. Processos significam *não* mudar.

Quando a mudança de ruptura aparece no horizonte, os gerentes necessitam compor as capacidades para enfrentar a mudança *antes* de ela afetar os negócios principais. Em outras palavras, eles precisam de uma organização orientada na direção do novo desafio antes que a antiga, cujos processos estão sintonizados com o modelo de negócio existente, tenha atingido uma crise que demande a mudança fundamental.

Pela natureza específica da tarefa, é impossível pedir que um processo faça duas coisas fundamentalmente diferentes. Considere os exemplos apresentados no Capítulo 7. A pesquisa de mercado e os processos de planejamento – apropriados ao lançamento de novos produtos dentro de mercados existentes – simplesmente não são capazes de introduzir uma empresa em mercados emergentes, precariamente definidos. E os processos pelos quais uma empresa sente experimental e intuitivamente seu caminho em mercados emergentes constituiriam um suicídio se empregados em um negócio existente bem definido. Para realizar simultaneamente ambos os tipos de tarefa, a empresa necessita de dois processos muito diferentes. E é muito difícil para uma única unidade organizacional empregar processos fundamentalmente diferentes e opostos. Conforme demonstrado a seguir, esse é o motivo por que os gerentes precisam criar equipes diferentes, dentro das quais podem ser definidos e refinados processos diferentes para solucionar novos problemas.

Criando Capacidades por meio de uma Organização Independente (Spin-out)

O terceiro mecanismo para a criação de novas capacidades – gerando-as dentro de empreendimentos independentes (*spin-out*) – está atualmente *em voga* entre muitos gerentes que lutam com o modo de utilizar a Internet. Quando os *spin-outs* são um passo crucial na construção de novas capacidades para explorar a mudança, e quais são as diretrizes pelas quais eles deveriam ser gerenciados? Uma organização à parte é exigida quando os *valores* da organização principal se revelam incapazes de concentrar recursos no projeto de inovação. Não se pode esperar que grandes organizações aloquem livremente decisivos recursos financeiros e humanos necessários para construir uma posição fortalecida em mercados pequenos e emergentes. E é muito difícil para uma empresa, cuja estrutura de custo seja feita sob medida para competir em mercados *high-end*, ser lucrativa também em mercados *low-end*. Quando uma tecnologia de ruptura ameaçadora exige, para ser lucrativa e competitiva, uma estrutura de custo diferente, ou quando o tamanho atual da oportunidade é insignificante em relação à necessidade de crescimento da organização principal, então – e somente então – uma organização *spin-out* é parte da solução exigida.

Quão separados necessitam ser os esforços? A exigência fundamental é que o projeto de inovação não seja forçado a competir por recursos com os projetos da organização principal. Devido ao fato de os valores servirem de critérios para a tomada de decisões a respeito de prioridades, projetos inconsistentes com os valores da organização principal serão naturalmente classificados como de menor prioridade. Estar a organização independente fisicamente separada é menos importante do que ter sua independência do processo normal de alocação de recursos.

Em nossos estudos desse desafio, nós nunca vimos uma empresa ter êxito em implementar uma mudança que rompesse seus valores principais sem a atenção pessoal e a supervisão cuidadosa do CEO – precisamente por causa do poder dos processos e valores e, particularmente, pela lógica do processo normal de alocação de recurso. Apenas o CEO pode garantir que a nova organização obterá os recursos exigidos e esteja livre para criar processos e valores apropriados ao novo desafio. É quase certo que CEOs que visualizam *spin-outs* como uma ferramenta para remover as ameaças de ruptura de suas agendas pessoais encontrarão o fracasso. Não temos visto nenhuma exceção a essa regra.

A estrutura resumida na Figura 8.1 pode ajudar os gerentes a tirar proveito das capacidades que residem em seus processos e valores atuais, quando isso for possível, e criar novos, quando a atual organização for incapaz. O eixo da esquerda na Figura 8.1 mede a extensão para a qual os processos existentes padrões de interação, comunicação, coordenação e tomada de decisão –, atualmente utilizados na organização, obterão, de forma eficaz, a nova tarefa. Se a resposta for sim (em direção à extremidade inferior da escala), o gerente do projeto pode aproveitar os processos existentes na organização e a estrutura organizacional para ter êxito. Representadas na posição correspondente ao eixo da direita, equipes funcionais ou "peso leve", conforme descritas por Clark e Wheelwright,[10] são estruturas úteis para aproveitar as capacidades existentes. Nessas equipes, o papel do gerente de projeto é facilitar e coordenar o trabalho amplamente executado dentro das organizações funcionais.

Figura 8.1 Ajustando as exigências de uma inovação com as capacidades da organização.

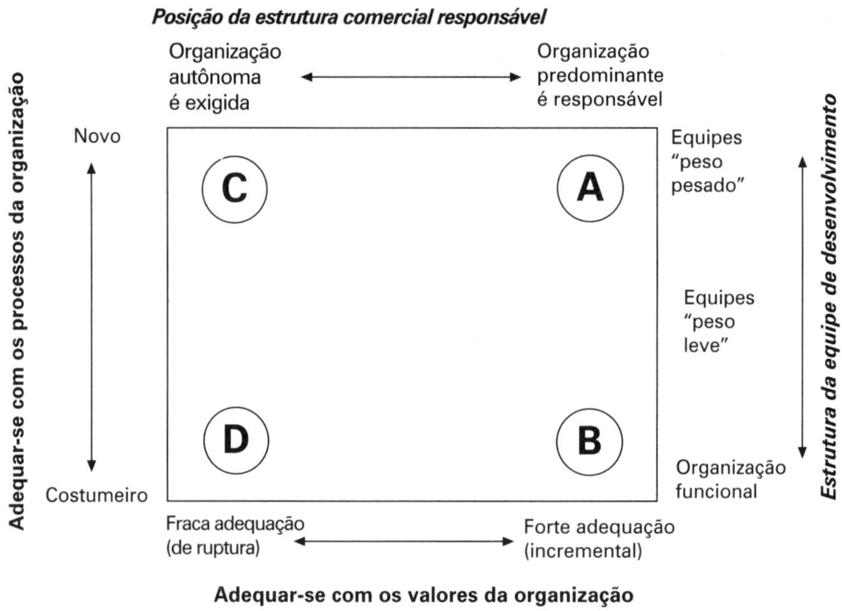

Nota: Os eixos da esquerda e de baixo refletem a necessidade de o gerente perguntar sobre a situação existente. As observações no lado direito representam a resposta apropriada para a situação no eixo da esquerda. As observações no topo representam a reação apropriada à resposta do gerente para o eixo de baixo.

Por outro lado, se a forma de realizar o trabalho e o processo decisório no negócio principal impedirem o trabalho da nova equipe – porque pessoas diferentes necessitam interagir sobre diversos assuntos e tempos do que os habitualmente necessários –, então uma estrutura de equipe "peso pesado" é necessária. Equipes "peso pesado" são ferramentas para criar novos processos – novos meios de trabalhar em conjunto, que constituem novas capacidades. Nessas equipes, os membros não representam simplesmente os interesses e as habilidades de suas funções. Eles são cobrados para agir como gerentes gerais, e tomar as decisões e fazer as compensações para o bem do *projeto*. Eles são tipicamente dedicados e coalocados.

O eixo horizontal da Figura 8.1 pede aos gerentes que avaliem se os valores da organização alocarão para a nova iniciativa os recursos de que ela necessitará para tornar-se bem-sucedida. Se há uma adequação precária e de ruptura, então os valores da organização principal darão baixa prioridade ao projeto. Portanto, criar uma organização autônoma, dentro da qual o desenvolvimento e a comercialização podem ocorrer, será absolutamente essencial ao sucesso. No outro extremo, contudo, se existe uma adequação forte e incremental, então o gerente pode esperar que a energia e os recursos da organização principal irão aglutinar-se em torno dela. Não há razão para uma "unidade secreta experimental" (*skunk works*) ou uma organização *spin-out* em tais casos.

A Região A, na Figura 8.1, representa uma situação na qual um gerente se depara com uma importante descoberta, mas como mudança tecnológica incremental – ela se ajusta aos valores da organização. Mas apresenta a organização com tipos de problemas diferentes para resolver e, portanto, a exigir novos tipos de interação e coordenação dentre os grupos e indivíduos. O gerente necessita de uma equipe de desenvolvimento "peso pesado" para enfrentar a nova tarefa, mas o projeto pode ser executado dentro da empresa predominante. Foi como a Chrysler, Eli Lilly e Medtronic aceleraram tão dramaticamente seus ciclos de desenvolvimento de produto.[11] As equipes "peso pesado" são os mecanismos organizacionais que os gerentes da divisão de *disk drive* da IBM utilizaram para aprender como integrar os componentes mais eficazmente em seus projetos de produtos, para arrancar 50% dos componentes de maior desempenho que eles utilizavam. O projeto da Microsoft para desenvolver e lançar seu *browser* na Internet estava localizado na Região A dessa estrutura. Ele representou uma realização administrativa extraordinária e difícil, que exigiu pessoas diferentes trabalhando em conjunto em padrões diferentes como jamais se utilizou dentro da Microsoft. Mas era uma tecnologia incremental para a empresa. Seus clientes queriam o produto, e isso fortaleceu o modelo de negócio integral da empresa. Não havia, portanto, a necessidade de um projeto *spin-out* dentro de uma organização completamente diferente.

Quando, na Região B, o projeto se ajusta aos processos e valores da empresa, uma equipe de desenvolvimento "peso leve" pode ser bem-sucedida. Em tais equipes, a coordenação por meio dos limites funcionais ocorre dentro da organização principal.

A Região C denota uma área na qual um gerente se depara com uma mudança tecnológica de ruptura que não se ajusta aos processos e valores existentes na organização. Para assegurar o sucesso nesses casos, os gerentes devem criar uma organização autônoma e autorizar uma equipe de desenvolvimento "peso pesado" para lidar com o desafio. Além dos exemplos citados nos Capítulos 5, 6 e 7, muitos esforços das empresas em solucionar os conflitos de canal de distribuição criados pela Internet devem ser administrados dessa maneira. Em 1999, a Compaq Computer, por exemplo, lançou um negócio para comercializar seus computadores diretamente aos clientes, pela Internet, para competir mais eficazmente com a Dell Computer. Em poucas semanas, seus revendedores protestaram tão ruidosamente que a Compaq teve de voltar atrás em sua estratégia. Isso representou uma grande ruptura em relação aos valores, ou modelo de lucro, da empresa e de seus revendedores. A única forma de administrar o conflito seria lançar o negócio diretamente por meio de uma empresa independente. Poderia até mesmo ser necessário uma marca diferente para administrar a tensão.

Alguns sugeriram que a estratégia do Walmart – de administrar sua operação de varejo *on-line* por meio de uma organização independente no Vale do Silício – é temerária, porque a organização *spin-out* não pode igualar os processos e a infraestrutura extraordinários da administração logística do Walmart. Acredito, entretanto, que adotar o *spin-out* foi sábio, com base na Figura 8.1. A aventura *on-line* realmente necessita de processos logísticos muito diferentes dos de suas operações de tijolos e argamassas. Essas operações transportam mercadorias por caminhão. Os varejistas *on-line* necessitam apanhar itens individuais do estoque e remeter pequenos pacotes para diversos locais. A aventura não é apenas de ruptura para os valores do Walmart, mas necessita também criar os próprios processos logísticos. Foi necessário evoluir separadamente.

A Região D tipifica projetos nos quais os produtos ou serviços similares aos do negócio principal precisam ser vendidos dentro de um modelo de negócio com custo de *over head* basicamente inferior. O Sam's Clubs do Walmart se encaixaria nessa região. Esses, na verdade, podem alavancar processos de administração logística similares aos da empresa principal; mas a responsabilidade de fazer orçamentos, de administração e de P&L necessita ser diferente.

As equipes funcionais e "peso leve" são veículos adequados para aproveitar as capacidades estabelecidas, considerando que as equipes "peso pesado" são ferramentas para criar as novas capacidades. Organizações *spin-out*, igualmente, são ferramentas para forjar novos valores. Infelizmente, a maioria das empresas emprega uma estratégia de organização do tipo "tamanho único". Entre as poucas empresas que aceitaram a verdade do "peso pesado", muitas tentaram organizar toda a sua equipe de desenvolvimento em um estilo "peso pesado". Idealmente, cada empresa deveria criar sob medida a estrutura da equipe e a situação organizacional para os processos e valores que cada projeto exige.

De muitas formas, o modelo de tecnologias de ruptura é uma teoria da relatividade: o que é de ruptura para uma empresa pode ter um impacto incremental em uma outra. Por exemplo, a Dell Computer começou vendendo computadores por telefone. Para ela, a iniciativa de vender e aceitar pedidos pela Internet foi uma inovação *incremental*, que a ajudou a ganhar mais dinheiro na forma como ela já estava estruturada. Para a Compaq, a Hewlett-Packard e a IBM, entretanto, comercializar direto aos clientes pela Internet teria um impacto poderosamente de ruptura. O mesmo é verdadeiro em corretagem de ações. Para corretores de saldos como a Ameritrade e Charles Schwab, que aceitavam a maioria de seus pedidos por telefone, comercializar valores mobiliários *on-line* simplesmente ajudou-os a descontar no custo mais eficazmente – e até mesmo a oferecer amplos serviços relacionados às suas capacidades anteriores. Para empresas de serviços plenos com corretores comissionados como a Merril Lynch, entretanto, comercializar *on-line* representa poderosa ameaça de ruptura.

RESUMO

Os gerentes, cujas organizações estão encarando mudanças, devem determinar primeiro se eles têm os recursos exigidos para ser bem-sucedidos. Necessitam, então, fazer uma pergunta em separado: a organização tem os processos e os valores para ter êxito? Fazer essa segunda pergunta não é tão instintivo para a maioria dos gerentes porque os processos pelos quais o trabalho é realizado e os valores pelos quais os funcionários tomam as decisões serviram bem para eles. O que eu espero que essa estrutura acrescente na forma de pensar do gerente, contudo, é que as verdadeiras capacidades de suas organizações também definem suas incapacidades. Um pequeno tempo gasto no exame de consciência, por respostas honestas à questão, será pago generosamente. Os processos pelos quais os trabalhos habitualmente são realizados na organização são adequados ao novo problema? E os valores da organização farão com que a iniciativa obtenha alta prioridade ou ela definhará?

Se a resposta a essas questões for *não*, está tudo bem. Entender problemas é o passo mais decisivo para resolvê-los. Pensar ansiosamente sobre o assunto pode criar equipes incumbidas em desenvolver e implementar uma inovação em um curso repleto de obstáculos, suposições secundárias e frustrações. As razões por que a inovação frequentemente parece ser tão difícil para empresas estabelecidas é que elas empregam pessoas altamente capazes, e então as direcionam para trabalhar dentro de processos e valores não designados para facilitar o sucesso com a tarefa nas mãos. Assegurar que pessoas capazes estejam aglutinadas em organizações capazes é a principal responsabilidade da administração em uma era como a nossa, em que a capacidade em competir com a mudança acelerada tem se tornado tão importante.

NOTAS DO AUTOR

1. Veja C. K. Prahalad e Gary Hamel, "The Core Competence of the Corporation", *Harvard Business Review,* 1990.
2. Muitas dessas ideias surgiram de discussões maravilhosas e estimulantes com estudantes de doutorado no seminário Business Policy, na Harvard Business School, entre 1993 e 1999. Desejo agradecer a todos aqueles estudantes, mas em particular a Don Sull, Tom Eisenmann, Tomoyoshi Noda, Michael Raynor, Michael Roberto, Deborah Sole, Clark Gilbert e Michael Overdorf por suas contribuições a essas ideias.
3. A mais lógica e compreensiva caracterização de processos que temos visto está em David Garvin, "The Processes of Organization and Management", *Sloan Management Review,* verão, 1998. Quando utilizamos o termo "processos", queremos incluir todos os tipos de processos que Garvin definiu.
4. Veja Dorothy Leonard-Barton, "Core Capabilities and Core Rigidities: A Paradox in Managing New Product Development", *Strategic Management Journal* (13), 1992, 111-125. O trabalho do professor Leonardi nesse tópico, em minha opinião, constitui o paradigma fundamental sobre os quais muitas pesquisas subsequentes estão sendo construídas.

5. Veja Wickham Skinner, "The Focused Factory", *Harvard Business Review,* 1974.
6. Veja, por exemplo, Thomas Peters e Robert Waterman, *In Search of Excellence* (Nova York: Harper & Row Publishers, 1982).
7. Veja Edgar Schein, *Organizational Culture and Leadership* (San Francisco: JosseyBass Publishers, 1988). A descrição do desenvolvimento da cultura de uma organização foi extraída maciçamente da pesquisa de Schein.
8. Veja Nicole Tempest, "Cisco Systems, Inc. Post-Acquisition Manufacturing Integration", um case de ensino publicado em conjunto com Stanford University Graduate School of Business e Harvard Business School, 1998.
9. Steven C. Wheelwright e Kim B. Clark, *Revolutionizing Product Development* (Nova York: The Free Press, 1992).
10. Veja Kim B. Clark e Seten C. Wheelwright, "Organizing and Leading Heavyweight Development Teams", *California Management Review* (34), primavera, 1992, 928. Os conceitos descritos neste artigo são extremamente importantes. Recomendamos fortemente que os gerentes interessados nesses problemas o estudem refletidamente. Eles definem uma equipe "peso pesado" como aquela na qual os membros não representam seu grupo funcional na equipe, mas atuam como um *gerente geral* – para assumir responsabilidade pelo sucesso do projeto todo e para estar ativamente envolvido nas decisões e trabalhos dos membros que vêm de cada área funcional. Como trabalham em conjunto para completar seu projeto, eles testarão novas formas de interagir, coordenar e decidir aquilo que virá abranger os novos processos, ou novas capacidades, que serão necessários para terem êxito na nova empresa com base nos acontecimentos. Essas formas de realizar o trabalho tornam-se então institucionalizadas porque fazem crescer os novos negócios ou linha de produtos.
11. Veja Jeff Dyer, "How Chrysler Created an American Keiretsu", *Harvard Business Review,* julho-agosto, 1996,42-56; Clayton M. Christensen, "We've Got Rhythm! Medtronic Corporation's Cardiac Pacemaker Business", Harvard Business School, *case* nº 698-004; e Steven C. Wheelweight, "Eli Lilly: The Evista Project", Harvard Business School, *case* nº 699-016.

CAPÍTULO 9

Desempenho Proporcionado, Demanda de Mercado, e o Ciclo de Vida do Produto

Ao demonstrar a intersecção tecnológica e as trajetórias de mercado, os gráficos neste livro provaram sua utilidade em explicar como as empresas líderes podem pisar em falso enquanto estão em posição de liderança no setor. Em cada um dos setores explorados, os tecnólogos foram capazes de aprimorar o desempenho em índices que excederam aquele de que o mercado necessitava ou era capaz de absorver. Historicamente, quando esse *excesso de desempenho* ocorre, cria-se a oportunidade para uma tecnologia de ruptura surgir e, subsequentemente, invadir, a partir de baixo, mercados estabelecidos.

Ao criar essa ameaça ou oportunidade para uma tecnologia de ruptura, o excesso de desempenho também dispara uma mudança fundamental na base da competição no mercado do produto: a ordenação característica dos critérios pelos quais os clientes escolhem entre um produto ou serviço e outro mudará, sinalizando uma fase de transição (diferentemente definida pelos teóricos da administração) para o próximo ciclo de vida do produto. Em outras palavras, a intersecção das trajetórias de desempenho fornecido e de desempenho demandado são os gatilhos fundamentais por trás das fases no ciclo de vida do produto. Por causa disso, os mapas da trajetória, como os utilizados neste livro, caracterizam proveitosamente como a dinâmica competitiva de um setor e suas bases de competição são passíveis de mudança através do tempo.

Como nos capítulos anteriores, a discussão começa com uma análise do setor de *disk drive* e do que pode acontecer quando a capacidade fornecida excede a demanda do mercado. Após ver o mesmo fenômeno esgotado nos mercados de *software* de contabilidade e produtos para diabéticos, o vínculo entre esse padrão e as fases do ciclo de vida do produto estará claro.

EXCESSO DE DESEMPENHO E MUDANÇA DAS BASES DA CONCORRÊNCIA

O fenômeno do excesso de desempenho é traçado na Figura 9.1, um extrato da Figura 1.7. Ela demonstra que, por volta de 1988, a capacidade do *drive* de 3,5" padrão médio no mercado aumentara finalmente para igualar-se à capacidade demandada no mercado predominante do computador pessoal tipo PC, e que a capacidade média do *drive* de 5,25" tinha, naquela época, superado em cerca de 300% o que o mercado predominante do PC demandava. Nesse ponto, pela primeira vez desde que o mercado do PC surgira, os produtores de computadores tinham uma opção de *drives* para comprar: os *drives* de 5,25" e *3,5" ambos* supriam perfeitamente a capacidade adequada.

Qual foi o resultado? Os produtores de computadores pessoais tipo PC começaram a mudar para os *drives* de 3,5" em multidão. A Figura 9.2 ilustra isso, utilizando um formato de curva de troca no qual o eixo vertical mede a relação da antiga para a nova tecnologia em unidades vendidas. Em 1985, essa medida era .007, significando que menos de 1% (.0069) do mercado de PC tinha mudado para o formato de 3,5". Por volta de 1987, a relação tinha avançado 0.20, significando que 16,7% das unidades vendidas dentro desse mercado naquele ano eram *drives* de 3,5". Por volta de 1989, a medida era 1.5, isto é, apenas quatro anos após ter aparecido, como uma tênue luz em uma tela do radar do mercado, o produto de 3,5" contabilizou 60% de *drives* vendidos.

Por que os *drives* de 3,5" conquistaram tão decisivamente o mercado de PC? Uma suposição econômica poderia ser que o formato de 3,5" representava uma arquitetura mais eficaz no custo: se não houvesse mais diferenciação significativa entre dois tipos de produtos (ambos tinham capacidade adequada), a competição pelo preço se intensificaria. Esse, entretanto, não era o caso aqui. Na verdade, os produtores de computadores tinham que pagar, em média, 20% a mais por *megabyte* para utilizar os *drives* de 3,5", e, não obstante, eles aderiram *tranquilamente* ao produto. Além do mais, os produtores de computadores optaram por *drives* mais caros enquanto enfrentavam competições de preços ferozes nos próprios mercados de produtos. Por quê?

Figura 9.1 Intersectando trajetórias da capacidade demandada *versus* capacidade suprida em *hard disk drives*

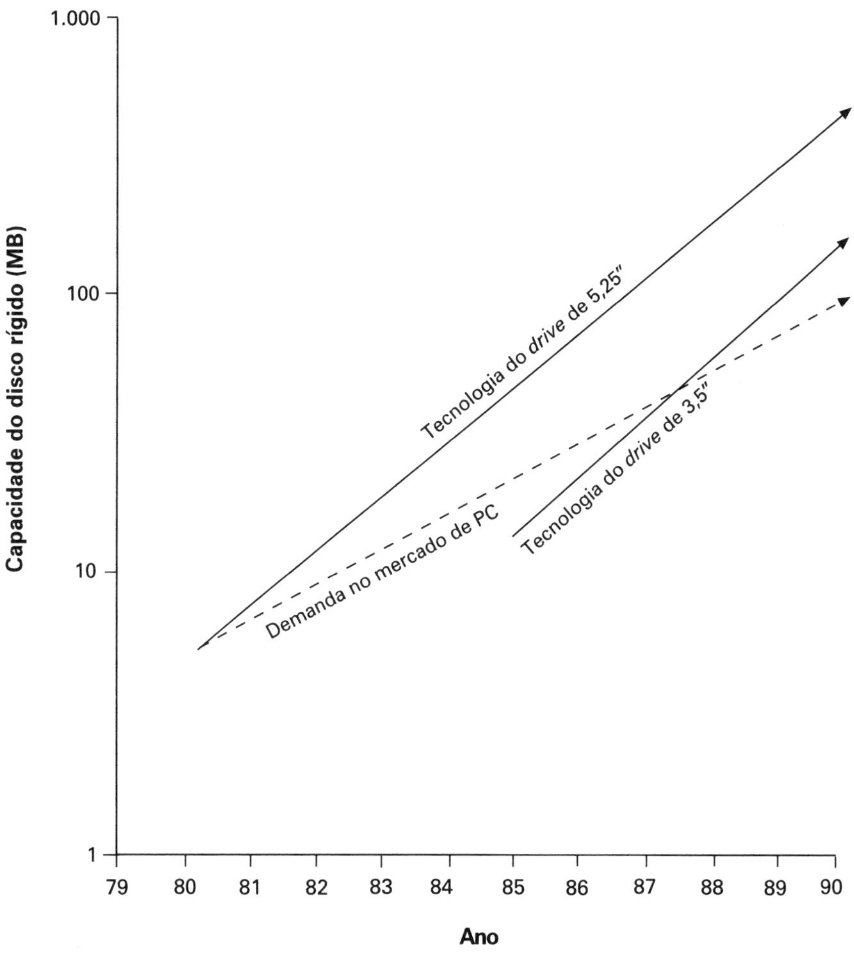

Fonte: Os dados são de diversos artigos do *Disk/Trend Report.*

Figura 9.2 Substituição dos *drives* de 8", 5,25" e 3,5", de 30 para 100 MB

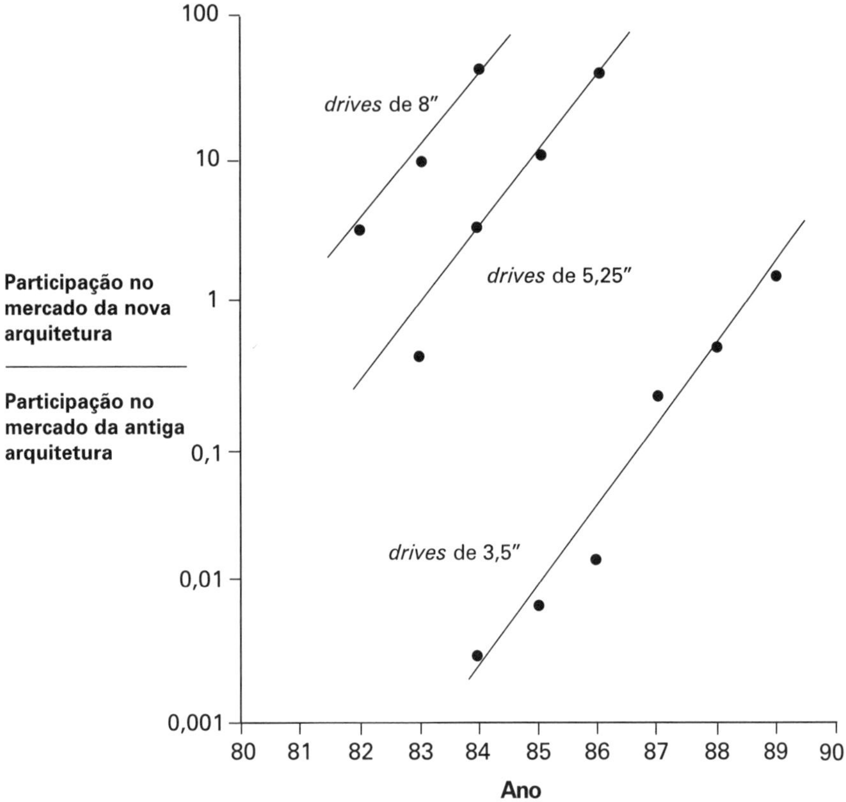

Fonte: Os dados são de diversos artigos do *Disk/Trend Report*.

O excesso de desempenho desencadeou uma mudança nas bases da competição. Uma vez atendida a demanda por capacidade, outros atributos, cujo desempenho ainda não satisfazia as demandas de mercado, vieram a ser mais altamente valorizados e passaram a constituir as dimensões ao longo das quais os produtores de *drive* procuraram diferenciar seus produtos. Em tese, isso significou que o atributo mais importante medido no eixo vertical das ilustrações, como na Figura 8.1, mudou, e que, comparadas às demandas do mercado, novas trajetórias do desempenho do produto tomaram forma.

Especificamente, no lugar de mercado do computador pessoal, entre 1986 e 1988, as dimensões reduzidas do drive começou a importar mais do que outras características. O menor *drive* de 3,5" permitiu que os fabricantes de computadores reduzissem o tamanho – ou o espaço tomado pelo computador de mesa – de suas máquinas. Na IBM, por exemplo, o enorme XT/AT deu lugar às gerações de máquinas muito menores PS1/PS2.

Por um tempo, quando a disponibilidade de *drives* pequenos não satisfazia as demandas do mercado, os produtores de computadores tipo PC continuaram a pagar um pesado ágio para os *drives* de 3,5". Na verdade, utilizando a análise de regressão hedônica descrita no Capítulo 4, o *shadow price* de 1986 para uma redução de uma polegada cúbica no volume de um *disk drive* era de US$ 4,72. Mas, uma vez que os produtores de computador tinham configurado suas novas gerações de máquinas tipo PC para utilizar o *drive* menor, sua demanda, até mesmo por mais dimensões reduzidas, estava satisfeita. Como resultado, o *shadow price* de 1989, ou o preço com ágio acordado para os *drives* menores, diminuiu para US$ 0,06 para uma redução de uma polegada cúbica.

Em geral, uma vez que o nível de desempenho demandado de um atributo específico tenha sido atingido, os clientes indicam sua saciedade estando menos dispostos a pagar o preço com ágio para a melhoria continuada naquele atributo. O excesso de desempenho, portanto, dispara uma mudança nas bases da competição e os critérios utilizados pelos clientes para escolher um produto em relação a outro alteram os atributos para os quais as demandas do mercado ainda não estão satisfeitas.

A Figura 9.3 resume o que parece ter ocorrido no mercado de PC: o atributo medido no eixo vertical mudou repetidas vezes. O excesso de desempenho na capacidade disparou a primeira redefinição do eixo vertical, da capacidade para o tamanho físico. Quando o desempenho nessa nova dimensão satisfez as necessidades do mercado, a definição do desempenho no eixo vertical mudou mais uma vez, para refletir a demanda por confiabilidade. Por um tempo, os produtos que ofereciam competitivamente resistência superior ao choque e Tempo Médio Entre Falhas (MTBF) foram acordados a um preço com ágio significativo, se comparado às ofertas competitivas. Mas, como os valores MTBF aproximavam-se de um milhão de horas,[1] o preço de oportunidade acordado para um incremento de uma centena de horas MTBF aproximava-se de zero, sugerindo um excesso de desempenho naquela dimensão do desempenho de produto. A fase subsequente e atual é uma competição intensa baseada em preço, com margens brutas caindo abaixo de 12% em alguns exemplos.

Figura 9.3 Mudanças nas bases de competição na indústria do *disk drive*.

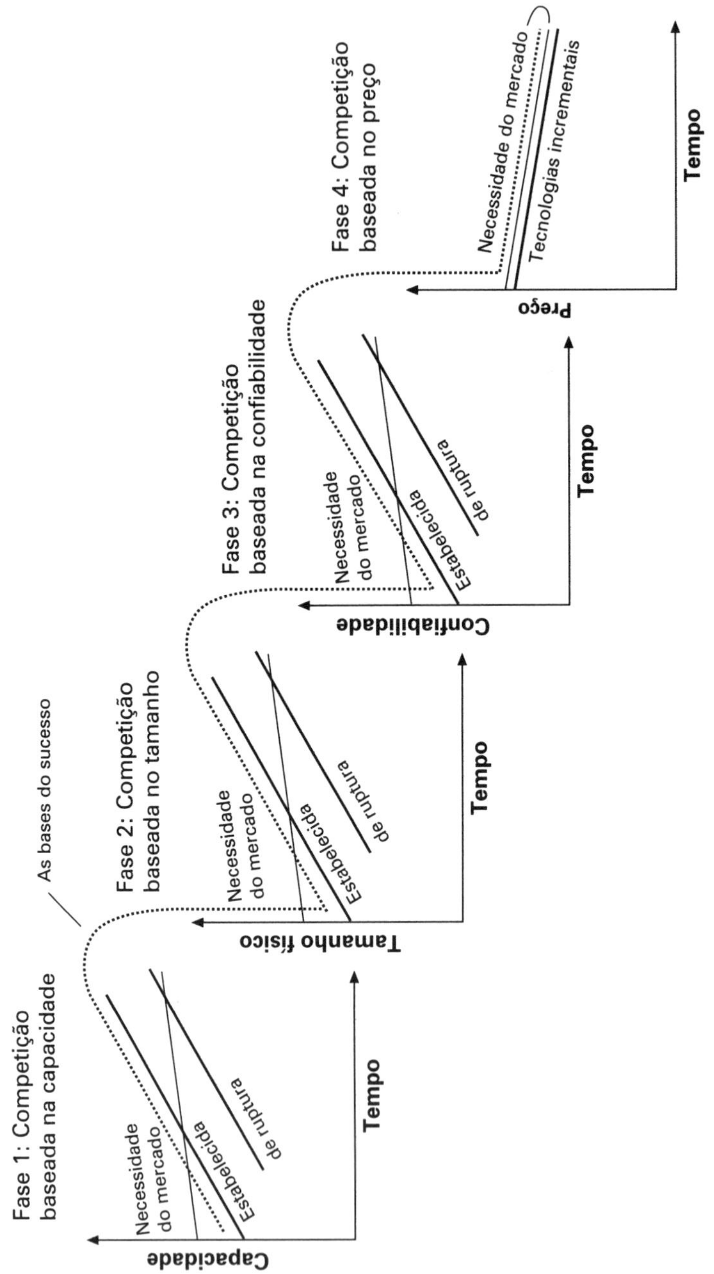

QUANDO UM PRODUTO SE TORNA UMA *COMMODITY*?

O processo de transformação dos *disk drives* em *commodity* estava definido pela interação entre as trajetórias do que o mercado demandava e do que a tecnologia fornecia. O *drive* de 5,25" tornara-se uma *commodity* direcionado ao preço no mercado de PC em torno de 1988, quando o *drive* de 3,5" ainda tinha um preço com ágio. O *drive* de 5,25", além disso, embora cotado como uma *commodity* nas aplicações tipo PC, estava ao mesmo tempo relacionado com *drives* de 8", atingindo preços com ágio substanciais em camadas mais altas de mercado. Conforme descrito no Capítulo 4, isso explica os movimentos agressivos ao *upmarket* realizados pelas empresas estabelecidas.

Um produto torna-se uma *commodity* dentro de um segmento de mercado específico quando as mudanças repetitivas nas bases da competição, conforme descrito anteriormente, o jogam completamente para fora, isto é, quando as necessidades do mercado em cada atributo ou a dimensão do desempenho tenham sido completamente satisfeitas por mais de um produto disponível. A estrutura do excesso de desempenho pode ajudar consultores, gerentes e pesquisadores a entender os comentários frustrantes que eles ouvem regularmente do pessoal de vendas, pechinchando no preço de negociação com os clientes: "Estão tratando nosso produto exatamente como se fosse uma *commodity*. Eles não percebem o quanto nosso produto é melhor do que o do concorrente?". Pode, de fato, ser o caso de que as ofertas de produtos dos concorrentes em um mercado continuem sendo diferenciadas. Mas a diferenciação perde o seu significado quando as características e a funcionalidade excedem a demanda do mercado.

EXCESSO DE DESEMPENHO E A EVOLUÇÃO DA COMPETIÇÃO DO PRODUTO

A literatura de marketing oferece numerosas descrições do ciclo de vida do produto e os meios nos quais as características dos produtos dentro de determinadas categorias evoluem ao longo do tempo.[2] As descobertas neste livro sugerem que, para muitos desses modelos, o excesso de desempenho é fator importante na transição de uma fase do ciclo para a próxima.

Considere-se, por exemplo, o modelo de evolução do produto – chamado *hierarquia de compras* por seus criadores, Windermere Associates de San Francisco, Califórnia – que descreve como típicas as quatro fases seguintes: funcionalidade, confiabilidade, conveniência e preço. Inicialmente, quando nenhum produto disponível satisfaz as exigências de funcionalidade do mercado, a base da competição ou o critério para a escolha do produto tendem a ser a *funcionalidade* do produto. (Algumas vezes, como em *disk drives*, um mercado pode reciclar-se por meio de dimensões diferentes de funcionalidade.) Uma vez que dois ou mais produtos satisfaçam confiavelmente a demanda do mercado por funcionalidade, os clientes podem não mais basear sua escolha de produtos na funcionalidade, mas tendem a escolher um produto e um vendedor com base na confiabilidade. Contanto que a demanda do mercado por confiabilidade exceda o que os vendedores estejam aptos a oferecer, os clientes escolhem produtos nessa base – e os vendedores mais confiáveis dos produtos mais confiáveis ganham um prêmio por isso.

Quando dois ou mais vendedores melhoram a ponto de satisfazer mais do que a confiabilidade demandada pelo mercado, porém, a base da competição muda para a *conveniência.* Os clientes irão preferir os produtos de utilização mais conveniente e os vendedores com quem é mais conveniente negociar. Novamente, contanto que a demanda do mercado exceda o que os vendedores sejam capazes de oferecer, os clientes escolherão os produtos nesta base e recompensarão os vendedores com preços com ágio pela conveniência que eles oferecem. Finalmente, quando múltiplos vendedores oferecem um pacote de produtos e serviços convenientes, que satisfaçam completamente a demanda do mercado, a base da competição muda para o *preço.* O fator que conduz a transição de uma fase da hierarquia de compras para a próxima é o excesso de desempenho.

Uma outra concepção útil da evolução do setor, formulada por Geoffrey Moore em seu livro *Crossing the Chasm,*[3] tem uma lógica fundamental similar, mas articula os estágios em termos do usuário ao invés de em termos do produto. Moore sugere que os produtos são inicialmente utilizados por inovadores e *adeptos iniciais (early adopters)* em um setor – os clientes que baseiam sua escolha somente na funcionalidade do produto. Durante essa fase, os produtos de mais alto desempenho comandam o significativo preço com ágio. Moore observa que os mercados então expandem-se dramaticamente após a demanda por funcionalidade no mercado principal ter sido encontrada, e os vendedores começam a privilegiar as necessidades por confiabilidade dentre o que ele denomina *a maioria inicial (early majority)* de clientes. Uma terceira onda de crescimento ocorre quando as questões de confiabilidade do produto e do vendedor tenham sido resolvidas, e as bases da inovação e da competição mudam para a conveniência, concentrando-se, portanto, em clientes da *maioria tardia (late majority)*. O modelo básico de Moore é a noção de que a tecnologia pode melhorar até saciar a demanda do mercado para uma determinada dimensão.

Esse padrão de evolução na base da competição – da funcionalidade, para a confiabilidade e a conveniência, e finalmente para o preço – tem sido visto em muitos dos mercados discutidos. Na verdade, uma característica importante de uma tecnologia de ruptura é que ela anuncia uma mudança na base da competição.

OUTRAS CARACTERÍSTICAS CONSISTENTES DAS TECNOLOGIAS DE RUPTURA

Duas características adicionais importantes das tecnologias de ruptura afetam consistentemente os ciclos de vida dos produtos e as dinâmicas competitivas. Primeiro, os atributos que tornam os produtos de ruptura menos valiosos em mercados principais constituem tipicamente seus pontos de venda mais fortes em mercados emergentes. Segundo, os produtos de ruptura tendem a ser mais simples, mais baratos e mais confiáveis e convenientes do que os produtos estabelecidos. Os gerentes devem entender essas características para traçar efetivamente as próprias estratégias para planejamento, construção e venda de produtos de ruptura. Embora as aplicações específicas de mercado para tecnologias de ruptura não possam ser conhecidas antecipadamente, os gerentes podem apostar nessas duas regularidades.

1. As Fragilidades das Tecnologias de Ruptura São Seus Pontos Fortes

A relação entre tecnologias de ruptura e as bases da competição em um setor é complexa. Na interação entre o excesso de desempenho, o ciclo de vida do produto e o surgimento das tecnologias de ruptura, frequentemente os mesmos atributos que conferem a inutilidade dessas tecnologias nos mercados principais constituem seu valor em novos mercados.

Em geral, as empresas que tiveram sucesso na inovação de ruptura inicialmente tomaram as características e capacidades da tecnologia como verdadeiras e procuraram descobrir ou criar um novo mercado que valorizaria ou aceitaria aqueles atributos. Desse modo, a Conner Peripherals criou um mercado para pequenos *drives* em computadores portáteis, em que o tamanho reduzido era valorizado; J. C. Bamford e J. I. Case construíram um mercado para máquinas escavadeiras em meio a empreiteiras residenciais, em que pequenas caçambas e a mobilidade do trator realmente criaram valor; e a Nucor descobriu um mercado que não se importava com os defeitos da superfície de sua fina lâmina de aço.

As empresas que perderam o equilíbrio por essas tecnologias de ruptura, em contraste, apanharam as *necessidades* do mercado estabelecido conforme eram oferecidas, e não tentaram comercializar a tecnologia até sentir que era boa o suficiente para ser valorizada no mercado principal. Dessa maneira, o pessoal de marketing da Seagate levou os primeiros *drives* de 3,5" da empresa para a avaliação da IBM, em vez de perguntar: "Onde está o mercado que valorizaria realmente um *drive* menor, de menor capacidade?". Quando a Bucyrus Erie adquiriu sua linha de escavadeira hidráulica Hydrohoe em 1951, seus gerentes aparentemente não perguntaram: "Onde está o mercado que realmente *quer* uma escavadeira móvel que pode apenas escavar valas estreitas?". Ao contrário, eles partiram do pressuposto de que o mercado necessitava da maior caçamba e do alcance mais longo possível; eles equipararam provisoriamente o Hydrohoe com cabos, roldanas, garras e manivelas e tentaram vendê-lo às empreiteiras de escavação geral. Quando a U. S. Steel estava avaliando a fundição contínua de placa fina, ela não perguntou: "Onde está o mercado para a lâmina de aço de baixo preço com aparência inferior?". Mais propriamente, ela tomou por certo que o mercado precisava de superfície de acabamento da maior qualidade possível e investiu mais capital em uma lançadora convencional. Eles aplicaram a uma inovação de ruptura uma forma de pensar adequada à tecnologia incremental.

Nos exemplos estudados neste livro, as empresas estabelecidas que se confrontaram com a tecnologia de ruptura visualizaram tipicamente seu desafio de desenvolvimento essencial como *tecnológico*, isto é, melhorar a tecnologia de ruptura o bastante para que atendesse aos mercados conhecidos. Ao contrário, as empresas mais bem-sucedidas em comercializar uma tecnologia de ruptura foram aquelas que conceberam seu principal desafio de desenvolvimento como um desafio *mercadológico*: criar ou descobrir um mercado em que a competição do produto ocorresse ao longo de dimensões que favorecessem os atributos de ruptura do produto.[4]

É importante que, ao enfrentar a tecnologia de ruptura, os gerentes observem esse princípio. Se a história servir de guia, as empresas que mantiverem as tecnologias de ruptura retidas em seus laboratórios, trabalhando para melhorá-las, até que se tornem adequadas aos mercados principais, não serão tão bem-sucedidas quanto as empresas que encontram mercados que abracem os atributos das tecnologias de ruptura como eles se encontram inicialmente. Essas últimas empresas, ao criar uma base comercial e então mover-se ao *upmarket*, alcançarão, enfim, os mercados principais muito mais eficazmente do que as empresas que estruturam a tecnologia de ruptura como um laboratório, ao invés de um desafio de marketing.

2. *As Tecnologias de Ruptura São Tipicamente Mais Simples, Mais Baratas, Mais Confiáveis e Convenientes Que as Tecnologias Estabelecidas*

Quando ocorre o excesso de desempenho e uma tecnologia de ruptura ataca a zona desprotegida de um mercado principal, a tecnologia de ruptura é frequentemente bem-sucedida em ambos porque ela satisfaz a necessidade do mercado pela funcionalidade, em termos de hierarquia de compra, e porque é mais simples, mais barata, mais confiável e conveniente do que os produtos principais. Lembre-se, por exemplo, do ataque da tecnologia de escavação hidráulica dentro de mercados de esgoto e escavação geral relatado no Capítulo 3. Uma vez que as escavadeiras acionadas hidraulicamente tinham resistência para manusear as caçambas de duas a quatro jardas cúbicas de terra (superando o desempenho demandado nos mercados principais), as empreiteiras rapidamente mudaram para esses produtos, embora as máquinas acionadas a cabo fossem capazes de mover até mais terra por escavação. Porque ambas as tecnologias ofereciam capacidade de caçamba adequada às suas necessidades, as empreiteiras optaram pela tecnologia mais confiável: a hidráulica.

Por serem tão propensas a impulsionar o alto desempenho, produtos de alto lucro e mercados, as empresas estabelecidas acham muito difícil não sobrecarregar seus primeiros produtos de ruptura com características e funcionalidade. A experiência da Hewlett-Packard em projetar seus *disk drives* Kittyhawk de 1,3" ensina exatamente essa lição. Incapaz de projetar um produto que era verdadeiramente simples e barato, os campeões do Kittyhawk impulsionaram sua capacidade aos limites da tecnologia e deram-lhe níveis de resistência ao choque e consumo de energia que o tornariam competitivo como um produto incremental. Quando aplicações em alto volume para uma função única, barata e simples – o *drive* de 10 MB – começaram a surgir, o produto da HP não era de ruptura o suficiente para captar a onda. A Apple cometeu um erro similar ao exagerar a funcionalidade de seu Newton, em vez de inicialmente buscar simplicidade e confiabilidade.

EXCESSO DE DESEMPENHO NO MERCADO DE *SOFTWARE* PARA CONTABILIDADE

A Intuit, a produtora do *software* de administração financeira, é conhecida essencialmente por seu pacote de *software* financeiro pessoal de extraordinário sucesso, o *Quicken*. Ela dominou seu mercado porque é fácil e conveniente. Seus produtores orgulham-se pelo fato de que a maioria dos clientes do *Quicken* simplesmente compra o programa, instala-o em seus computadores e começa a utilizá-lo sem ter de ler o manual de instruções. Seus desenvolvedores o fizeram tão conveniente de usar, e continuam a torná-lo cada vez mais simples e mais conveniente, observando como os clientes *utilizam* o produto e não por ouvir o que eles ou os "especialistas" dizem que eles necessitam. Observando as pequenas sugestões sobre os pontos em que o produto poderia ser difícil ou confuso de usar, os responsáveis pelo desenvolvimento direcionam suas energias para um produto progressivamente mais simples e mais conveniente, que oferece funcionalidade adequada mais do que funcionalidade superior.[5]

Menos conhecido é o domínio da Intuit, que na América do Norte participa de 70% do mercado de *software* de contabilidade para pequenos negócios.[6] A Intuit conquistou essa participação como a última empresa a ingressar no mercado com o lançamento do *Quickbooks*, um produto baseado em três percepções simples. Primeiro, os pacotes de contabilidade para pequenas empresas anteriormente disponíveis haviam sido criados sob a estrita orientação de contadores publicamente certificados e usuários exigentes, para gerar um conhecimento básico de contabilidade (débitos e créditos, ativos e passivos, e assim por diante) e realizar cada lançamento no diário duas vezes (fornecendo, portanto, um mapeamento da conta para cada transação). Segundo, a maioria dos pacotes existentes oferecia uma variedade de relatórios e análises globais e sofisticados, uma variedade que crescia ainda mais complicada e especializada a cada nova versão, porque os responsáveis pelo seu desenvolvimento procuravam diferenciar seus produtos oferecendo maior funcionalidade. E terceiro, 85% de todas as companhias nos Estados Unidos eram muito pequenas para contratar um contador: os livros eram mantidos pelos proprietários ou pelos membros da família, que não tinham a necessidade ou o entendimento da maioria das entradas e relatórios disponíveis dos principais *softwares* e de contabilidade. Eles não sabiam o que era um mapeamento da conta, sem falar da percepção da necessidade de sua utilização.

Scott Cook, o fundador da Intuit, supôs que a maioria dessas pequenas empresas era administrada pelos proprietários que confiavam mais em suas intuições e conhecimento direto da empresa do que na informação contida nos relatórios contábeis. Em outras palavras, Cook decidiu que os produtores de *software* de contabilidade para pequenas empresas tinham ultrapassado a funcionalidade exigida por aquele mercado, criando, portanto, a oportunidade para uma tecnologia de ruptura – a do *software* que fornecia uma funcionalidade adequada, não superior, e era simples e mais conveniente de utilizar. O *Quickbooks* de ruptura da Intuit mudou as bases da competição do produto, de funcionalidade para conveniência e capturou 70% de seu mercado em dois anos a partir de sua introdução.[7] Na verdade, por volta de 1995, o *Quickbooks* foi responsável por uma participação maior das receitas da Intuit do que o *Quicken.*

A reação dos produtores estabelecidos de *softwares* de contabilidade para pequenas empresas à invasão da Intuit, quase previsivelmente, foi mover-se para o *upmarket*, continuando a liberar pacotes carregados de funcionalidade maior, com foco em subsegmentos de mercado específicos, direcionados aos usuários de sistemas de informação sofisticados em camadas mais elevadas do mercado. Dos três fornecedores líderes de *softwares* de contabilidade para pequenas empresas (cada um deles tinha cerca de 30% do mercado em 1992), um desapareceu e outro está definhando. O terceiro introduziu um produto simplificado para conter o sucesso do *Quickbooks*, mas conquistou uma porção minúscula do mercado.

EXCESSO DE DESEMPENHO NO CICLO DE VIDA DO PRODUTO INSULINA

Um outro caso de excesso e tecnologia de ruptura precipitando uma mudança na base da competição – e ameaçando uma mudança na liderança do setor – é encontrado nos negócios mundiais da insulina. Em 1922, quatro pesquisadores em Toronto extraíram pela primeira vez com sucesso a insulina do pâncreas de animais e a injetaram, com resultados milagrosos, em humanos com diabetes. Pelo fato de a insulina ser extraída da área acima do pâncreas de vacas e porcos, melhorar a pureza da insulina (medida em partículas de impurezas por milhão, ou ppm) constituiu trajetória decisiva de melhoria de desempenho. As impurezas caíram de 50 mil ppm em 1925 para 10 mil ppm em 1950 e para 10 ppm em 1980, fundamentalmente como resultado de investimentos e esforços persistentes pelo líder mundial, na fabricação de insulina, Eli Lilly and Company.

Apesar dessa melhoria nas insulinas animais – as quais são levemente diferentes da insulina humana – 1% entre os pacientes com diabetes produziu resistência em seus sistemas imunológicos. Em 1978, portanto, a Eli Lilly contratou com a Genentech a criação de uma bactéria geneticamente alterada que produzisse proteínas de insulina com a equivalência estrutural das proteínas da insulina humana e 100% pura. O projeto foi tecnicamente bem-sucedido, e no início dos anos 80, após aproximadamente US$ 1 bilhão em investimentos, a Lilly introduziu sua marca de insulina Humulin no mercado. Cotado a 25% do preço com ágio acima das insulinas de extração animal, por causa de sua equivalência humana e pureza, o Humulin foi o primeiro produto em escala comercial para o consumo humano a surgir do setor de biotecnologia.

A reação do mercado a esse milagre tecnológico, entretanto, foi tépida. A Lilly achou muito difícil sustentar um preço com ágio sobre a insulina animal, e o crescimento no volume de vendas do Humulin estava desapontadoramente lento. "Em retrospectiva", observou um pesquisador da Lilly, "o mercado não estava terrivelmente insatisfeito com a insulina de porco.

Na verdade, estava muito feliz com ela."[8] A Lilly dispendeu enorme capital e energia organizacional excedendo a demanda do mercado com a pureza do produto. Uma vez mais, tratava-se de um produto diferenciado, com ágio no preço, e o mercado não concordou com esse ágio porque o desempenho que o produto oferecia excedia a demanda do mercado.

Enquanto isso, Novo, um produtor dinamarquês de insulina muito menor, ocupava-se em desenvolver uma linha de insulina *pens*, uma forma mais conveniente para tirar a insulina. Convencionalmente, as pessoas com diabetes carregavam uma seringa separada, com sua agulha inserida em um frasco de vidro com insulina, puxando o êmbolo para extrair levemente mais do que o volume desejado de insulina para dentro da seringa, e levantando a agulha e empurrando o êmbolo várias vezes para expelir quaisquer bolhas de ar que estivessem agarradas às paredes da seringa. Em geral, o processo tinha de ser repetido com um segundo tipo de insulina com ação mais lenta. Somente após comprimir o êmbolo levemente, para forçar a saída de todas as bolhas de ar – e, inevitavelmente, algum líquido para fora da seringa –, elas poderiam injetar a insulina. Tipicamente, o processo levava de um a dois minutos.

O dispositivo *(pen)* da Novo, ao contrário, empregava um cartucho que continha insulina para aproximadamente duas semanas, normalmente combinando os dois tipos, o de ação rápida e o liberado gradualmente. Com o dispositivo da Novo, as pessoas simplesmente tinham que girar um pequeno disco para o volume de insulina que necessitassem injetar, empurrando a agulha do dispositivo sob a pele e pressionando um botão. O processo levava menos de dez segundos. Ao contrário do esforço da Lilly em impor um preço com ágio para o Humulin, os dispositivos convenientes da Novo sustentaram facilmente um preço com ágio de 30% por unidade de insulina. Durante os anos 80, impulsionada largamente pelo sucesso de sua linha de dispositivos e cartuchos pré-combinados, a Novo aumentou substancialmente sua participação mundial no mercado da insulina – e com lucratividade. As experiências da Lilly e da Novo oferecem mais adiante provas de que um produto cujo desempenho exceda a demanda do mercado sofre a cotação de preço como uma *commodity*, enquanto os produtos de ruptura, que redefinem as bases da competição, impõem um ágio.

Ensinar aos executivos e estudantes de MBA na Harvard Business School casos sobre o excesso na pureza da insulina oferecida pela Lilly, em relação à demanda de mercado, tem sido uma das minhas experiências profissionais mais interessantes. Em cada aula, a maioria dos estudantes reconhece rapidamente o fato de a Lilly ter perdido algo tão óbvio – que apenas uma fração de indivíduos com diabetes desenvolveu a resistência à insulina –, e que a diferença entre a insulina tirada do porco, altamente pura a 10 ppm, e a perfeitamente pura Humulin não era significativa. Certamente, eles afirmam, o foco em poucos e simples grupos, nos quais pacientes e médicos tivessem solicitado insulina mais pura, teria dado uma orientação adequada à Lilly.

Em cada discussão, entretanto, estudantes atentos logo começam a influenciar a opinião da classe em direção ao ponto de vista de que (como nós temos visto diversas vezes) o que é óbvio na retrospectiva poderia não ser tão óbvio no meio da batalha. De todos os médicos ouvidos pelos responsáveis comerciais da Lilly, por exemplo, quais tendiam a inspirar maior credibilidade? Endocrinologistas cujas práticas focalizavam os cuidados do diabetes, os clientes líderes em seus negócios. Que tipos de pacientes, mais provavelmente, sofreriam a influência profissional desses especialistas? Aqueles com os problemas mais avançados e intratáveis, entre os quais a resistência à insulina era relevante. Portanto o que, possivelmente, esses principais clientes diziam aos vendedores da Lilly quando lhes perguntavam sobre o que deveria ser feito para melhorar a insulina da próxima geração? Na verdade, o poder e a influência dos consumidores mais importantes são os principais motivos pelos quais as trajetórias excederam as demandas de mercados predominantes.

Além do mais, alunos perspicazes observaram que nem sequer ocorreria à maioria dos gerentes comerciais perguntar se a insulina humana 100% pura poderia exceder as necessidades do mercado. Por mais de 50 anos em uma empresa bem-sucedida, com uma cultura muito forte, a pureza maior era a verdadeira definição de um produto melhor. Alcançar insulinas mais puras tinha sido *sempre* a fórmula para permanecer à frente da concorrência. Maior pureza tinha sido *sempre* uma história atraente, que a força de vendas poderia utilizar para atrair o tempo e a atenção de médicos ocupados. O que, na história da empresa, ocasionaria repentinamente mudar pressupostos baseados na cultura, impelindo seus executivos a fazer perguntas que nunca tiveram de ser respondidas antes?[9]

CONTROLANDO A EVOLUÇÃO DA COMPETIÇÃO DO PRODUTO

A Figura 9.4 resume o modelo de excesso de desempenho, descrevendo um mercado multicamadas, no qual a trajetória de melhoria de desempenho demandada está abaixo da trajetória de melhoria oferecida pelos tecnólogos. Cada camada do mercado progredia, portanto, por meio de um ciclo evolucionário marcado por uma mudança de base para a escolha do produto. Embora outros termos para os ciclos de vida do produto produzam resultados similares, esse diagrama utiliza a hierarquia de compras inventada por Windermere Associates, na qual a concorrência se concentrava primeiramente na funcionalidade, seguida pela confiabilidade, conveniência e, finalmente, preço. Em cada um dos casos revistos neste capítulo, as mudanças nas bases da concorrência dos produtos anunciados e a progressão para a próxima fase do ciclo de vida do produto foram tecnologias de ruptura.

Figura 9.4 Gerenciando Mudanças na base da Concorrência

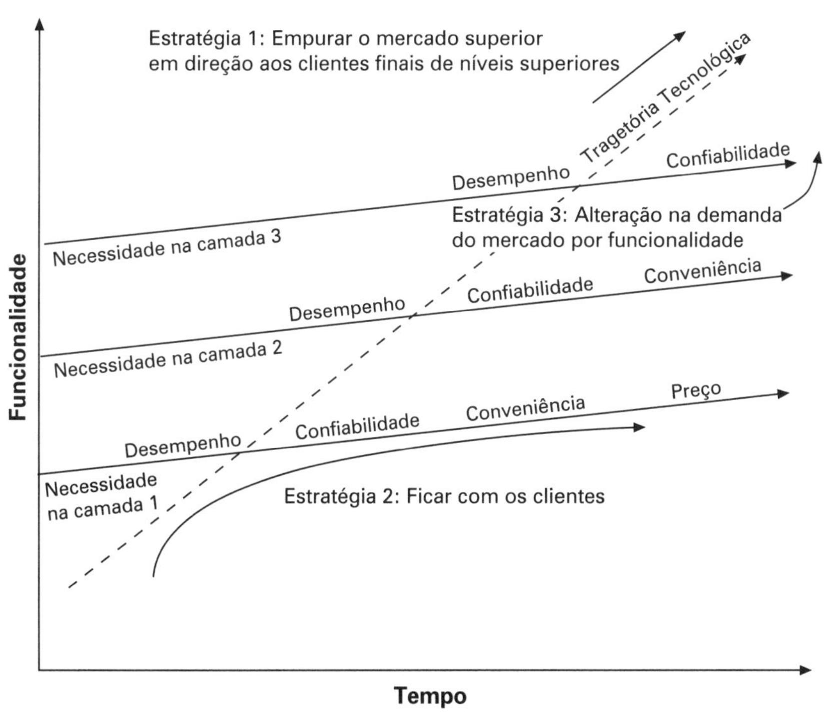

A figura demonstra as alternativas estratégicas disponíveis para empresas que encaram o excesso de desempenho e a consequente probabilidade de que as abordagens de ruptura alterarão a natureza da competição em seu setor. A primeira opção geral, intitulada Estratégia 1, e uma das mais comumente perseguidas nos setores explorados neste livro, é para elevar a trajetória das tecnologias incrementais sempre às camadas superiores do mercado, abandonando finalmente os clientes das camadas inferiores, quando emergirem abordagens de ruptura mais simples, mais convenientes ou menos dispendiosas.

Uma segunda alternativa, intitulada Estratégia 2, é para acompanhar as necessidades dos clientes em determinada camada do mercado, atraindo sucessivas ondas de mudanças nas bases da competição. Historicamente, isso parece difícil de realizar, por todos os motivos descritos nos capítulos anteriores. No setor de computadores pessoais, por exemplo, como a funcionalidade das máquinas tipo PC (*desktop*) veio satisfazer a demanda das camadas inferiores do mercado, estreantes como a Dell e Gateway 2000 entraram com proposições de valor centralizadas na conveniência de sua compra e uso. Diante disso, a Compaq reagiu perseguindo ativamente a segunda abordagem, combatendo agressivamente quaisquer tendências do *upmarket*, ao produzir uma linha de computadores de baixo preço e funcionalidade modesta, direcionada às necessidades das camadas inferiores do mercado.

A terceira opção estratégica para lidar com essas dinâmicas é utilizar as iniciativas comerciais para tornar íngremes os graus de inclinação das trajetórias do mercado, induzindo os clientes a procurar as melhorias de desempenho que os tecnólogos oferecem. Desde então, uma condição necessária para esgotar essas dinâmicas é que o grau de inclinação da trajetória tecnológica seja mais íngreme do que a trajetória do mercado; quando as duas inclinações estiverem paralelas, o excesso de desempenho – e a progressão de um estágio do ciclo de vida do produto para o próximo – não ocorre ou é, no mínimo, postergado.

Alguns observadores do setor de computadores acreditam que a Microsoft, a Intel e as empresas de *disk drive* perseguiram essa última estratégia muito eficientemente. A Microsoft utilizou seu domínio no setor para criar e ser bem-sucedida no mercado de pacotes de *software* que consomem volumes maciços de memória em disco e exigem microprocessadores cada vez mais velozes para executá-los. Isso tem aumentado essencialmente os graus de inclinação das trajetórias de melhoria em funcionalidade demandada por seus clientes para tornar paralelos os graus de inclinação da melhoria oferecida por seus tecnólogos. O efeito dessa estratégia é descrito na Figura 9.5, com eventos recentes no setor de *disk drive*. (Esse gráfico atualiza o mapa da trajetória do *disk drive* na Figura 1.7 ao longo de 1996.)

Figura 9.5 Trajetórias da demanda de desempenho alteradas e o impacto das tecnologias de ruptura postergadas

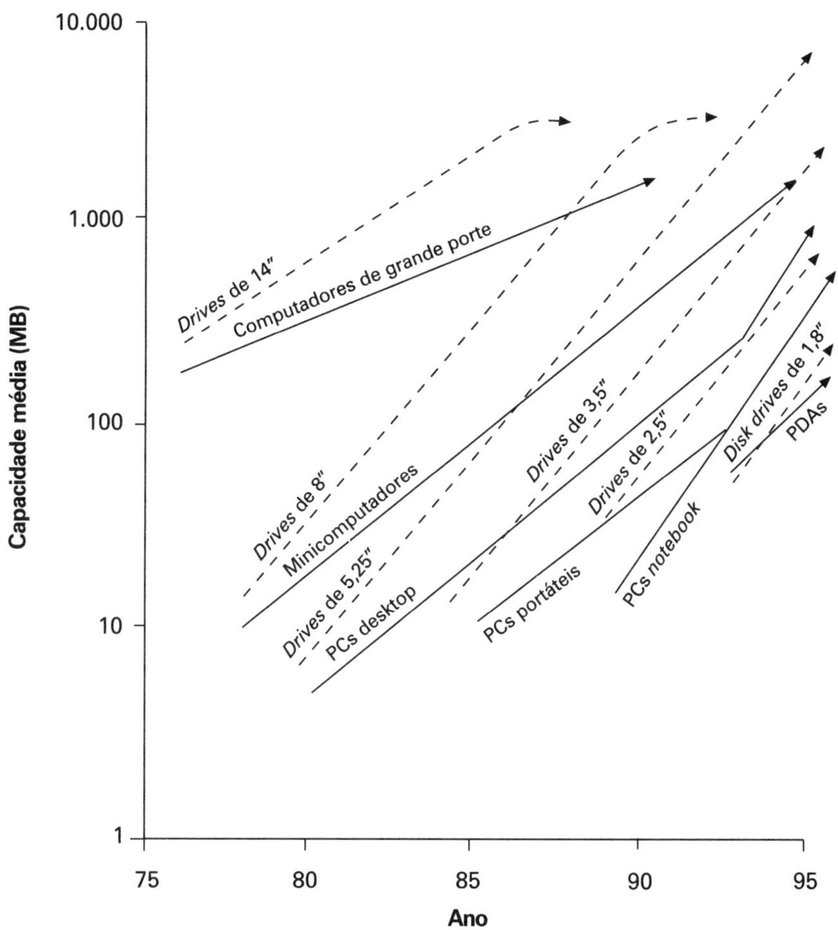

Fonte: Uma versão anterior dessa figura foi publicada em Clayton M. Christensen, "The Rigid Disk Drive Industry: A History of Commercial and Technological Turbulence", *Business History Review* 67, nº 4 (inverno de 1993): 559.

Observe como as trajetórias da capacidade demandada nos segmentos de computadores de médio porte, PC e *notebook* enroscaram-se em movimento ascendente nos anos 90, ao longo de um caminho que se assemelhava essencialmente ao caminho da capacidade trilhada pelos produtores de *disk drives* de 3,5" e 2,5". Por isso, nos anos recentes, esses mercados não experimentaram o excesso de desempenho. O *drive* de 2,5" permanece trancado dentro do mercado de computadores tipo *notebook*, porque a capacidade demandada no computador de mesa é ampliada a um passo muito rápido; o *drive* de 3,5" mantém-se solidamente abrigado no mercado de PC (*desktop*); e o *drive* de 1,8" penetrou em poucos computadores tipo *notebook*, pelas mesmas razões. Nessa situação, as empresas cujos produtos estão posicionados mais próximos ao topo do mercado, como a Seagate e a IBM, têm sido mais lucrativas, porque, na ausência do excesso de tecnologia, uma mudança nos estágios do ciclo de vida do produto no mercado *high-end* tem fortalecido sua posição.

Não está claro por quanto tempo o marketing da Microsoft, da lntel e da Seagate será bem-sucedido em criar demanda para toda e qualquer funcionalidade que seus tecnólogos possam oferecer. O *software* Excel da Microsoft, por exemplo, exigia capacidade de armazenamento em disco de 1,2 MB em sua versão 1.2, liberada em 1987. Sua versão 5.0, liberada em 1995, exigia 32 MB de capacidade de armazenamento em disco. Alguns observadores do setor acreditam que, se observar os usuários típicos, a equipe de desenvolvedores descobrirá que a funcionalidade tem excedido as demandas dos mercados predominantes. Se verdadeira, a hipótese poderia criar oportunidade para uma tecnologia de ruptura – *applets* que utilizariam a Internet com equipamentos mais simples em vez de usarem computadores de uso geral, por exemplo – para invadir esse mercado com preço e desempenho mais baixos.

ESTRATÉGIAS ACERTADAS E EQUIVOCADAS

Qual das estratégias ilustradas na Figura 9.4 é a melhor? Este estudo encontra clara evidência de que não existe melhor estratégia. Qualquer uma das três, aplicada conscientemente, poderá ser bem-sucedida. A adoção da primeira estratégia pela Hewlett-Packard, em seu negócio da impressora *laser jet*, tem sido altamente lucrativa. Neste caso, tem sido também uma estratégia segura, porque a HP está atacando a própria posição com a tecnologia de ruptura da jato de tinta. A Compaq Computer e a tríade – lntel, Microsoft e produtores de *disk drives* – foram bem-sucedidas, pelo menos até agora, implementando, respectivamente, as segunda e terceira estratégias.

Esses profissionais de sucesso têm em comum sua compreensão aparente, – explícita ou intuitiva, – de ambas as trajetórias – a das necessidades de seus clientes e a de ofertas dos próprios tecnólogos. Compreender essas trajetórias é a chave para o seu sucesso até aqui. Mas a lista de empresas que têm feito isso consistentemente é incomodamente pequena. A maioria das empresas bem administradas migra inconscientemente para o nordeste, instalando-se acima para ser apanhada por uma mudança nas bases da competição e por um ataque de baixo pela tecnologia de ruptura.

NOTAS DO AUTOR

1. Na especificação do setor de *disk drive*, MTBF (*mean time between failure*), um tempo médio entre a medida de defeitos de um milhão de horas significa que, se um milhão de *disk drives* fossem acionados simultaneamente e operassem continuamente por uma hora, um daqueles *drives* falharia dentro da primeira hora.
2. Três dos primeiros e mais influentes documentos que propunham a existência de ciclos de vida do produto foram: Jay W. Forrester, "Industrial Dynamics", *Harvard Business Review,* julho-agosto, 1958, 9-14; Arch Patton, "Stretch Your Products' Earning Years – Top Management's Stake in the Product Life Cycle", *Management Review* (38), junho, 1959, 67-79; e William E. Cox, "Product Life Cycles as Marketing *Models", Journal of Business* (40), outubro, 1967,375. Os documentos que resumem os problemas conceituais e empíricos que cercam o conceito do ciclo de vida do produto incluem Nariman K. Dhalla e Sonia Yuspeh, "Forget the Product Life Cycle Concept!", *Harvard Business Review,* janeiro-fevereiro, 1976, 102-112; David R. Rink e John E. Swan, "Product Life Cycle Research: A Literature Review", *Journal of Business Research,* 1979, 219; e George S. Day, "The Product Life Cycle: Analysis and Applications Issues", *Journal of Marketing* (45), outono, 1981, 60-67. Um documento de Gerard J. Tellis e C. Mede Crawford, "An Evolutionary Approach to Product Growth *Theory", Journal of Marketing* (45), outono, 1981, 125-132, contém uma crítica irrefutável do conceito do ciclo de vida do produto e apresenta uma teoria da evolução do produto que prevê muitas das ideias apresentadas nesta seção.
3. Geoffrey A. Moore, *Crossing the Chasm* (Nova York: HarperBusiness, 1991).
4. O mesmo comportamento caracterizou o surgimento dos rádios portáteis. No início dos anos 50, Akio Morita, o presidente da Sony, fixou residência em um hotel barato na cidade de Nova York para negociar a licença da tecnologia do transístor patenteado da AT&T, que seus cientistas tinham inventado em 1947. Morita descobriu que a AT&T

não era uma negociadora disposta e teve que visitar a empresa repetidas vezes, persistindo para obter a licença. Finalmente a AT&T cedeu. Após encerrar a reunião na qual os documentos da licença foram assinados, um funcionário da AT&T perguntou a Morita o que a Sony planejava fazer com a licença. "Nós construiremos pequenos rádios", respondeu Morita.

"Por que alguém se importaria com pequenos rádios?" – perguntou o funcionário. "Veremos", foi a resposta de Morita. Vários meses mais tarde, a Sony introduziu no mercado americano o primeiro rádio transistorizado portátil. De acordo com as estatísticas predominantes de desempenho do rádio no mercado principal, esses primeiros rádios a transístor foram realmente ruins, oferecendo péssima fidelidade e muito mais eletricidade estática do que os rádios de mesa com funcionamento a válvula a vácuo, que eram os modelos predominantes da época. Mas antes de trabalhar em laboratório até seus rádios transístores serem competitivos em desempenho no mercado principal (que é o que a maioria das empresas líderes em eletrônica fez com a tecnologia do transístor), Morita, ao contrário, descobriu um mercado que valorizava os atributos da tecnologia conforme existia naquela época – o rádio pessoal portátil. Não surpreende que nenhum dos líderes na fabricação de rádios de mesa tornou-se líder na produção de rádios portáteis, e todos foram subsequentemente banidos do mercado do rádio. (Essa história foi relatada pelo Dr. Sheldon Weinig, vice-presidente aposentado de produção e tecnologia da Sony Corporation.)

5. John Case, "Customer Service: The Last Word", *Inc. Magazine,* abril, 1991, 1-5.
6. A informação nesta seção foi fornecida ao autor por Scott Cook, fundador e presidente da Intuit Corporation, e por Jay O'Connor, gerente de marketing para o *Quickbooks.*
7. Cook relata que, no processo de projetar um simples e conveniente pacote de *software* de contabilidade, os desenvolvedores da Intuit chegaram a um profundo discernimento. O sistema de contabilidade por partidas dobradas, desenvolvido originalmente pelos mercadores venezianos para capturar erros aritméticos, continuou a ser utilizado em todos os pacotes de *software* de contabilidade disponíveis – embora os computadores tipicamente não cometam erros em adição ou subtração. A Intuit foi capaz de simplificar enormemente seu produto eliminando essa funcionalidade desnecessária.
8. Veja "Eli Lilly & Co.: Innovation in Diabetes Care", Harvard Business School, *case* nº 9-696-077. Esse *case* observa que, embora não fosse capaz de atingir o preço com ágio para sua insulina Humulin, a Lilly beneficiou-se do investimento. Humulin protegeu-a contra uma possível deficiência no fornecimento do pâncreas, ameaçada pelo declínio do consumo de carne vermelha, e deu à empresa verdadeira experiência e base valiosa no volume de produção de medicamentos bioprojetados.
9. Uma vez que as opiniões minoritárias são levantadas em classe, muitos alunos começam a ver que as instituições amplamente consideradas como entre as mais bem-administradas e mais bem-sucedidas do mundo podem ter excedido o que seus mercados predominantes demandavam. A Intel, por exemplo, sempre mediu a velocidade de seus microprocessadores no eixo vertical de seus gráficos de desempenho. Ela sempre pressupôs que o mercado demanda microprocessadores cada vez mais rápidos, e a evidência de bilhões de dólares no lucro certamente confirma aquela crença. É fato que alguns clientes na posição dianteira necessitam de *chips* que processem instruções à taxa de 200, 400 e 800 MHz. Mas e sobre o mercado principal? É possível que,

em breve, em algum momento, a velocidade e o custo dos novos processadores da Intel possam exceder a demanda do mercado? E se o excesso tecnológico for possível, como milhares de funcionários da Intel serão capazes de reconhecer quando isso estiver ocorrendo e aceitar a mudança com a convicção suficiente para alterar completamente a trajetória de seus esforços de desenvolvimento? Discernir excesso tecnológico é difícil. Fazer alguma coisa sobre isso é mais difícil ainda.

CAPÍTULO 10

Administrando a Mudança Tecnológica de Ruptura: Um Estudo de Caso

À medida que nos aproximamos do final deste livro, entendemos melhor por que grandes empresas podem fracassar. Incompetência, burocracia, arrogância, executivos cansados, mau planejamento e horizontes de investimento de curto prazo obviamente tiveram o papel principal no fracasso de muitas empresas. Mas já sabemos que até mesmo os melhores gerentes estão sujeitos a certas leis que tornam difícil a inovação de ruptura. É quando grandes gerentes não entendem ou tentam lutar contra essas forças que acabam por derrubar suas empresas.

Este capítulo utiliza as forças e os princípios descritos nos capítulos anteriores para ilustrar como os gerentes podem ser bem-sucedidos ao deparar-se com a mudança tecnológica de ruptura. Para isso, emprego o formato de um estudo de caso, utilizando uma voz pessoal, para sugerir como eu, como um funcionário hipotético de uma das maiores montadoras de veículos, poderia gerenciar um programa para desenvolver e comercializar uma das mais instigantes inovações de hoje: o veículo elétrico. Minha finalidade aqui é explicitamente *não* oferecer qualquer resposta certa para esse desafio específico, nem prever se ou como os veículos elétricos podem tornar-se comercialmente bem-sucedidos. Mais propriamente, pretende-se sugerir, em um contexto familiar, mas de desafio, como os gerentes poderiam estruturar seu pensamento sobre um problema similar, propondo uma sequência de questões que, consideradas devidamente, podem conduzir a uma resposta acertada e útil.

COMO NÓS PODEMOS SABER SE UMA TECNOLOGIA É DE RUPTURA?

Veículos movidos a energia elétrica permaneceram à margem da legitimidade desde o início de 1900, quando eles perderam a disputa para o veículo movido a gasolina. Durante os anos 70, aceleraram-se as pesquisas sobre esses veículos, no entanto, os formuladores de políticas cada vez mais olharam para eles como uma forma de reduzir a poluição do ar urbano. O California Air Resources Board (CARB), no início dos anos 90, impôs um investimento de recursos sem precedentes nesse esforço, ao ordenar que, a partir de 1998, nenhum produtor automobilístico estaria autorizado a vender quaisquer carros na Califórnia se veículos elétricos não constituíssem pelo menos 2% de suas unidades de venda no Estado.[1]

Em minha responsabilidade hipotética para gerenciar um programa de uma montadora, meu primeiro passo seria fazer uma série de perguntas. De quanto tempo necessitamos para nos preocupar com carros elétricos? Isto é, à parte a ordem do Estado da Califórnia, o carro elétrico representa uma ameaça de ruptura legítima para as empresas produtoras de automóveis movidos a gasolina? Ele constitui uma oportunidade para crescimento rentável?

Para responder a essas questões, eu copiaria as trajetórias da melhoria do desempenho demandado no mercado *versus* a melhoria do desempenho oferecida pela tecnologia; em outras palavras, eu criaria para os veículos elétricos um mapa de trajetória similar aos das Figuras 1.7 ou 9.5. Esses gráficos são o melhor método que eu conheço para identificar as tecnologias de ruptura.

O primeiro passo para elaborá-los inclui a definição das necessidades do mercado principal e sua comparação com a capacidade atual dos veículos elétricos. Para medir as necessidades do mercado, eu observaria cuidadosamente o que os clientes *fazem*, e não apenas ouviria o que eles *dizem*. Observar como os clientes realmente utilizam um produto proporciona informações muito mais confiáveis do que se pode coletar em uma entrevista verbal ou focalizando determinado grupo.[2] As observações indicam, por exemplo, que os usuários de automóveis de hoje exigem um limite mínimo de percurso (isto é, a distância que pode ser percorrida sem reabastecimento de combustível) de cerca de 200 a 240 quilômetros; a maioria dos veículos elétricos oferece um limite mínimo de percurso de apenas 80 a 128 quilômetros. Igualmente, os motoristas parecem exigir carros que acelerem de 0 a 100 quilômetros por hora em menos de 10 segundos (necessário principalmente para adentrar com segurança no tráfego de alta velocidade de uma autoestrada vindo de seu acesso); a maioria dos veículos elétricos leva perto de 20 segundos para atingir essa aceleração. E, finalmente, compradores no mercado principal demandam ampla variedade de opções. Seria impossível, no entanto, que os fabricantes de veículos elétricos oferecessem variedade similar dentro das poucas unidades do volume inicial que caracterizaria o negócio.[3] De acordo com quase toda definição de funcionalidade utilizada para o eixo vertical do gráfico proposto, o veículo elétrico será deficiente se comparado ao carro movido a gasolina.

A informação, de qualquer forma, não é suficiente para caracterizar os veículos elétricos como de ruptura. Eles somente serão de ruptura se nós descobrirmos que estão também em uma trajetória de melhoria, capaz de algum dia torná-los competitivos em parte do mercado principal. Para determinar essa possibilidade, é necessário projetar trajetórias que meçam a melhoria do desempenho demandada no mercado *versus* a melhoria do desempenho que a tecnologia do veículo elétrico possa oferecer. Se essas trajetórias forem paralelas, então os veículos elétricos provavelmente não se tornarão fatores determinantes no mercado principal; mas, se a tecnologia progredir mais rápido do que o ritmo da melhoria demandada no mercado, então a ameaça de ruptura é real.

A Figura 10.1 demonstra que as trajetórias da melhoria do desempenho demandada no mercado – se medida em termos de aceleração exigida, limite de percurso ou velocidade máxima de percurso – são relativamente uniformes. Isso ocorre porque as leis de trânsito impõem um limite sobre a utilidade de carros muito mais potentes, e considerações demográficas, econômicas e geográficas limitam o aumento em quilômetros percorridos, para a média dos motoristas, em menos de 1% ao ano.[4] Ao mesmo tempo, o desempenho de veículos elétricos está melhorando a uma taxa mais rápida – entre 2% e 4% ao ano – sugerindo que os avanços tecnológicos incrementais poderiam, na verdade, deslocar os veículos elétricos de sua posição atual, em que eles não podem competir nos mercados principais, para uma posição competitiva no *futuro*.[5]

Figura 10.1 O Carro Elétrico

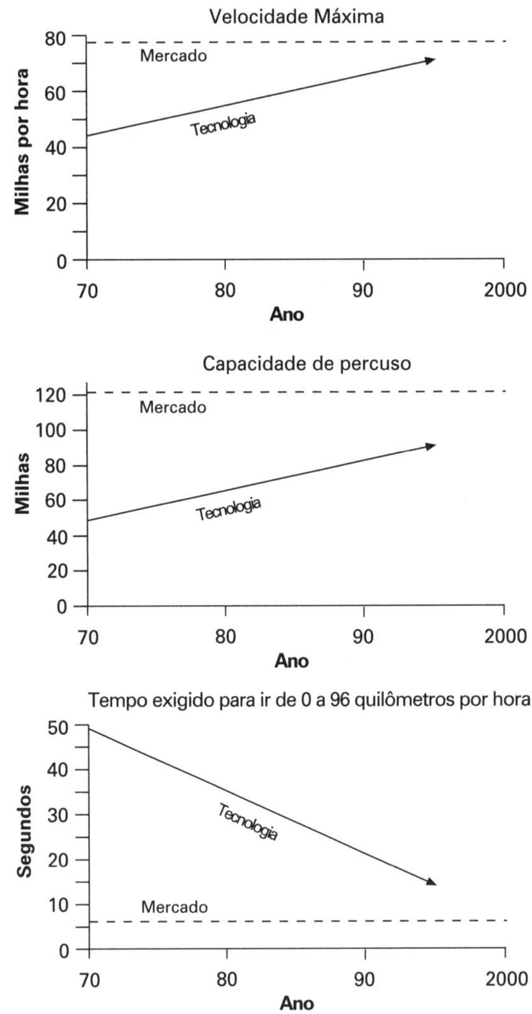

Fonte: Os dados são do Dr. Paul J. Miller, Senior Energy Fellow, W. Alton Jones Foundation e de numerosos artigos sobre veículos elétricos.

Em outras palavras, como executivo de uma empresa automotiva, eu me preocuparia com o veículo elétrico, não apenas porque ele é politicamente correto, por estar investindo em tecnologias favoráveis ao meio ambiente, mas também porque os veículos elétricos têm o perfil de uma tecnologia de ruptura. Eles ainda não podem ser utilizados em mercados principais; eles oferecem uma série de atributos perpendiculares àqueles que controlam a atenção na rede de valor dos veículos movidos a gasolina; e a tecnologia está avançando a uma taxa mais rápida do que a trajetória de mercado necessita.

Devido ao fato de os veículos elétricos não serem inovações incrementais, contudo, as montadoras estabelecidas naturalmente duvidam de que exista um mercado para eles – outro sintoma da inovação de ruptura. Considere esta declaração feita por um diretor do programa de veículo elétrico da Ford: "O Ranger elétrico será vendido por aproximadamente US$ 30.000 e tem uma bateria de ácido-chumbo que lhe proporcionará um percurso de 80 quilômetros... O veículo elétrico de 1998 é uma venda difícil. Os produtos disponíveis não atenderão às expectativas dos clientes em termos de percurso, custo ou utilidade".[6]

Na verdade, dado seu desempenho atual ao longo desses parâmetros, vender veículos elétricos em mercados de carros convencionais será tão "fácil" quanto foi vender os *disk drives* de 5,25" para os fabricantes de computadores de grande porte em 1980.

Avaliando essas trajetórias, eu seria cuidadoso em continuar fazendo a pergunta correta: haverá intersecção da trajetória do desempenho do veículo elétrico com a trajetória da demanda do *mercado* (conforme revelado na maneira como os clientes *utilizam* os carros)? Os especialistas no setor podem argumentar que os veículos elétricos nunca terão um desempenho tão bom quanto o dos carros movidos a gasolina, comparando de fato as trajetórias das duas *tecnologias*. Provavelmente eles estão certos. Mas, lembrando a experiência de suas contrapartes do setor de *disk drives*, eles têm a resposta certa à pergunta errada. Eu também observaria, mas não seria dissuadido por ele, o volume de opiniões de especialistas afirmando que, sem uma ruptura tecnológica maior na tecnologia da bateria, jamais haverá um mercado substancial para os veículos elétricos. A razão? Se os veículos elétricos forem visualizados como uma *tecnologia incremental* para redes de valor em mercados estabelecidos, eles estão claramente corretos. Mas pelo fato de os registros anteriores de especialistas prevendo a natureza e o tamanho de mercados para tecnologias de ruptura serem muito escassos, eu ficaria particularmente cético quanto ao ceticismo dos especialistas, mesmo porque permaneço na incerteza sobre minhas próprias conclusões.

ONDE ESTÁ O MERCADO PARA VEÍCULOS ELÉTRICOS?

Uma vez decidido que os veículos elétricos são uma tecnologia potencialmente de ruptura, meu próximo desafio seria definir uma estratégia de mercado que conduzisse minha empresa a um mercado legítimo, não subsidiado, no qual o carro elétrico poderia ser usado primeiro. Ao formular esta estratégia de marketing, eu aplicaria três descobertas dos capítulos iniciais deste livro.

Primeiro, eu reconheceria que, por definição, *os veículos elétricos não podem ser utilizados inicialmente em aplicações habituais* porque eles não satisfazem os requisitos básicos de desempenho desse mercado. Eu estaria certo, portanto, de que *todos* que tivessem *alguma coisa* a realizar com meu programa entendessem este ponto: como não temos uma pista de onde o mercado está, nossa única certeza é que ele *não está* em um segmento do mercado automotivo estabelecido. Ironicamente, eu esperaria que a maioria dos produtores automotivos focalizasse precisa e miopemente o mercado principal, em virtude dos princípios da dependência de recursos e de que pequenos mercados não resolvem as necessidades de crescimento e de rentabilidade de grandes empresas. Eu não seguiria, portanto, a direção de outros produtores em minha busca por clientes, porque eu reconheceria que seus instintos e capacidades provavelmente teriam sido treinados para o alvo errado.[7]

Não obstante, minha tarefa seria descobrir um mercado no qual os veículos pudessem ser utilizados, porque os que entram primeiro em mercados de tecnologia de ruptura desenvolvem capacidades que constituem fortes vantagens sobre os que o fazem por último. De uma base de negócios rentáveis nesse mercado de ponta, são eles que se lançarão de forma mais bem-sucedida atrás das inovações incrementais exigidas para impelir a tecnologia de ruptura para o *upmarket*, em direção ao principal. Defendidos pelo mercado, esperar que os pesquisadores de laboratório desenvolvam uma tecnologia de ruptura de bateria, por exemplo, é o caminho ao qual os gerentes oferecem resistência mínima. Mas essa estratégia *raramente* tem se revelado uma rota viável para o sucesso com uma inovação de ruptura.

Historicamente, como temos observado, os mesmos atributos que tornam uma tecnologia de ruptura não competitiva em mercados tradicionais contam como atributos *positivos* em sua emergente rede de valor. Em *disk drives*, a insignificância dos modelos de 5,25" os tornaram inúteis em computadores de grande porte, mas muito funcionais nos modelos tipo de PC (*desktop*). Enquanto a pequena capacidade dos cestos e o curto alcance das primeiras escavadeiras hidráulicas as tornavam inúteis na escavação em geral, sua habilidade na escavação precisa em valas estreitas dava-lhe utilidade na construção residencial. Por estranho que possa parecer, portanto, eu direcionaria meus vendedores a manter o foco em desvendar em *algum local* um grupo de compradores com uma necessidade não revelada por um veículo que acelerasse relativamente devagar e que não pudesse ser conduzido mais longe que 160 quilômetros!

O segundo ponto no qual eu basearia minha abordagem mercadológica é que *ninguém pode tomar conhecimento, por meio da pesquisa de mercado, do que será(ão) o(s) mercado(s) inicial(ais) para os veículos elétricos.* Eu poderia contratar consultores, mas minha única certeza seria que suas descobertas estariam equivocadas. Nem os clientes poderiam dizer se ou como eles utilizariam veículos elétricos, porque *sua* descoberta de como utilizar os produtos ocorreria ao mesmo tempo que nossa própria descoberta – exatamente como o Supercub da Honda abriu uma nova aplicação não prevista para o *motorbiking*. A única informação útil sobre o mercado será a que eu criar por meio de expedições para dentro do mercado, testes e provas, tentativa e erro, vendendo produtos reais para pessoas reais que pagam o valor real.[8] Decretos governamentais, consequentemente, são passíveis de distorcer em vez de resolver o problema de descobrir um mercado. Eu forçaria, portanto, minha organização a confiar na própria capacidade, em vez de em subsídios inconstantes; tampouco me basearia no regulamento extra-econômico da Califórnia para prover meus negócios.

O terceiro ponto é que meu plano de negócios seria um plano para *aprender*, não para executar uma estratégia preconcebida. Embora eu faça o melhor para atingir o mercado certo com o produto certo e a estratégia certa, é alta a probabilidade de emergir uma direção melhor porque os negócios se encaminham rumo ao seu alvo inicial. Eu devo, portanto, me planejar o que pode dar errado e aprender o certo o mais rápido possível.[9] Não posso gastar todos os meus recursos ou toda a minha credibilidade organizacional em uma aposta do tipo tudo ou nada, como fez a Apple com seu Newton ou a Hewlett-Packard com o seu Kittyhawk. Eu preciso preservar os recursos para utilizá-los corretamente na segunda ou na terceira tentativa.

Esses três conceitos constituiriam os fundamentos de minha estratégia mercadológica.

Mercados Potenciais: Algumas Especulações

O que poderia surgir como a rede de valor inicial para os veículos elétricos? Novamente, embora seja impossível prever, é quase certo que será uma na qual a fragilidade do veículo elétrico seja vista como potencial. Um dos meus alunos sugeriu que os pais dos estudantes do ensino fundamental, que compram os carros de seus filhos para o transporte básico de ida e volta à escola, casa de amigos e eventos escolares, poderiam constituir um mercado fértil para os veículos elétricos.[10] Dada a opção, esses pais poderiam ver a simplicidade do produto, a aceleração lenta e o percurso limitado como verdadeiros atributos *desejáveis* nos carros de seus adolescentes – especialmente se o seu estilo for direcionado a esse público. Dada a correta abordagem comercial, quem sabe o que poderia acontecer? Uma primeira geração anterior encontrou uma porção de pessoas legais em suas Hondas.

Outro mercado inicial possível seria o dos táxis ou dos veículos de entrega de pequenas encomendas, destinados às cidades em crescimento, congestionadas, barulhentas e poluídas do Sudeste da Ásia. Os veículos podem permanecer nas ruas de Bangkok o dia todo, na maioria das vezes desligados nos congestionamentos, e nunca acelerando acima de 50 quilômetros por hora. Os motores elétricos não necessitariam funcionar quando os veículos estivessem inativos e, portanto, não haveria o risco de a bateria descarregar. A mobilidade e a facilidade em estacionar esses pequenos veículos seriam atrações adicionais.

Essas ideias de mercado ou similares, independentemente de serem ou não viáveis, são, no mínimo, consistentes com a forma de as tecnologias de ruptura se desenvolverem e emergirem.

Como Está nas Empresas Automotivas Atualmente o Marketing dos Veículos Elétricos?

A estratégia proposta aqui para descobrir e definir o mercado inicial para os veículos elétricos encontra-se em total contraste com as abordagens mercadolágicas utilizadas nas principais montadoras dos dias de hoje, cada uma delas lutando para vender veículos elétricos dentro de seu mercado principal, na tradição venerável de empresas estabelecidas manejando mal tecnologias de ruptura. Considere-se esta declaração feita em 1995 por William Glaub, gerente geral de venda da Chrysler, discutindo o plano de ofertas de sua empresa para 1998.[11]

> A Chrysler Corporation está preparando, para fornecer a tempo, uma versão elétrica de nossa engenhosa nova minivan como o modelo do ano de 1998. Após um estudo profundo da opção entre um veículo fabricado com uma finalidade e a modificação de uma plataforma existente, a escolha da minivan para utilizar como uma plataforma com acionamento elétrico, em retrospectiva, é uma óbvia melhor escolha para nós. Nossa experiência demonstra que frotas serão provavelmente a melhor oportunidade para movimentar quaisquer quantidades desses veículos... O problema com o qual nos deparamos *não* está em criar um pacote atrativo. A nova minivan é um pacote atrativo. O problema é que não há suficiente capacidade disponível de energia armazenada a bordo do veículo.[12]

Para posicionar sua oferta no mercado principal, a Chrysler teve que equipar sua minivan com 725 Kg de bateria. Isso, é claro, tornou sua aceleração muito mais lenta, seu limite de percurso menor e sua distância de frenagem mais longa que a de outros automóveis disponíveis movidos a gasolina. Pelo modo como a Chrysler posicionou seu veículo elétrico, os analistas do setor compararam-no naturalmente às minivans movidas a gasolina, utilizando as métricas supremas na rede de valor principal. A um custo estimado de US$ 100.000 (comparado a US$ 22.000 para o modelo a gasolina), ninguém em seu juízo perfeito pensaria sequer em comprar o produto da Chrysler.

Os vendedores da Chrysler estão, naturalmente, muito pessimistas sobre sua habilidade para vender *qualquer* minivan elétrica na Califórnia, apesar do mandado do governo de que eles o façam. William Glaub, por exemplo, concluiu sua declaração observando o seguinte:

> Os mercados são desenvolvidos com bons produtos que os consumidores desejam possuir. Nenhum vendedor pode levar o produto marginal para dentro do lugar de mercado e ter qualquer esperança em estabelecer uma base de consumo incremental. Os consumidores não serão forçados a comprar aquilo que eles não querem. Mandados não funcionarão em uma economia direcionada ao consumo, de mercado livre. Para os veículos elétricos encontrarem um lugar no mercado, produtos respeitáveis comparáveis aos carros movidos a gasolina devem estar disponíveis.[13]

A conclusão da Chrysler está absolutamente correta, dada a forma como seus vendedores estruturaram seus desafios.[14] Clientes tradicionais podem *jamais* utilizar uma tecnologia de ruptura em seu início.

QUAL DEVERIA SER NOSSO PRODUTO, A TECNOLOGIA E AS ESTRATÉGIAS DE DISTRIBUIÇÃO?

Desenvolvimento de Produto para Inovações de Ruptura

Orientar meus engenheiros a projetar nosso veículo elétrico inicial será um desafio – o problema clássico do ovo e da galinha: Sem um mercado, não há uma fonte de opinião de cliente óbvia ou confiável; sem um produto que se direcione às necessidades dos consumidores, pode não existir mercado algum. Como projetar um produto em tal vácuo? Felizmente, os princípios descritos neste livro nos dão alguma ajuda.

A orientação mais valiosa está no Capítulo 9, que indicou que as bases da competição serão alteradas ao longo do ciclo de vida do produto e que o ciclo da evolução por si só é conduzido pelo fenômeno do excesso de desempenho, isto é, a condição na qual o desempenho oferecido pela tecnologia excede as necessidades reais do mercado. Historicamente, o excesso de desempenho abre a porta para que entrem tecnologias mais simples, menos caras, mais convenientes e, quase sempre, de ruptura.

De fato, o excesso de desempenho parece ter ocorrido em automóveis. Existem limites práticos ao tamanho do chassi e dos motores dos carros, aos valores que vão de 0 a 100 em poucos segundos, e a habilidade do cliente em optar entre tantas opções disponíveis. Portanto, nós podemos prever com segurança que as bases da competição do produto e a escolha do cliente se afastarão dessas medidas de funcionalidade em direção a outros atributos, tais como confiabilidade e conveniência. Isso está confirmado pela natureza da maioria das estreantes bem-sucedidas no mercado da América do Norte nos últimos 30 anos. Elas tiveram sucesso não porque introduziram produtos com funcionalidade superior, mas porque competiram nas bases da confiabilidade e da conveniência.

A Toyota, por exemplo, entrou no mercado dos Estados Unidos com seu Corona simples e confiável, estabelecendo uma posição na extremidade baixa do mercado (*low-end*). Então, consistente com a inexorável atração para migrar para o mercado superior, a Toyota introduziu modelos, como Camry, Previa e Lexus, com a adição de características e funcionalidades, criando um vácuo na extremidade baixa do mercado no qual as estreantes como Saturn e Hyundai entraram. A estratégia da Saturn tem sido caracterizar a experiência total do cliente de comprar e possuir o veículo, como confiável e conveniente, mas também, julgando pelos relatórios recentes,[15] logo tomará seu curso movendo-se para o *upmarket*, criando um novo vácuo na extremidade baixa (*low-end*) para um transporte ainda mais simples e conveniente.

Com toda a probabilidade, entretanto, o projeto vencedor nos primeiros estágios da corrida do veículo elétrico será caracterizado pela simplicidade e conveniência e será incubado em uma rede de valor emergente, na qual esses atributos são importantes medidas de valor. Cada uma das tecnologias de ruptura, que foram estudadas neste livro, tem sido menor, mais simples e mais conveniente que a de produtos precedentes. Cada tecnologia foi inicialmente utilizada em uma nova rede de valor, na qual a simplicidade e a conveniência eram valorizadas. Isso foi verdadeiro para os *disk drives* mais simples; para os computadores de mesa e os portáteis; para as máquinas escavadeiras hidráulicas; para as miniusinas de aço em oposição às usinas integradas; para os dispositivos para insulinas injetáveis em oposição às seringas.[16]

Utilizando essas qualidades como meus princípios orientadores, eu instruiria meus engenheiros de projetos para que procedessem de acordo com os três critérios seguintes.

Primeiro, o veículo deve ser *simples, confiável e conveniente*. Provavelmente isso significa, por exemplo, que descobrir uma forma de recarregar as baterias rapidamente, utilizando o serviço elétrico normalmente disponível, seria um objetivo tecnológico imutável.

Segundo, pelo fato de ninguém conhecer o mercado final para o produto ou como ele será finalmente utilizado, nós devemos projetar uma plataforma de produto na qual *característica, função e mudanças no estilo possam ser realizadas rapidamente e a um custo baixo*. Pressupondo, por exemplo, que os primeiro clientes para os veículos elétricos serão os pais, que os comprarão para seus filhos adolescentes irem e voltarem da escola, da casa dos amigos e de suas atividades, o primeiro modelo teria as características e o estilo apropriados e atraentes para os adolescentes. Mas, embora possamos direcionar-nos primeiro a esse mercado, existe alta probabilidade de que nosso conceito inicial esteja equivocado. Portanto, nós devemos obter os primeiros modelos com rapidez e baixo orçamento – deixando o orçamento mais amplo para o veículo adequado, assim que se obtenha o retorno do mercado.[17]

Terceiro, nós devemos *atingir um preço baixo*. As tecnologias de ruptura tipicamente têm um preço *sugerido pelo fabricante* inferior aos dos produtos utilizados no mercado principal, embora seu custo seja frequentemente mais alto. O que possibilitou o uso de disk drives em PCs não foi só o tamanho menor; mas também o baixo preço unitário, que se ajustou aos objetivos de preço global que os produtores de computadores pessoais precisavam atingir. O preço por *megabyte* dos *disk drives* menores foi sempre mais alto do que o dos *drives* maiores. Igualmente, em escavadeiras, o preço por *máquina escavadeira* para os primeiros modelos hidráulicos era inferior ao dos modelos consagrados, acionados a cabo, mas seu custo total por jardas cúbicas de terra movimentada por hora era muito mais alto. Consequentemente, nosso veículo elétrico deve ter um preço sugerido menor do que o preço prevalecente dos carros movidos a gasolina, mesmo que o custo operacional por milha dirigida seja mais alto. Os clientes registram um longo caminho de pagamento com ágio, por conveniência.

Estratégia Tecnológica para Inovações de Ruptura

Nosso plano de tecnologia não pode exigir quaisquer rupturas tecnológicas no caminho decisivo para o sucesso do projeto. Historicamente, as tecnologias de ruptura envolvem nenhuma tecnologia nova; ao invés, elas compreendem componentes construídos em torno de tecnologias provadas e reunidos em uma nova arquitetura de produto, que oferece ao cliente um conjunto de atributos até então não disponíveis.

Atualmente, todas as maiores montadoras engajadas no desenvolvimento do veículo elétrico sustentam que um avanço na tecnologia da bateria é absolutamente essencial antes que os veículos elétricos possam ser comercialmente viáveis. John R. Wallace, da Ford, por exemplo, tem declarado o seguinte:

> O dilema é que as baterias atuais não podem satisfazer as necessidades desses consumidores. Como qualquer pessoa familiarizada com a tecnologia da bateria atual lhe dirá, veículos elétricos não estão prontos para o apogeu. Todas as baterias que se esperava estivessem disponíveis em 1998 eram deficientes para atender à faixa de 160 quilômetros (exigida pelos consumidores). A única solução para os problemas de faixa e custo é a tecnologia da bateria aperfeiçoada. Para assegurar um mercado comercialmente bem-sucedido para o veículo elétrico, o foco de nossos recursos deve ser no desenvolvimento da tecnologia da bateria. Os esforços do setor, como aqueles por meio

> do consórcio da U. S. Advanced Battery, em conjunto com os esforços da cooperativa entre todos os interessados em veículos elétricos – como utilidades, empresas de baterias, ambientalistas, reguladores e conversores – são a forma mais efetiva de assegurar a comerciabilidade dos veículos elétricos.[18]

William Glaub, da Chrysler, adota posição similar: "As baterias avançadas de chumbo-ácido que serão utilizadas fornecerão menos que o armazenamento de combustível equivalente a dois galões de gasolina. Isso é como deixar a casa todos os dias com a "luz do combustível" indicando baixo nível. Em outras palavras, a tecnologia da bateria simplesmente não está disponível".[19]

Naturalmente, a razão de essas empresas visualizarem um avanço na tecnologia da bateria como o gargalo decisivo para o sucesso comercial dos veículos elétricos é que seus executivos posicionaram suas mentes e seus produtos no mercado principal. Para a Chrysler, isso significa uma minivan elétrica; para a Ford, um Ranger elétrico. Dada essa posição, eles devem fornecer um impacto tecnológico incremental a partir do que é inerentemente uma tecnologia de ruptura. Eles necessitam de um avanço na tecnologia da bateria porque escolheram, de alguma forma, posicionar os veículos elétricos como uma tecnologia incremental. Um avanço na bateria provavelmente *não* será exigido de empresas cujos executivos escolhem aproveitar ou justificar as leis básicas da tecnologia de ruptura criando um mercado no qual as fraquezas do veículo elétrico se transformem em sua força.

De onde virão eventualmente os avanços na tecnologia da bateria? Considerando os registros históricos, nós podemos afirmar o seguinte: as empresas que finalmente atingirão, na tecnologia da bateria, os avanços exigidos, para dar aos carros potência para percursos de 240 quilômetros (se eles forem porventura desenvolvidos), serão as pioneiras na criação de uma nova rede de valor, que utilize tecnologia já comprovada e, a partir de então, poderão desenvolver as tecnologias incrementais necessárias para alavancá-las aos mercados superiores, que são os mais atraentes.[20] Nossas descobertas de que as empresas bem administradas são geralmente móveis para cima e imóveis para baixo, no entanto, sugerem que o ímpeto em descobrir o avanço na bateria será na verdade mais forte entre os inovadores de ruptura, que terão construído um mercado na extremidade inferior para os veículos elétricos, antes de tentar mover-se para o mercado superior em direção ao maior e mais rentável mercado tradicional.

Estratégia de Distribuição para as Inovações de Ruptura

Quase sempre, os produtos de ruptura redefinem os canais de distribuição dominante. Isso porque a economia dos distribuidores – seus modelos de como fazer dinheiro – é poderosamente formatada pela rede de valor principal, exatamente como dos fabricantes. A introdução de ruptura de conveniência e confiabilidade dos rádios portáteis transistorizados e televisores da Sony mudou o canal de revenda tradicional de artigos e lojas de departamentos, com suporte de vendas dispendiosas e redes de serviços em campo (exigidos para os conjuntos construídos com válvulas), para revendedores orientados a volumes com baixos custos fixos. As *motorbikes* de ruptura da Honda foram rejeitadas pelos principais distribuidores de motocicletas, forçando a empresa a criar um novo canal entre os revendedores de produtos esportivos. Nós vimos, de fato, que a razão principal do fracasso da iniciativa da pequena bicicleta da Harley-Davidson é que seus distribuidores a rejeitaram. A imagem e a economia das pequenas bicicletas italianas que a Harley-Davison havia adquirido não se ajustaram à rede de seus distribuidores.

A razão pela qual as tecnologias de ruptura e os novos canais de distribuição frequentemente avançam *pari passu* é, de fato, de caráter econômico. Revendedores e distribuidores tendem a adotar fórmulas muito claras para fazer dinheiro, como as histórias de Kresge e Woolworth mostraram no Capítulo 4. Alguns fazem dinheiro vendendo baixos volumes de produtos muito caros com margens altas de lucro; outros fazem dinheiro vendendo grandes volumes com pequenas margens, que cobrem os custos gerais mínimos; outros, ainda, fazem dinheiro mantendo em ordem produtos já vendidos. Exatamente porque as tecnologias de ruptura não se ajustam aos modelos de empresas estabelecidas para aumentar os lucros, elas frequentemente não se ajustam também aos modelos de seus *distribuidores*.

Meu programa de veículo elétrico teria, portanto, como premissa de estratégica básica, a necessidade de descobrir ou criar canais de distribuição para os veículos elétricos. A menos que se prove o contrário, eu apostaria que os tradicionais distribuidores de automóveis movidos a gasolina não visualizariam, como decisiva ao seu sucesso, a variedade de veículos elétricos de ruptura que nós temos em mente.

QUAL ORGANIZAÇÃO SERVE-SE MELHOR DAS INOVAÇÕES DE RUPTURA?

Após identificar o veículo elétrico como uma tecnologia potencialmente de ruptura, estabelecer conexões realistas para encontrar mercados potenciais e parâmetros estratégicos para o desenho do produto, tecnologia e rede de distribuição, eu, como gerente do projeto, daria o próximo passo dirigindo-me à organização. Criar o contexto organizacional no qual esse esforço possa prosperar será decisivo, porque os processos de alocação de recursos racionais em empresas estabelecidas negam sistematicamente os recursos necessários à sobrevivência das tecnologias de ruptura, independentemente do compromisso ostensivo que a alta administração possa ter assumido com o programa.

Criando uma Organização Independente por meio de Spin-Off

Conforme vimos na discussão sobre a dependência de recursos no Capítulo 5, as empresas estabelecidas que construíram com sucesso uma forte posição no mercado, em uma tecnologia de ruptura, foram aquelas que criaram, a partir da organização tradicional, outra, independente, operada de forma autônoma. As iniciativas da Quantum, Control Data, Divisão de PC da IBM, Allen Bradleye, e da impressora de jato de tinta da Hewlett-Packard foram todas bem-sucedidas porque elas criaram organizações cuja sobrevivência foi declarada após o êxito de comercialização da tecnologia de ruptura. Essas empresas implantaram uma organização especialmente dedicada dentro da rede de valor emergente.

Como gerente do programa, portanto, eu estimularia fortemente a administração corporativa a criar uma organização independente para comercializar a tecnologia do veículo elétrico, assim como uma unidade de negócios autônoma, como a Saturn Division da GM ou a PC Division da IBM, ou uma empresa independente, cujo capital pertencesse, majoritariamente, à corporação principal. Em uma organização independente, meus melhores funcionários poderiam focalizar os veículos elétricos sem afastar-se deles repetidas vezes para resolver problemas, sob a pressão dos clientes que, efetivamente, pagassem as contas. As demandas de nossos próprios clientes, por outro lado, nos ajudariam a focalizar com ímpeto e dinamismo o nosso programa.

Uma organização independente não só faria a dependência de recurso trabalhar a nosso favor e não contra nós, mas também chamaria a atenção para o princípio de que pequenos mercados não podem resolver o problema de crescimento ou de lucro de grandes empresas. Daqui a muitos anos no futuro, o mercado para os veículos elétricos será ainda tão pequeno que é improvável que esse negócio contribua significativamente para elevar ou diminuir substancialmente a renda de qualquer das grandes montadoras. Portanto, desde que a alta administração nessas empresas não possa ter a expectativa de concentrar sua prioridade tanto de atenção quanto de recursos nos veículos elétricos, os gerentes e os engenheiros mais talentosos provavelmente não quereriam estar associados ao nosso projeto, que inevitavelmente deveria ser visto como um esforço financeiramente insignificante. Para assegurar o próprio futuro dentro da empresa, eles naturalmente irão querer trabalhar nos programas principais e não nos periféricos.

Nos primeiros anos desse novo negócio, é provável que os pedidos sejam, denominados em centenas, não em milhares. Se nós tivermos sorte suficiente para obter vitórias, é quase certo que elas serão pequenas. Em uma organização modesta e independente, essas pequenas vitórias geram energia e entusiasmo. Na tradicional, elas gerariam ceticismo até sobre se deveríamos estar no negócio. Eu quero que os *clientes* da minha organização respondam se nós devemos estar no negócio. Eu não quero gastar minha preciosa energia administrativa defendendo constantemente nossa existência para os eficientes analistas do mercado tradicional.

Inovações são acompanhadas de dificuldades e incertezas. Por causa disso, eu quero estar *sempre* certo de que os projetos que eu gerencio são posicionados diretamente diante de todos os que acreditam que a organização deve atingir maiores crescimento e lucratividade. Se meu programa for amplamente visualizado como estando naquela trilha, então eu tenho a confiança de que, quando os problemas inevitáveis surgirem, de alguma forma a organização trabalhará comigo para fazer o que for preciso para resolvê-los e ter sucesso. Se, por outro lado, meu programa for visualizado por pessoas-chave não essenciais para o crescimento e a lucratividade da organização, ou o que é pior, se for visualizado como uma ideia que poderia *erodir* os lucros, então mesmo se a tecnologia for simples, o projeto fracassará.

Eu posso conduzir esse desafio de uma ou duas formas: convencendo todos na empresa principal (em suas cabeças *e* vísceras) de que a tecnologia de ruptura é lucrativa, ou criando uma organização pequena o bastante, com uma estrutura de custo apropriada, em que meu programa possa ser visualizado como estando no caminho decisivo para o sucesso. A última alternativa é um desafio administrativo ainda mais maleável.

Em uma organização pequena e independente, será possível criar uma atitude apropriada com relação ao fracasso. O primeiro ataque ao mercado provavelmente não será bem-sucedido. Por isso será necessário adotar uma atitude flexível diante do erro, mas é de bom alvitre errar em *pequena* escala, para que se possa tentar novamente sem perder a credibilidade. Novamente, existem duas formas de criar a tolerância apropriada com relação ao fracasso: mudar os valores e a cultura da organização principal ou criar uma nova organização. O problema em pedir à organização principal para ser mais tolerante em correr o risco e falhar é que, em geral, nós não *queremos* tolerar fracassos comerciais quando, como é o caso frequentemente, estamos investindo em mudança tecnológica incremental. A organização principal compromete-se a levar as inovações tecnológicas incrementais para dentro de mercados existentes, povoados por clientes conhecidos e com necessidades pesquisáveis. Começar errado a primeira vez não é parte intrínseca desses processos: tais inovações são sensíveis a planejamento cuidadoso e execução coordenada.

Finalmente, eu não quero que minha organização tenha bolsos profundos. Embora não queira meu pessoal pressionado a gerar lucros significativos para a empresa principal (isso nos forçaria, de imediato, a uma busca infrutífera por um mercado maior), eu quero eles sentindo uma pressão *constante* para encontrar alguma forma – *alguns* grupos de consumidores *em algum lugar* – de tornar positivo, o mais rápido possível, o caixa de nossa pequena organização. Nós necessitamos de forte motivação para acelerar, por meio de tentativas e erros inerentes ao cultivo de um novo mercado.

Naturalmente, o perigo em promover esse pedido inequívoco para criar uma empresa independente é que alguns gerentes poderiam aplicar o remédio indiscriminadamente, visualizando pequenos departamentos isolados e unidades independentes como uma solução uniforme – uma aspirina de força industrial para curar todos os tipos de problemas. Na realidade, criar uma empresa independente (*spin-out*) é um passo apropriado unicamente quando se confronta com uma inovação de ruptura. A evidência é *muito* forte de que organizações de grande porte podem ser extremamente criativas em desenvolver e implementar inovações *incrementais*.[21] Em outras palavras, o grau de ruptura inerente a uma inovação oferece indicação clara e imparcial de quando uma organização de grande porte é capaz de ser bem-sucedida e quando se pode esperar que fracasse.

Em termos da estrutura apresentada na Figura 5.6, o veículo elétrico não é apenas uma inovação de ruptura, mas envolve também uma reconfiguração arquitetônica maciça, que deve ocorrer não apenas dentro do produto em si, mas transversalmente, em toda a cadeia de valor. Da aquisição até a distribuição, grupos funcionais terão de interagir diferentemente de como jamais fizeram antes. Meu projeto, portanto, necessitaria ser administrado como uma equipe "peso pesado" em uma organização independente da empresa tradicional. Essa estrutura organizacional não garantiria o sucesso de nosso programa de veículo elétrico, mas ao menos possibilitaria que minha equipe trabalhasse em um ambiente que respondesse por ele, em vez de combater seus princípios de inovação de ruptura.

NOTAS DO AUTOR

1. Em 1996, o governo adiou a implantação dessa exigência até o ano 2002, em resposta aos protestos dos fabricantes de veículos a motor, pois, dado o desempenho e o custo dos veículos que eles tinham sido capazes de projetar, não havia demanda para os veículos elétricos.
2. Um excelente estudo sobre o assunto está resumido em Dorothy Leonard-Barton, *Wellsprings af Knawledge* (Boston: Harvard Business School Press, 1995).
3. A informação foi tirada de um levantamento de outubro de 1994, conduzido pela The Dohring Company e citado pela Toyota Motor Sales Company no CARB (California Air Resources Board), workshop sobre Viabilidade Comercial de Consumo do Veículo Elétrico, ocorrido em El Monte, Califórnia, em 28 de junho, 1995.
4. A informação foi fornecida pelo Dr. Paul J. Miller, senior da Energy Fellow, W. Alton Jones Foundation, Inc., Charlottesville, Virginia. É acrescida com informação das seguintes fontes: Frank Keith, Paul Norton e Dana Sue Potestio, *Electric Vehicles: Promise and Reality* (California State Legislative Report [19], nº 10, julho, 1994); W. P. Egan, *Electric Cars* (Canberra, Austrália: Bureau of Transport Economics, 1974); Daniel Sperling, *Future Drive: Electric Vehicles and Sustainable Transportation* (Washington, D.C.: Island Press, 1995); e William Hamilton, *Electric Automobiles* (Nova York: McGraw Hill Company, 1980).
5. Baseado em gráficos na Figura 10.1. Levará um longo tempo para a tecnologia de ruptura dos veículos elétricos tornar-se competitiva em mercados tradicionais, se as taxas

futuras de melhoria forem iguais às do passado. A taxa histórica do desempenho da melhoria não é, claro, garantia de que a taxa futura seja mantida. Os tecnólogos poderiam muito bem produzir barreiras tecnológicas insuperáveis. O que nós *podemos* dizer com certeza, entretanto, é que o incentivo dos tecnólogos de ruptura em encontrar alguma forma de trabalhar em torno dessas barreiras será proporcional ao desincentivo que os produtores de carros tradicionais sentirão em mover-se para o mercado inferior. Se, contudo, as taxas atuais de melhoria continuarem, é possível esperar que a distância a ser percorrida pelos carros elétricos, por exemplo, sofra a intersecção com a média percorrida demandada no mercado principal por volta de 2015, e a intersecção da aceleração do veículo elétrico com as demandas ocorra por volta de 2020. Obviamente, conforme discutiremos adiante, será decisivo para os inovadores do veículo elétrico descobrir mercados que valorizem os atributos da tecnologia atualmente disponível, em vez de esperar que a tecnologia seja aprimorada a ponto de poder ser utilizada no mercado tradicional.

6. A declaração foi feita por John R. Wallace, Diretor de Programas de Veículos Elétricos da Ford Motor Company, no CARB, workshop sobre Viabilidade Comercial de Consumo do Veículo Elétrico ocorrido em El Monte, Califórnia, em 28 de junho, 1995.
7. É notável como instintiva e consistentemente boas empresas tentam forçar as inovações em direção às bases de consumidores existentes, independentemente de elas terem atributo incremental ou de ruptura. Nós vimos isso diversas vezes neste livro por exemplo: em máquinas escavadeiras mecânicas, com a Bucyrus Erie tentando, com seu "Hydrohoe", fazer a tecnologia da escavadeira hidráulica trabalhar para os contratantes da escavação convencional; em motocicletas, com a Harley Davidson lançando bicicletas com marca registrada na extremidade inferior (*low-end*) por meio de sua rede de distribuição; e no caso do veículo elétrico descrito aqui, em que a Chrysler inseriu perto de uma tonelada de baterias em uma minivan. Charles Ferguson e Charles Morris, em seu livro *Computer Wars,* relatam uma história similar sobre os esforços da IBM em comercializar a tecnologia do microprocessador RISC (*Reduced Instruction Set Computing*). O RISC foi inventado na IBM, e seus inventores produziram computadores com os *chips* RISC que eram "gritantentemente rápidos". Subsequentemente, a IBM gastou tempo, dinheiro e mão de obra maciços tentando fazer com que o *chip* RISC funcionasse em sua principal linha de microcomputadores. Isso exigiu tantos outros compromissos de projeto, entretanto, que o programa nunca foi bem-sucedido. Diversos membros-chave da equipe do RISC da IBM partiram frustrados, subsequentemente acionando regras-chave para definir o produtor do *chip* RISC MIPS e as vendas do chip RISC da Hewlett-Packard. Esses esforços foram bem-sucedidos porque, tendo admitido os atributos do produto para o que eles eram, eles descobriram um mercado, em estações de trabalho de engenharia, que valorizou aqueles atributos. A IBM fracassou porque tentou impor a tecnologia a um mercado já existente. Interessantemente, a IBM finalmente desenvolveu um negócio bem-sucedido em torno de uma arquitetura de *chip* RISC quando lançou a própria estação de trabalho de engenharia. Veja Charles Ferguson e Charles Morris, *Computer Wars* (Nova York: Time Books, 1994).
8. A noção de que mercados inexistentes são mais bem pesquisados pela ação ao invés da observação passiva é explorada em Gary Hamel e C. K. Prahalad, "Corporate Imagination and Expeditionary Marketing", *Harvard Business Review,* julho-agosto, 1991, 81-82.

9. O conceito de que os planos de negócios que lidam com inovações de ruptura devem ser para a aprendizagem em vez da execução de uma estratégia preconcebida é abordado expressamente por Rita G. McGrath e Ian MacMillan em "Discovery-Driven Planning", *Harvard Business Review,* julho-agosto, 1995, 4454.
10. Jeffrey Thorensen Severts, "Managing Innovation: Electric Vehicle Development at Chrysler", Harvard Business School MBA student paper, 1996. Uma cópia desse documento está disponível mediante solicitação a Clayton Christensen, Harvard Business School.
11. As observações de Glaub foram feitas no contexto do mandado da California Air Resources Board de que, em 1998, todas as empresas que comercializavam veículos movidos a gasolina deveriam, para vender quaisquer carros, ter 2% de veículos elétricos no total de unidades vendidas no Estado. Conforme já observado, o decreto governamental, em 1996, adiou a implantação daquela exigência para 2002.
12. A declaração foi feita por William Glaub, Gerente Geral de Vendas, Operações de Vendas em Campo, da Chrysler Corporation, no CARB workshop sobre a Viabilidade Comercial de Consumo do Veículo Elétrico ocorrido em El Monte, Califórnia, em 28 de junho, 1995; veja p. 5 do comunicado à imprensa da companhia sobre o workshop.
13. Ibid.
14. É importante observar que as estatísticas das ofertas da Chrysler foram determinadas pelos esforços da empresa em comercializar a tecnologia de ruptura; elas não são intrínsecas aos veículos movidos eletricamente *entre si.* A General Motors tem um veículo projetado para aplicações diferentes com alcance em distância de até 160 quilômetros. (Veja Jeffrey Thoresen Severts, "Managing Innovation: Electric Vehicle Development at Chrysler", Harvard Business School student paper, 1996).
15. Veja, por exemplo, Gabriella Stern e Rebecca Blumenstein, "GM Is Expected to Back Proposal for Midsize Version of Saturn Car", *The Wall Street Journal,* 24 de maio, 1996, B4.
16. A lista de tecnologias de ruptura menores, mais simples e mais convenientes poderia incluir um batalhão de outras, cujas histórias não caberia detalhar neste livro: fotocopiadoras de mesa; instrumentos cirúrgicos; rádios e televisores portáteis, transistorizados; *helican scan* VCRs; fornos de microondas; impressoras jato de tinta. Cada uma dessas tecnologias de ruptura cresceu para dominar seus mercados novos e os tradicionais, tendo começado com simplicidade e conveniência, conforme suas proposições de valor iniciais.
17. A noção de que leva tempo para atingir um projeto de produto que se sobressaia, por meio da experiência de tentativa e erro, verdadeiro padrão comum às tecnologias de ruptura, é discutida mais tarde neste capítulo.
18. Esta declaração feita por John R. Wallace, da Ford, no CARB Workshop sobre a Viabilidade Comercial de Consumo do Veículo Elétrico ocorrido em El Monte, Califórnia, em 28 de junho, 1995; veja p. 5 do comunicado da companhia à imprensa.
19. Glaub, declaração feita no CARB Workshop.
20. Dois excelentes artigos – nos quais são pesquisadas e discutidas as regras relacionadas ao desenvolvimento e aperfeiçoamento de produto *versus* desenvolvimento de tecnologia radical – são o de Ralph E. Gomory, "From the 'Ladder of Science' to the Product Development Cycle", *Harvard Business Review,* novembro-dezembro, 1989, 99-105,

e o de Lowell Steele, "Managers' Misconceptions About Technology", *Harvard Business Review,* 1983, 733-740.

21. Em complemento às descobertas do estudo do *disk drive*, resumidas nos Capítulos 1 e 2, em que empresas estabelecidas foram capazes de reunir meios para liderar em inovações incrementais extraordinariamente complexas e arriscadas, existe uma evidência similar de outros setores; veja, por exemplo, Marco Iansiti, "Technology Integration: Managing Technological Evolution in a Complex Environment", *Research Policy* 24, 1995, 521-542.

CAPÍTULO 11

Os Dilemas da Inovação: Um Resumo

Um dos resultados mais gratificantes da pesquisa relatada neste livro é que administrar melhor, trabalhar mais arduamente e não cometer tantos erros não é a resposta para o dilema da inovação. A descoberta é gratificante porque eu nunca encontrei um grupo de pessoas mais talentoso, com frequência tão correto ou que trabalhasse mais arduamente que os gerentes que eu conheci. Se encontrar pessoas melhores que essas for a resposta aos problemas impostos pelas tecnologias de ruptura, o dilema seria na verdade intratável.

Aprendemos neste livro que, em sua incansável busca por lucro e crescimento, alguns executivos verdadeiramente capazes, em algumas empresas extraordinariamente bem-sucedidas e utilizando as melhores técnicas, conduziram suas empresas em direção ao fracasso. Além do mais, as empresas não devem abandonar habilidades, estruturas organizacionais e processos de tomada de decisão, que as tornaram bem-sucedidas em seus mercados tradicionais, apenas porque eles não funcionaram diante da mudança tecnológica de ruptura. A maioria dos desafios da inovação que eles irão enfrentar são incrementais em atributos e estes são exatamente os tipos de inovações que essas habilidades são projetadas para enfrentar. Os administradores dessas empresas necessitam simplesmente reconhecer que essas capacidades, culturas e práticas são valiosas apenas sob certas condições.

Eu tenho descoberto que muitas das percepções mais úteis na vida são, com frequência, muito simples. Em retrospectiva, inúmeras das descobertas deste livro ajustam-se àquele molde: inicialmente pareciam algo contrário às intuições, mas, como eu acabei compreendendo-as, as percepções revelaram-se simples e sensíveis. Vamos revisá-las aqui, na esperança de que sejam úteis aos leitores que possam estar lutando com os dilemas da inovação.

Primeiro. O ritmo do progresso que os mercados demandam ou podem absorver, pode ser diferente do progresso oferecido pela tecnologia. Isso significa que os produtos aparentemente inúteis aos nossos clientes atuais (isto é, resultantes de tecnologias de ruptura) podem ser direcionados às suas necessidades futuras. Reconhecendo essa possibilidade, não podemos esperar que nossos clientes nos conduzam a inovações de que eles não necessitam agora. Portanto, permanecermos próximos aos nossos clientes pode ser um paradigma importante de gerenciamento para lidar com inovações incrementais, mas oferecer dados equivocados para as inovações de ruptura. Os mapas da trajetória podem ajudar a analisar as condições e revelar com que situação a empresa se depara.

Segundo. Administrar a inovação espelha o processo de alocação de recursos. A inovação propõe obter os fundos e a força de trabalho de que ela necessita para ser bem-sucedida; as que forem consideradas de baixa prioridade, formalmente ou de fato, sofrerão a falta de recursos e terão pequena chance de sucesso. A razão principal da dificuldade em administrar a inovação é a complexidade em administrar o processo de alocação de recursos. Aparentemente, os executivos de uma empresa tomam as decisões da alocação de recursos, mas a implantação delas está nas mãos de uma equipe cuja sabedoria e intuição são moldadas na rede de valor tradicional da empresa: seus integrantes entendem o que a empresa deve fazer para melhorar a lucratividade. Manter a empresa bem-sucedida exige que os funcionários continuem a afiar e exercitar essa sabedoria e intuição. Isso significa, entretanto, que até alternativas que aparentem ser financeiramente mais atraentes desaparecem ou são eliminadas; e os gerentes acharão extraordinariamente difícil manter recursos focalizados na busca de uma tecnologia de ruptura.

Terceiro. Exatamente como existe um lado de alocação de recursos para cada problema da inovação, um outro é combinar o mercado à tecnologia. Empresas bem-sucedidas têm capacidade prática em levar tecnologias incrementais para o mercado, fornecendo rotineiramente a seus clientes mais e cada vez melhores versões do que eles dizem que querem. Essa é uma habilidade valiosa para lidar com a inovação incremental, mas não atenderá à finalidade ao encarar a inovação de ruptura. Se, como a maioria das empresas bem-sucedidas tenta fazer, uma empresa espalhar ou impuser uma tecnologia de ruptura para ajustar-se às necessidades dos clientes tradicionais atuais – conforme vimos acontecer nos setores de *disk drive*, da máquina escavadeira e do veículo elétrico – é quase certo que irá fracassar. Historicamente, a abordagem mais bem-sucedida tem sido descobrir um novo mercado que valorize as características em vigor da tecnologia de ruptura. Esta deve ser estruturada como um desafio comercial e não tecnológico.

Quarto. As capacidades da maior parte das organizações são muito mais especializadas e específicas do que a maioria dos administradores está inclinada a acreditar. Isso ocorre porque as capacidades são forjadas dentro das redes de valor. Portanto, as organizações têm a capacidade de levar certas tecnologias novas para dentro de determinados mercados. Elas são incapazes de levar tecnologia ao mercado de outras formas. As organizações são capazes de tolerar fracassos ao longo de algumas dimensões e incapazes de tolerar outros tipos de fracassos. Elas são capazes de fazer dinheiro quando as margens brutas estão em um nível e incapazes de fazer dinheiro quando as margens são outras. Elas são capazes de produzir com lucratividade a intervalos particulares de volume e tamanho do pedido, e incapazes de fazer dinheiro com volumes diferentes ou porte dos clientes. Tipicamente, o ciclo temporal de desenvolvimento de seus produtos e a inclinação da rampa para a produção que as organizações podem negociar estão estabelecidos no contexto de sua rede de valor.

Todas essas capacidades – das organizações e dos indivíduos – são definidas e aprimoradas pelos tipos de problemas enfrentados no passado, cuja natureza também tenha sido formada pelas características das redes de valor nas quais as organizações e os indivíduos competiram historicamente. Muito frequentemente, os novos mercados, tornados possíveis pelas tecnologias de ruptura, exigem capacidades muito diferentes ao longo de cada uma dessas dimensões.

Quinto. Em muitos exemplos, a informação necessária para motivar grandes e decisivos investimentos diante de uma tecnologia de ruptura simplesmente não existe. Ela precisa ser criada por meio de incursões rápidas, baratas e flexíveis no interior do mercado e do produto. O risco é muito alto, de modo que qualquer ideia específica sobre os atributos do produto ou as aplicações de mercado de uma tecnologia de ruptura pode provar não ser viável. Fracasso e aprendizado interativo são, portanto, intrínsecos à busca do sucesso com uma tecnologia de ruptura. Organizações bem-sucedidas, que não devem nem podem tolerar fracassos em inovações incrementais, acham difícil, simultaneamente, tolerar o fracasso nas inovações de ruptura.

Embora a taxa de mortalidade para ideias sobre tecnologias de ruptura seja alta, o negócio de criar novos mercados para essas tecnologias não precisa ser, como um todo, desordenadamente arriscado. Gerentes que não apostam em sua primeira ideia, que saem para tentar, fracassar, aprender rapidamente e tentar de novo, podem ser bem-sucedidos em desenvolver a compreensão de seus clientes, mercados e tecnologia necessária para comercializar inovações de ruptuta.

Sexto. Não é sábio adotar uma estratégia tecnológica abrangente, para ser sempre um líder ou sempre um seguidor. As empresas precisam tomar, de forma inconfundível, posturas diferentes, dependendo de estar direcionadas para uma tecnologia de ruptura ou para uma tecnologia incremental. As inovações de ruptura implicam vantagens significativas para os pioneiros: a liderança é um fator importante. Situações incrementais, entretanto, com frequência não o são. É muito forte a evidência de que empresas cuja estratégia é estender o desempenho das tecnologias convencionais por meio de melhorias consistentes e com incremento o fazem quase tão bem quanto as empresas cuja estratégia é empreender grandes avanços tecnológicos na liderança do setor.

Sétimo e último. A pesquisa resumida neste livro sugere que existem poderosas barreiras para a entrada e a mobilidade que difere significativamente dos tipos definidos e enfocados historicamente pelos economistas. Os economistas têm descrito extensivamente as barreiras para a entrada e a mobilidade e como elas funcionam. Uma característica de quase todas essas formulações, entretanto, é que elas se relacionam a *coisas,* como ativos ou recursos, difíceis de obter ou copiar.[1] Talvez a proteção mais poderosa de que pequenas empresas estreantes desfrutam, enquanto criam mercados emergentes para tecnologias de ruptura, é estar fazendo algo que as líderes tradicionais simplesmente não veem sentido em fazer. Apesar de seus dotes em tecnologia, marca registrada, competência de fabricação, experiência administrativa, vantagem na distribuição e com dinheiro disponível, as empresas bem-sucedidas povoadas por bons gerentes gastam um tempo árduo genuinamente fazendo o que não se ajusta ao seu modelo de como fazer dinheiro. Pelo fato de as tecnologias de ruptura raramente fazerem sentido durante os anos em que investir nelas é mais importante, a sabedoria da administração convencional nas empresas estabelecidas constitui uma entrada e barreira móvel com que empreendedores e investidores podem contar. É eficaz e difusivo.

Empresas tradicionais *podem*, entretanto, sobrepujar essa barreira. O dilema proposto aos inovadores pelo conflito entre as demandas das tecnologias incrementais e de ruptura pode ser resolvido. Os administradores devem entender primeiro o que são esses conflitos intrínsecos. Eles necessitam criar então um contexto no qual cada posição de mercado da organização, estrutura econômica, capacidades de desenvolvimento e valores estejam alinhados suficientemente com o poder de seus clientes, de modo que ajudem, mais do que impeçam, o trabalho muito diferente dos inovadores tradicionais e de ruptura. Eu espero que este livro os ajude neste esforço.

NOTA DO AUTOR

1. Por *coisas* eu quero dizer barreiras tais como direito de propriedade da tecnologia; posse de fábricas com produção dispendiosa e grandes escalas de produção com mínima eficiência; aquisição certa pela maioria dos distribuidores poderosos nos principais mercados; controle exclusivo das matérias-primas chaves ou recursos humanos ímpares; a credibilidade e a reputação que vêm das fortes marcas registradas; experiência na produção cumulativa e/ou presença de inclinação na economia de escala; e assim por diante. O trabalho original sobre as barreiras de entrada a partir da perspectiva do economista é: Joseph Bain, *Barriers to New Competition* (Cambridge, MA; Harvard University Press, 1956); veja também Richard Caves e Michael Porter, "From Entry Barriers to Mobility Barriers", *Quarterly Journal of Economics* (91), Maio, 1977, 241-261.

O Dilema da Inovação: Roteiro para Discussão

O resumo e as questões neste roteiro estão planejados para estimular o pensamento e a discussão sobre *O Dilema da Inovação*, como suas descobertas manifestam-se em muitos setores de hoje e as implicações dessas descobertas para o futuro.

Tese do Livro

Em *O Dilema da Inovação,* o professor Clayton Christensen faz a pergunta: Por que as empresas bem-administradas fracassam? Ele conclui que elas fracassam frequentemente porque muitas das práticas de administração que lhes permitiram tornar-se líderes do setor também dificultam extremamente que elas desenvolvam as tecnologias de ruptura que, finalmente, as excluem de seus mercados.

Empresas bem-administradas são excelentes no desenvolvimento das tecnologias incrementais, que melhoram o desempenho de seus produtos nas formas que importam aos seus clientes. Isso ocorre porque suas práticas administrativas estão baseadas em:

Ouvir os clientes
Investir agressivamente em tecnologias que ofereçam àqueles clientes o que eles dizem que querem

Procurar margens mais altas
Focalizar os mercados maiores ao invés dos menores.

As tecnologias de ruptura, entretanto, são muito diferentes das tecnologias incrementais. Tecnologias de ruptura mudam a proposição de valor em um mercado. Quando aparecem, elas quase sempre oferecem menor desempenho em termos dos atributos a que os consumidores tradicionais estão habituados. Nos disk *drives* para computadores, por exemplo, as tecnologias de ruptura sempre tiveram menor capacidade que as tecnologias antigas. Tecnologias de ruptura, porém, têm outros atributos que alguns poucos (geralmente novos) clientes marginais valorizam. Elas são tipicamente mais baratas, menores, mais simples e, com frequência, mais convenientes de usar. Portanto, elas abrem novos mercados. Posteriormente, graças à experiência e ao investimento suficiente, os desenvolvedores de tecnologias de ruptura aperfeiçoarão sempre o desempenho de seus produtos e finalmente serão capazes de controlar os velhos mercados. Isso porque serão capazes de fornecer desempenho suficiente em relação aos atributos antigos e agregarão outros novos.

O Dilema da Inovação descreve tanto os processos, por meio dos quais as tecnologias de ruptura suplantam as tecnologias antigas, quanto as forças poderosas, dentro das empresas bem administradas, que tornam improvável que elas desenvolvam aquelas tecnologias. O professor Christensen oferece uma estrutura de quatro Princípios das Tecnologias de Ruptura para explicar por que as práticas administrativas mais produtivas em explorar as tecnologias existentes são antiprodutivas em desenvolver as tecnologias de ruptura. Finalmente, ele sugere caminhos para que os gerentes possam aproveitar esses princípios a fim de tornar suas empresas mais eficazes no próprio desenvolvimento das novas tecnologias que conquistarão seus mercados no futuro.

Princípios das Tecnologias de Ruptura

1. As Empresas Dependem de Clientes e Investidores para Obter Recursos

   Para sobreviver, as empresas devem oferecer a clientes e investidores os produtos, serviços e lucros que eles exigem. Empresas com os mais altos desempenhos, portanto, têm sistemas bem desenvolvidos para liquidar as ideias que seus consumidores rejeitam.

Como resultado, essas empresas acham muito difícil investir recursos adequados em tecnologias de ruptura – oportunidades a custos menores que seus clientes não desejam –, até que eles demonstrem o contrário. E aí torna-se muito tarde.

2. Pequenos Mercados Não Resolvem as Necessidades de Crescimento de Grandes Empresas

   Para manter sua participação nos preços e criar oportunidades internas para seus funcionários, empresas bem-sucedidas necessitam crescer. Não é necessário que elas aumentem suas taxas de crescimento, mas precisam mantê-las. E, à medida que ficam maiores, elas precisam aumentar os volumes de novas receitas exatamente para manter a mesma taxa de crescimento. Torna-se, portanto, progressivamente mais difícil para elas entrar em mercados mais novos e menores, destinados a tornar-se grandes mercados no futuro. Para manter suas taxas de crescimento, elas devem focalizar em grandes mercados.

3. Mercados Que Não Existem Não Podem Ser Analisados

   Pesquisa de mercado segura e bom planejamento seguido pela execução, de acordo com o plano, são a marca de autenticidade da boa administração. Empresas cujos processos de investimento demandam dimensionamento do tamanho do mercado, e retornos financeiros, antes que elas possam ingressar em um mercado, acabam ficando paralisadas quando se deparam com tecnologias de ruptura, porque elas demandam dados sobre mercados que ainda não existem.

4. Fornecimento de Tecnologia Pode Não Se Igualar à Demanda do Mercado

   Embora as tecnologias de ruptura possam inicialmente ser utilizadas apenas em pequenos mercados, elas acabam por tornar-se competitivas nos mercados tradicionais. Isso ocorre porque o ritmo do progresso tecnológico frequentemente excede a taxa de melhoria que os clientes tradicionais querem ou podem absorver. Como resultado, os produtos atualmente no mercado tradicional excederão o desempenho que esse mercado demanda, enquanto as tecnologias de ruptura, que têm um desempenho inferior às expec-

> tativas do cliente no mercado tradicional atual, podem tornar-se diretamente competitivas no futuro. Uma vez que dois ou mais produtos são oferecidos com desempenho adequado, os clientes encontrarão outros critérios de escolha. Esses critérios tendem a mover-se em direção a confiabilidade, conveniência e preço, todos eles de áreas nas quais as tecnologias mais recentes com frequência são mais vantajosas.

Um grande equívoco que os gerentes cometem ao lidar com novas tecnologias é que eles tentam combater ou superar os Princípios da Tecnologia de Ruptura. Ao aplicar as práticas da administração tradicional, que levam ao sucesso com as tecnologias incrementais, sempre encaram o fracasso por meio de tecnologias de ruptura, diz o Professor Christensen. A rota mais produtiva, que frequentemente conduz ao sucesso, diz ele, é entender as leis naturais que se aplicam às tecnologias de ruptura e utilizá-las para criar novos mercados e produtos. Somente pelo reconhecimento das dinâmicas de como as tecnologias de ruptura se desenvolvem, os gerentes podem responder efetivamente às oportunidades que elas apresentam.

Especificamente, ele orienta os gerentes que enfrentam as tecnologias de ruptura a:

1. Dar a responsabilidade das tecnologias de ruptura às organizações cujos clientes necessitam delas para fazer fluir os recursos.
2. Criar uma organização diferente, pequena o bastante para entusiasmar-se com ganhos modestos.
3. Planejar considerando a possibilidade do fracasso. Não apostar todos os recursos para acertar logo na primeira vez. Pensar sobre os esforços iniciais em comercializar uma tecnologia de ruptura como oportunidade de aprendizagem. Fazer revisões à medida que os dados são coletados.
4. Não confiar nas rupturas. Tomar a dianteira o mais cedo possível e encontrar, fora do mercado tradicional, o mercado para os atributos atuais da tecnologia. Você descobrirá que os atributos que tornam as tecnologias de ruptura não atrativas para os mercados tradicionais são os mesmos nos quais os novos mercados serão construídos.

Questões para Discussão

1. Características de uma tecnologia de ruptura:

   São mais simples, mais baratas e seu desempenho é inferior.

   Em geral, prometem margens menores e não altos lucros.

   Os clientes mais lucrativos de empresas líderes geralmente não podem utilizá-las e não as querem.

   São comercializadas primeiro em mercados emergentes e insignificantes.

   O Dilema da Inovação discute as inovações de ruptura nos setores de *disk drive*, de máquinas escavadeiras, do aço e nas montadoras. Retroagindo através da história, é possível identificar algumas tecnologias de ruptura que finalmente substituíram os produtos e setores mais antigos? Você pode pensar em outras que estão surgindo hoje, que, talvez, algumas delas possam ameaçar seu negócio?

2. Existe, em todos os mercados, uma tendência das empresas a mover-se para o *upmarket*, em direção a produtos mais complicados e com preços mais altos. Por que as empresas têm dificuldade em entrar em mercados para produtos mais simples e baratos? Você pode pensar em empresas que tenham se retirado dos negócios? Como elas poderiam ter evitado isso?

3. A mesma tendência das empresas a mover-se para o *upmarket* – que pode ser fatal para empresas tradicionais – também conta para o eventual desenvolvimento de mercados emergentes dentro de mercados tradicionais. Além dos exemplos neste livro, você pode pensar em empresas que tiveram uma escalada para o sucesso?

4. Na tentativa de comercializar uma tecnologia de ruptura, por que é importante começar investindo com base no pressuposto de que suas expectativas estarão equivocadas? Além das motocicletas, máquinas escavadeiras e *disk drive* exemplificados neste livro, você pode pensar em outros exemplos nos quais uma empresa tenha começado a comercializar um produto para uma aplicação, mas o grande mercado o transformou em outra?

5. Uma das marcas de autenticidade das tecnologias de ruptura é que, inicialmente, elas têm um desempenho inferior ao da tecnologia atual nos atributos que importam à maioria dos clientes tradicionais. As empresas bem-sucedidas em comercializá-las, portanto, devem encontrar clientes diferentes para os quais os atributos da nova tecnologia sejam mais valiosos. Você pode pensar em alguns mercados que estejam surgindo atualmente baseados em atributos ou qualidades que pareceram pouco importantes aos mercados tradicionais quando eles foram introduzidos? Que produtos ou empresas mais antigas, tradicionais, estão ameaçados?

6. Quando dois ou mais produtos encontram as especificações mínimas para a funcionalidade de um produto, os clientes começam a procurar por outros fatores decisivos. De acordo com o estudo do Windermere Associates citado no livro, a progressão normalmente é da funcionalidade para a confiabilidade, a conveniência e o preço. Que mercados atuais deram recentemente um ou mais passos ao longo dessa progressão?

7. A maioria das pessoas acha que os altos executivos tomam decisões importantes em relação ao rumo da empresa e investimento de recursos, mas o poder real está com as pessoas de base dentro das organizações, que decidem quais propostas serão apresentadas para a alta administração. Quais são os fatores corporativos que induzem os funcionários de nível médio a ignorar ou eliminar as tecnologias de ruptura? As empresas bem administradas devem mudar essas práticas e políticas?

8. Quais as considerações sobre a carreira pessoal que levam funcionários ambiciosos em grandes corporações a ignorar ou eliminar as tecnologias de ruptura? As empresas bem administradas devem mudar as políticas que encorajam os funcionários a pensar dessa forma?

9. O que as descobertas deste livro sugerem sobre como as empresas serão organizadas no futuro? As grandes organizações, com estruturas criadas em torno de funcionalidades, devem reprogramar-se em equipes interconectadas, conforme alguns teóricos em administração acreditam atualmente? Ou, ao reconhecer que tecnologias e

mercados diferentes têm necessidades diferentes, devam tentar criar estruturas organizacionais distintas e práticas de administração para diferentes circunstâncias? Isso é realisticamente possível?

10. O CEO de um produtor de *disk drive* é citado no Capítulo 4, dizendo: "Nós conseguimos estar à frente do mercado", ao explicar por que sua empresa fracassou em comercializar um *disk drive* de 1,8" que tinha desenvolvido. Naquela época, entretanto, entre novos usuários que sua empresa não descobriu, germinava um mercado para os *drives* de 1,8". O professor Christensen argumenta que a "tecnologia de ruptura deve ser estruturada como um desafio comercial, não tecnológico". Você acredita que, em algum lugar, existe um mercado para todas as tecnologias? Se não, como gerente, de que maneira você avaliaria as tecnologias que deixaria na prateleira e as que perseguiria agressivamente?

11. De forma semelhante o professor Christensen defende que as empresas não deveriam esperar por novas rupturas para melhorar o desempenho tecnológico. Ao contrário, elas necessitam encontrar clientes que valorizam os verdadeiros atributos que as outras consideram ser falhas. Como administrador, como você decide quando uma tecnologia – ou ideia – necessita ser melhor desenvolvida e quando é hora de posicioná-la agressivamente no mercado?

12. A tese fundamental de *O Dilema da Inovação* é que as práticas administrativas que levam as empresas à liderança em mercados tradicionais são as mesmas que as fazem perder as oportunidades oferecidas pelas tecnologias de ruptura. Em outras palavras, empresas bem administradas fracassam *porque* elas são bem administradas. Você acredita que a definição do que constitui "boa administração" esteja mudando? No futuro, ouvir os clientes, investir agressivamente em produzir o que eles dizem que querem e analisar cuidadosamente os mercados farão parte de uma "administração má"? Que tipo de sistema poderia combinar o melhor dos dois mundos?

Índice